JN417915

제국주의 유산과 동아시아

기획연구 63

THE LEGACY OF IMPERIALISM AND EAST ASIA

제국주의 유산과 동아시아

이근욱 · 최정수 · 김원수 · 이영관 · 최덕규 · 최덕수 · 김기윤 지음

동북아역사재단
NORTHEAST ASIAN HISTORY FOUNDATION

발간사

동북아역사재단은 동북아시아의 역사문제 및 독도 관련 연구와 정책개발을 통해 바른 역사를 정립하고 동북아지역의 평화 및 번영의 기반을 마련할 목적으로 2006년 9월에 설립되었습니다. 그동안 여러 가지 어려운 환경 속에서도 국내외 석학들과 더불어 동북아의 역사문제와 영토문제 등에 대해 많은 연구성과를 축적하였고, 동북아의 평화와 상생을 위한 역사인식을 모색하고 전파하기 위한 지적·인적 네트워크를 구축하였습니다.

동북아의 정세는 유동적이어서 역사문제와 영토문제가 언제 다시 뜨거운 이슈로 부상할지 모릅니다. 동북아역사재단이 추구하고 있는 역사와 영토 주권의 수호, 상생을 위한 역사인식의 창조와 공유, 동북아의 평화와 번영을 지향하는 공동체상의 수립에는 걸림돌이 산재해 있습니다. 이를 극복하기 위해서 우선 한·일, 한·중 역사연구 분야에서 그동안의 성과를 집대성하고, 보다 거시적인 차원에서 유기적으로 연결함으로써 역사갈등을 극복하고 평화와 번영의 동아시아상을 구축해야 할 것입니다.

오늘날 동아시아 역사 갈등의 기원이 되는 주제 가운데 하나로 제국주의 시대가 남긴 역사적 유산을 꼽을 수 있습니다. 동아시아가 서구 제국주의 국가들의 경쟁무대가 된 이후 제국주의 열강의 팽창정책은 동아시아에 상처를 남겼습니다. 그리고 우리는 이를 치유해야 할 과제를 안고 있습니다. 이에 제국주의 시대사에 대한 연구는 당면한 역사 갈등을 극복하고 평화와 번영의 동아시아상을 구축하기 위해서 체계적이고 종합적인 연구가 필요한 중요한 주제라고 생각합니다.

동북아역사재단은 이러한 관점에서 제국주의 열강의 동아시아 정책과 관련된 연구를 여러 시각에서 진행해왔습니다. 이번에 출간하는 『제국주의 유산과 동아시아』도 이와 관련된 기획연구 성과물 중 하나입니다. 19세기 말~20세기 초 지구적 규모로 이루어진 제국주의의 세계화와 이와 연동된 동아시아 세계의 변화를 고찰한 이번 연구를 기반으로 제국의 중심부와 주변부의 상호작용에 대한 다양한 후속 연구를 촉발시킬 수 있을 것이며, 나아가 제국주의 시대 연구의 새로운 지평을 열어나갈 수 있을 것이라 기대합니다.

길지 않은 연구기간이었음에도 불구하고 공동연구를 진행해주시고 단행본 출간을 위한 논문 집필에 협조해주신 필자 여러분께 심심한 감사의 말씀을 드립니다. 또한 만드는 과정에서 수고해주신 관계자 여러분들에게도 감사드립니다.

2014년 10월

동북아역사재단 이사장 김학준

차례

야마가타 아리토모의 제국주의론과 조선 | 최덕수

제국주의와 과학 | 김기윤

식민지 과학 읽기

책머리에

I

제국주의라는 용어는 19세기 중반 무렵까지는 존재하지 않았다. 이 용어는 유럽인들 특히 영국인들이 나폴레옹전쟁과 같은 침략 전쟁을 떠올리며 비난받아야 할 대상으로 제국주의라는 단어를 사용하기 시작함으로써 그 모습을 드러냈다. 굳이 국가 또는 특정 정치체제가 세력을 확장하여 국외 지역에 진출하는 모습 또는 그런 의도를 근대사에서 표현하자면 식민주의라는 용어가 더 적절해 보인다.

16, 17세기 토머스 모어(Thomas More)의 『유토피아』나 프란시스 베이컨(Francis Bacon)의 『뉴아틀란티스』 같은 책에서 우리는 아메리카 대륙에 정착하여 농사를 지으며 새로운 식민지 즉 콜로니를 건설하려는 유럽인들의 꿈을 읽을 수 있다. 이들에게 식민주의란 손이 가지 않은 비옥한 토지를 작물의 생산지로 만드는 작업, 널려있는 사냥감을 수렵하여 식량화하는 작업, 또는 버려져 있는 삼림을 벌채하여 농경지를 확장하고 목재를 이용하는 작업을 뜻했다. 18세기 북아메리카에 정착하여 농장을 경영하고 있던 토머스 제퍼슨(Thomas Jefferson) 같은 이들도 비슷한 생각을 하고 있었으니, 북아메리카의 춥고 거친 풍토가 정착민들의 농경생활을 통해 점차 온화해지고 있다고 생각했다. 즉 이들에게 식민이란 새로운 지역에 문명을 이식하여 주민들은 물론 자연을 개선

하는 과정이었다.

이렇게 19세기 중반 나폴레옹 1세나 나폴레옹 3세의 호전적 팽창주의를 비난하는 용어로 사용되기 시작했던 제국주의라는 단어는, 국민국가들이 형성되고 감성적인 민족주의가 국민들을 동원하는 가장 강력한 정치적 도구였던 19세기 후반에는 제국의 힘과 도덕적 의무를 표상하는 자랑스러운 표현으로 여겨지기도 했다. 현대인들이 사용하고 있는 바와 같은, 경제적 침탈을 목적으로 하는 팽창주의의 이미지를 지니는 제국주의라는 개념은 20세기 초에 영국인 홉슨(John Atkinson Hobson)이 당시 논쟁거리였던 영국의 팽창정책을 비판하면서 분명해지기 시작했다.

영국 제국주의에 대한 홉슨의 비판은 제국주의가 던지는 식민지에 대한 도덕적 문제를 제기하는 시도라기보다는 대부분의 제국주의적 팽창정책이 영국인들 자신을 위해 도움이 되지 않는다는 사실을 지적하려는 시도였다. 홉슨은 당시 영국의 팽창정책을 추동하는 세력이 판로 및 투자처를 찾아 정치적 해외팽창을 시도하던 산업 및 금융자본임을 알 수 있었다. 하지만 홉슨은 해외팽창을 통해 얻을 수 있는 국익이라는 게 보잘것없을 뿐 아니라, 그렇게 팽창을 통해 얻을 수 있는 경제적 이익은 극히 일부 계층을 살찌울 수 있을 뿐이라고 보았다. 해외팽창 즉 제국주의적 대외정책보다 더 시급하고 또 효율적인 정책은 세율조정과 국내 산업 활성화를 통한 국내의 생산력, 소비력 향상이라는 게 홉슨의 지적이었다.

이렇게 제국의 팽창을 주로 경제적 측면에서 살피는 경향은 사회주의 이론가 레닌(Vladimir Lenin)을 통해 좀 더 비판적이고 숙명론적인 색채로 강렬하게 부각된다. 레닌에 따르면 제국주의란 자본주의 사회가 잘못 선택한 길이 아니다. 제국주의란 결국 금융·산업 자본주의가 무르익은 형태의 결실이며, 파국을 거쳐 다음 단계의 사회조직 형태로 이행되어가는 중간단계일 뿐이라는 주장이었다.

20세기 중반을 정점으로는 제국주의 팽창정책들을 경제적 동기가 아닌 정치적·사회적 동기로 설명해보려는 노력들이 많았다. 물론 설득력 있는 논의들이 많았지만 대개는 경제적 동기를 강조하는 사회주의자들에 맞서 대항논리를 구축하려는 서방 학자들의 의도적 노력이 드러났다. 예를 들어 현대화된 산업사회의 특징은 국제적 경제활동이며, 제국주의와 같은 호전적인 팽창정책은 산업사회 이전에 존재했던 야만적 전근대 투쟁사회의 역사적 흔적에 불과하다는 논지 그 자체가 작위적인 것임이 쉽게 간파되기 때문이다. 아울러 구체적인 정치적 상황을 보여주는 정교한 논의들 역시 공산주의와 대치하고 있는 서방 학자들의 시각에서 특별히 정치적인 상황이 부각되어 강조된 이론들임은 분명하다.

이렇게 공산진영의 학자들과 서방 학자들이 경제적 동기의 무게를 놓고 견주는 단순한 제국주의 이론을 전혀 새로운 차원에서 분석할 수 있는 계기가 된 것이 제국주의 '주변부 이론'이다. 주변부 이론은 우선 문자 그대로 제국의 팽창을 위해 주변부 또는 식민지의 역할과 힘을 그동안 과소평가했다는 깨달음에서 시작된다. 하지만 그 함의는 매우 복합적으로 발전할 소지를 지닌다. 우선 주변부 이론을 동원한 제국주의 담론은 19세기 중반 이전 대부분의 제국들이 실제로 식민지를 직접 경영하려 하지 않았다는 사실을 지적한다. 이유는 분명하다. 거대한 군사조직을 운영해야 하며, 방대한 행정조직을 만들어야 하는 등, 비용이 많이 들고 힘에 부치는 작업이었다는 것이다. 따라서 주변부 이론가들은 제국은 원래 비용이 적게 드는 간접통치를 원해왔으며, 무력정복과 같은 폭력적 수단 즉 제국주의적 수단은 간접통치를 위한 식민지의 협력자를 얻을 수 없었기에 마지못해 선택한 결정이었다고 분석한다. 결국 제국의 팽창을 유도한 유인뿐 아니라 그 간접적 팽창을 유지할 수 있었던 힘도 제국에 대한 협력 즉 식민지 자체의 힘이었으며, 제국을 직접통치의 길로 내모는 국면도 역시 협력자의 부재라는 식민지 자체의 상황에서 찾는 것이다.

주변부 이론은 이렇게 제국의 시대라는 역사의 현장에서 식민지의 역할뿐만 아니라 역사를 움직이는 약자의 감추어져 왔던 힘을 살피기 시작하는 기폭제 역할을 했다. 아메리카 대륙은 유럽에서 일방적으로 문명과 지식을 전수받은 게 아니다. 아메리카의 존재 자체가 유럽의 미래를 그리는 유토피아적 정치사상을 낳지 않았던가. 17세기 과학혁명기의 새로운 지식관에서도 아메리카의 토착지식이나 생활방식에 대한 유럽인들의 관찰 흔적을 읽을 수 있다. 감자·옥수수·고추 등 아메리카 원산 식물이 유럽의 역사를 얼마나 크게 바꾸어놓았던가. 매독과 같은 질병은 또 얼마나 크게 유럽 문명의 색채를 바꾸어놓았던가. 이렇게 주변부의 힘을 보여주려는 노력은 결국 주변부와 중심부가 서로를 변화시키는 힘의 거대한 간격을 보다 분명하게 보여주는 결과로 이어졌다.

Ⅱ

이 책은 제국주의 시대의 유산이 오늘날 동아시아 역사 갈등의 기원 가운데 하나가 되었다는 문제의식에서 출발하여 제국주의에 대한 이론과 해석, 주요 제국주의 열강의 동아시아 팽창정책의 개별 사례 그리고 문화제국주의의 일환으로서 식민지 과학 독법(讀法)에 이르기까지 제국주의의 다양한 모습들을 고찰한 연구의 산물이다. 이를 위해 소규모 모임을 만들어 몇 차례의 내부 논의를 거쳐 그 결과물들을 내놓게 되었다. 이에 논의과정에서 동아시아가 서구

제국주의 국가들의 중심적인 경쟁무대가 된 원인을 분석하는 데 유효한 방법론으로서 글로벌 히스토리의 접근법과 제국주의 열강의 국제관계사적 시각이 바람직하다는 견해가 있었다. 또한 좀 더 설득력 있게 제국주의를 이해하기 위해서는 결국 제국이라는 중심부의 다층적 구조와 식민지의 다양한 모습을 기술함으로써, 중심부와 주변부의 경계가 분명치 않을 뿐 아니라, 중심부의 요소들과 주변부의 요소들이 충돌하는 접점들도 엄청나게 다채로운 형태임을 보여주어야 한다는 견해도 제시되었다. 따라서 이 연구는 제국주의 연구의 완결판이라기보다는 제국주의 연구를 체계적으로 시작하려는 출발점으로 자리매김할 수 있다.

제국주의에 대한 본격적인 연구의 필요성을 공감한 7명의 학자가 참여한 공동연구의 결과물인 이 책은 공동연구자들의 각고의 노력이 담긴 논문들로 구성된바, 이를 소개하면 다음과 같다.

이근욱 교수의 「대외팽창과 국가의 행동」은 국제정치학에서 제국주의를 어떻게 이해하며, 제국주의에 대해서 어떠한 연구를 진행하고 있는지를 소개하고 있다. 이 책의 서론에 해당되는 이 논문에서 필자는 제국주의와 관련된 국제정치학 연구는 제국주의 팽창 자체가 아니라 제국주의 팽창과 관련된 제국주의 강대국들 사이의 상호작용에 초점이 맞춰져 있음을 지적했다. 즉 1914년 이전 세계에 대한 국제정치학 연구들이 주목하는 것은 제국주의 팽창이 약소국에 미친 영향보다는 그것이 강대국 관계에 가져온 결과였다는 점이다. 요컨대 국제정치학의 핵심 문제는 강대국 관계이며, 이러한 측면에서 약소국의 상황에 대해서는 크게 관심을 기울이지 않았음을 밝히고 있다. 그 결과 향후 보완되어야 할 주제는 제국주의 국가들에게 식민지 보유 등의 대외팽창이 과연 이익이 되었는지에 대한 본격적인 검증과 연구라고 하였다.

이하 5편의 글들은 동아시아를 대상으로 전개된 제국주의 열강의 팽창정책 사례들을 개별국가별로 심층적으로 분석하고 있다. 분석의 대상이 되었던 주요 열강은 미국·영국·독일·러시아 그리고 일본이었다. 프랑스 관련 연구를 공백으로 남긴 것은 아쉬운 부분이었으나 향후 새로운 연구의 시발점이 되기를 기대한다.

최정수 박사의 「알프레드 T. 마한의 거대전략과 '러시아 봉쇄전략'」은 마한(Alfred Thayer Mahan)의 1900년도 저작 『아시아의 문제와 그것이 국제정치에 미친 영향(*The Problem of Asia and Its Effect upon International Policies*)』에 대한 분석을 통하여 그의 외교전략가로서의 사상과 역할을 밝히고 있다. 해군전략가였던 마한처럼 제국주의에 영향을 끼친 인물도 흔치 않았는데, 러시아의 차르도, 독일의 카이저도, 일본 군부도, 미국 대통령 루스벨트(T. Roosevelt)도 그의 영향을 받았다고 알려져 있기 때문이다. 그가 주창한 "바다를 지배하는 자가 세계를 지배한다"는 명제를 담고 있는 『해양력이 역사에 미친 영향(*The Influence of Sea Power upon History 1660~1783*)』은 당대 전략가들의 필독서였다. 마한의 저술들은 국제정치학이 하나의 독립된 학문으로 자리 잡은 1930년대보다 훨씬 빠른 시기에 발간되었다는 점에서 국제정치학의 원조 중의 하나로 불려도 손색이 없을 뿐만 아니라 그를 군사외교안보 전략가라고 자리매김하는 것이 타당하다고 보고 있다.

필자는 마한의 저작 『아시아의 문제와 그것이 국제정치에 미친 영향』이 주목되는 이유를 다음의 두 가지로 집약하고 있다. 첫째, "바다를 지배하는 국가가 세계를 지배한다"는 그의 해군전략론이, 이 책에서는 "아시아를 지배하는 자가 세계를 지배한다"는 국제정치전략의 명제로 바뀌어 나타나 있다는 점이다(지리결정론). 둘째, 특히 그는 "아시아 중에서도 동아시아가 세계정치를 결정한다"고 주장했다는 점이다. 이는 "극동의 문제는 베를린의 외교

테이블 위에서 결정된다"고 언명한 비스마르크의 명제와 정반대되기 때문이었다.

또한 이 책은 제국주의 시기 탄생한 근대 지정학의 대명제에 새로운 명제를 덧붙였을 뿐만 아니라, 대내외적으로 지정학 논쟁을 벌이는 촉매로 작용했다는 점에서 재평가할 가치가 충분하다. 왜냐하면 마한의 지정학은 대서양을 사이에 놓고 유럽의 지정학과 논쟁했으며, 미국 내에서도 전통적 지정학 관점과 마한의 지정학 테제는 상충되고 있었기 때문이다. 이를 쟁점별로 검토해보면 ① 영토의 크기가 국가의 번영을 결정하는지, 아니면 바다에 대한 지배력이 국가 번영을 약속하는지에 대한 논쟁, ② 과연 증기선의 시대는 가고, 철도의 시대가 도래했는지, 아니면 여전히 증기선은 세계정치를 결정하는 요소인지를 둘러싼 논쟁, ③ 국가 간의 무한경쟁은 불가피하기 때문에 결국 그들 간의 전쟁을 막을 수 없는 것인지, 아니면 정당한 경쟁을 통한 국제협조체제 구축이 가능한지 여부를 둘러싼 논쟁, ④ 해양제국인 영국의 쇠퇴는 막을 수 없는지, 그렇다면 영국의 뒤를 이을 제국은 미국인가 아니면 러시아인가를 둘러싼 논쟁들이 이에 해당된다.

이에 필자는 마한의 지정학 관점에서 지리적 조건이 외교정책 수립에 미친 영향을 분석한바, 미국의 대응전략이 무엇이 되어야 하는지를 보여주고 있다. 지구라는 관점에서 보면 마한에게 대륙과 해양은 분리될 수 없는 불가분 일체였다. 대륙에 존재하는 내륙수로들은 바다를 향해 출구가 있을 뿐만 아니라, 항해가 가능할 정도로 규모가 크다는 점은 땅과 바다를 분리시켜 보아서는 안 된다는 자연지리적 조건의 명령이었기 때문이다. 이에 『아시아 문제』는 『해양력의 역사』의 속편이요, 완결판이었다. 결국 미국의 정책은 이러한 조건에 순응해야 한다는 것인바, 그것이 곧 미국의 아시아 정책이 문호개방(open door) 정책으로 귀결되었다고 정리하고 있다.

김원수 교수의 「핼포드 맥킨더와 영국 제국주의」는 '심장지대(heartland)'의 지정학적 개념을 제시한 것으로 유명한 영국의 정치지리학자이며 교육가인 맥킨더(Sir Halford John Mackinder)의 지정학 이론이 영국 외교정책에 미친 영향을 분석한 글이다. 필자는 맥킨더가 유라시아를 '역사의 지리적 중심축'으로 착상한 1903~1904년 겨울, 영국의 국제적 정황을 분석함으로써 영국의 외교정책과 동아시아 위기의 상호관련성뿐만 아니라 대영제국의 세계정책을 글로벌한 관점에서 고찰하고 있다. 이를 통해 영국이나 중앙유라시아의 세력, 양자가 독일의 위협에 직면하여 협조해야 할 이유가 증대되고 있음을 논하고 있다. 결국 영국 에드워드 7세 시대에 외교정책의 구성요소들에는 지정학적인 코드가 함께하고 있는데, 맥킨더의 테제가 이에 직간접적으로 연계되고 있었음을 밝힘으로써 "어떻게 맥킨더가 중심축 가설을 세우게 되었는지, 그리고 그 같은 가설에서 발생하는 방법적인 이슈들은 무엇인가?"에 대한 추가적인 연구의 필요성을 제기하고 있다.

이영관 교수의 「독일제국 빌헬름 2세의 식민지 정책과 동아시아」는 독일제국주의와 동아시아의 관계를 빌헬름 2세의 세계정책을 중심으로 설명하고 있다. 빌헬름 2세의 등극은 철혈재상 비스마르크가 주도한 조심스럽고 계산된 식민지 확장정책의 종식을 의미했는데, 이는 황제의 세계정책이 장기적 목표나 실체가 없었기 때문이었다. 독일제국의 신노선 외교정책인 빌헬름 2세의 세계정책은 갈등을 극대화함으로써 힘의 균형체제가 흔들리는 틈을 타 후발국가인 독일제국의 입지를 마련하고자 했던 이기적 정책이었다. 따라서 청일전쟁 후 삼국간섭을 계기로 동아시아의 식민지 경쟁에 본격 참여하게 된 독일은 중국에서 교주만을 확보할 수 있게 되었다.

그러나 독일은 첫 성공의 달콤한 독약때문에 문제점 많은 세계정책에서 벗어나지 못했고 지속적인 갈등이 생겨 패망에 이르는 결과를 초래했다. 국가민족주의를 바탕으로 자국만의 이익을 추구하고 타국의 희생을 요구하던 식민지 경쟁 구조는 불씨 하나가 대규모 화재로 이어질 수 있는 매우 불안정한 상황을 연출하였기 때문이었다. 이에 필자는 빌헬름 2세의 식민정책에 대한 연구는 자국만의 이익을 보장하는 국제관계란 존재하지 않으며, 공조를 통해 평화가 유지될 수 있다는 진리를 보여주었음은 물론 정부가 개인이 아닌 시스템을 통해 운영되어야 한다는 교훈을 제공한 역사의 일부분이었다고 결론지었다.

최덕규의 「러시아의 해군정책과 한반도 남북변경 위기(1885~1887)」는 한반도 남북변경(南北邊境)에서의 거문도사건(巨門島事件)과 두만강의 수원을 둘러싼 조청감계(朝淸勘界)가 공통적으로 1885년에 시작되어 1887년에 종결되는 한반도 위기구조의 동시성에 착목하여 그 원인을 고찰하고 있다. 이를 위해 1885년 한반도 남북변경에서 영국의 거문도 점령과 조청 두만강 감계(朝淸 豆滿江 勘界)가 동시에 이루어진 원인을 발칸반도 문제와 접속시켜 검토하고 있다. 한반도와 발칸반도 역사가 연동된 기점이 러터전쟁(1877~1878)이었기 때문에, 두 지역의 접속은 러시아제국의 동단 및 남단과 접경하고 있다는 지정학적 특징에서 비롯되었다고 보았다.

이에 필자는 제국주의 시기 발칸반도·중앙아시아·한반도를 무대로 전개한 세계적 규모의 영러 대립이 무력충돌보다는 외교적 타협을 모색하는 방식으로 해결되었다는 특징이 있음을 지적했다. 이는 거문도사건과 조청감계를 통해 시도되었던 한반도 남북변경의 현상변경(現狀變更) 시도가 조선 국경의 일체의 변화 없이 조선의 독립과 영토보전을 유지하는 것으로 막을 내린 것도 이러한 영러 대립구도의 속성과 관련이 깊다고 보았기 때문이다. 또한 영국과 러시아가 유라시아 대륙에서 장기간에 걸쳐 경쟁을 벌이면서도 무력충돌이나 전쟁으로 치닫지 않았던 것은 러시아의 저명한 국제법학자이자 외무성 고문이었던 마르텐스(F. F. Martens)가 제시한 문명론에 대한 공감의 산물이기도 했다는 점 역시 주목할 만하다. 왜냐하면 마르텐스는 1880년 저작 『중앙아시아에서의 러시아와 영국』에서 야만국가를 둘러싼 유럽 문명국들 간의 경쟁과 대립은 단지 야만인들에게만 유리할 뿐, 문명국에게는 결코 도움이 되지 않는다고 결론내리고 있었기 때문이다.

최덕수 교수의 「야마가타 아리토모의 제국주의론과 조선」은 이토 히로부미[伊藤博文]와 더불어 조슈번[長州藩] 출신의 원로(元老)로서 메이지 일본의 정치사에서 양대 산맥을 이룬 인물 야마가타 아리토모(1838~1922)의 군비확장론과 식민통치론을 분석하고 있다. 1880년대 이후 야마가타의 시기별 행적을 살펴보면서, 그가 다듬어나간 일본 제국주의의 논리가 어떠한 경험에 기초하여 정교하게 형성되어갔는지를 조선 문제와 관련하여 검토하였다. 그의 논리는 기본적으로 러시아의 남하, 삼국간섭과 같은 서양 세력의 동향을 의식하면서 일관되게 군비의 확장을 기본 전제로 하고 있었다는 점에서 특징적이다. 야마가타는 철도 부설, 식민 이주 등의 구체적인 방안까지도 정세의 변화에 따라 거론하고 있는데, 그의 주장은 이익선의 확보를 달성한 '한국 병합' 이후 등장하는 하라 다카시[原敬]의 동화정책이나 군부의 해외진출론에도 많은 영향을 미쳤으며 일본 제국주의 팽창 논리의 근간임을 고찰하고 있다.

또한 필자는 조선 문제에 대한 야마가타의 대표적인 제국주의 논리였던 '주권선'과 '이익선'을 체계적으로 정리하고 있다. 그는 1890년 3월 작성한 「외교정략론(外交政略論)」에서 이를 개념화하였고, 같은 해 12월 6일 제국의회 시정방침을 연설하는 자리에서 공식적으로 표명하였다. 조선이 일본에게는 러시아의 남하에 대항할 때 '이익선'으로서 전략적인 중요성을 가지고 있는 만큼 언제든지 적극적으로 개입할 수 있어야 함을 역설한 이 논리는 야마가타가 수상의 자격으로 공식적인 자리에서 표방하였다는 점에서 중요한 의미를 갖는다. 향후 발발하게 된 청일전쟁과 러일전쟁은 야마가타의 이러한 제국주의 논리를 대외적 환경 속에서 정교하게 만들고, 실현해나가는 자리였다. 대만과 조선을 일본의 식민지로 만든 것이 바로 그 성과에 해당한다.

야마가타가 임오군란, 갑신정변, 청일전쟁, 러일전쟁을 거쳐 '한국 병합'에 이르기까지 한일 간의 주요 정치 외교적 사건이 발생했을 때마다 끊임없이 군비 증강과 대외 팽창의 논리를 정리해서 제출한 의견서들의 특징은 항상 조선을 자국의 대외정책의 기본 전제로 삼고 있었다는 점 역시 이 글에서 필자가 주목한 사실이다. 그리고 그것을 결국 '한국 병합'을 통해 달성하였고, 이후 일본의 관심은 본격적으로 만주 경영문제로 옮겨가며, 이는 결국 중일전쟁 및 태평양전쟁의 발발로까지 이어지게 된다고 분석하고 있다. 결국 야마가타의 제국주의 논리 형성과 실현은 언제나 한국 문제를 주축으로 삼아 끊임없이 확장해나가고 있었다고 볼 수 있는 만큼, 한국사의 입장에서 체계적으로 그의 행적과 그가 남긴 글의 행간을 재조명해볼 필요가 있다고 결론짓고 있다.

상술한 바와 같이 제국주의 국가들의 동아시아 팽창논리와 정책들을 개별 국가별로 정리해보았다. 이에 이러한 개별성을 수렴하여 인접 학문과의 소통을 시도함으로써 제국주의 시대사 연구의 새로운 전망을 가능하게 하였다. 이는 제국주의 시대가 서구의 근대를 거쳐온 유럽 열강이 빚어낸 유럽 중심적 세계였다기보다는 제국주의 열강과 접촉한 아시아·아프리카 식민지들이 상호접촉과 교류를 통해 함께 빚어낸 지구적 유산이기도 하였기 때문이다.

김기윤 박사의 「제국주의와 과학」은 이 책의 결론에 해당하는 글로서 식민지 과학의 탄생에 초점을 맞춰 과학기술과 제국주의 관계에 대한 연구경향들을 일목요연하게 정리하고 있다. 이들 연구경향의 특징은 "제국주의 역사학의 서술 방식에 따라 영감을 얻고 확장되어 왔지만, 동시에 제국과 식민지의 접점에서 일어날 수 있는 다양한 충돌 방식들을 보여주는 모범적인 사례"이기도 하였다. 이에 필자는 제국주의와 과학기술 간의 관계를 연구하는 경향을 다음과 같이 여섯 가지로 구분하여 설명하고 있다.

① 식민지 과학이 제국주의적 기획이 담긴 역사적·정치적 산물이었다는 '제국에서 식민지로 확산되는 과학', ② 과거 식민지의 '전통적' 경제체제는 이들이 독립 후에도, 착취적이고 기형적인 식민지 과학기술 이전의 결과로 '근대적 저개발' 경제체제로 변모했다고 보는 '통치와 종속 도구로서의 과학', ③ 유럽 제국주의가 내세운 '문명화 사명'의 핵심에 과학기술이 있었음을 적시하면서, 그렇게 만들어진 과학기술이 식민지의 자연과 인간을 파괴할 수 있다는 잠재된 폭력성을 성찰한 '문화적 권위로서의 과학' ④ 제국의 과학적 아이디어나 실천이 식민지에 그대로 이식되는 일은 드물었다고 볼 수 있으며, 대체로 상당한 정도의 변용과 적응을 거치며 식민의 문화와 사회 속으로 동화되어 갔다고 보는 '교배되고 번역되며 협상을 통해 전유되는 식민과학', ⑤ 제국과 식민지는 서로를 함께 만들어가며 함께 변화되었기 때문에 결국 제국과 주변부를 동일한 분석틀로 보아야 한다는 '세계화 속에서 네트워크로 그려지는 식민지 과학', ⑥ 역사학자들이 식민지에서 실제로 어떤 과학 활동이 있었는지를 식민지의 눈으로 읽기 시작하면서, 서양과학의 내용과 형식이 서양의 것이라기보다는 동서양의 많은 요소들이 역동적으로 부딪치는 상황에서 형성되어 왔음을 깨닫기 시작한 '수많은 요소들이 뒤엉켜 순환하며 만들어지는 식민지 과학'이 그것이다. 이에 필자는 과학이 제국주의적인 본성을 지니고 있는지, 또는 어떤 과학이 제국주의적인 성격을 지니고 있는지를 묻기보다는, 그런 논의들이 어떤 맥락에서 어떤 이유로 이용되고 사용되었는지를 묻는 것이 되어야 한다고 결론짓고 있다.

이에 본 연구는 동아시아에 대한 제국주의 열강의 팽창논리와 역사적 사실들을 체계적으로 고찰하기 위한 물꼬를 트는 출발점으로서 의미를 지니는바, 향후 관련 연구의 활성화에 기여할 수 있기를 기대한다.

2014년 10월

필자를 대신하여 김기윤·최덕규

대외팽창과 국가의 행동

국제정치학에서 바라본 제국주의

이근욱(李根旭)

국제정치학 / 서강대학교 정치외교학과 교수
「왈츠 이후: 국제정치이론의 발전과 변화」(2009, 한울), 「이라크 전쟁: 부시의 침공에서 오바마의 철군까지」(2011, 한울), 「쿠바 미사일 위기: 냉전시기 가장 위험했던 순간」(2013, 서강대학교 출판부) 등.

이근욱 | 서강대학교

대외팽창과 국가의 행동

국제정치학에서 바라본 제국주의

이 글의 기본 목적은 국제정치학에서 제국주의를 어떻게 이해하며, 제국주의에 대해서 어떠한 연구를 진행하고 있는지를 소개하려는 것이다. 따라서 구체적인 연구 주제를 설정하고 분석하기보다는 기존의 연구 성과를 정리하여 소개함으로써, 다른 학문 분야에서의 제국주의에 대한 연구와의 공통점과 차이점을 파악하고 학제적 연구를 진행하기 위한 기초를 제공하고자 한다. 이러한 기본 목적에서 출발하여, 여기에서는 제국주의 문제와 관련하여 다음 두 가지 목표에 집중하려고 한다. 우선, 지금까지 제국주의와 관련하여 많은 연구를 배출한 역사학과의 '대화'에 집중하면서, 국제정치학에서 바라보는 제국주의가 역사학에서 바라보는 제국주의와 어떠한 공통점과 차이점이 있는가를 제시할 것이다. 둘째, 제국주의 또는 제국주의적 행동인 '대외팽창'에 관련된 국제정치학 연구를 소개하면서, 제국주의에 대한 학문적 이해를 넓히고 새로운 시각을 제시할 것이다.

엄격한 의미에서 '제국주의(imperialism)'는 국제정치학 용어는 아니다. 일반적으로 제국주의는 "자신의 정치적·경제적 지배권을 다른 국가의 영토로 확대시키려는 국가의 행동"을 가리킨다. 옥스퍼드 사전은 제국주의를 "식민통치 또는 군사력 사용 등의 방식으로 자신의 힘과 영향력을 확대하려는 정책(policy of extending a country's power and influence through colonization, use of military force, or other means)"이라고 정의한다.[1] 이와 유사한 개념은 식민주의(colonialism)로서 옥스퍼드 사전은 "다른 국가에 대한 정치적 영향력을 획득하고, 주민 이주 등으로 영토를 점령하고 경제적으로 착취하는 정책(policy or practice of acquiring full or partial political control over another country, occupying it with settlers, and exploiting it economically)"으로 정의한다.[2] 두 개념은 매우 유사하지만 차이가 있다. 역사상 많은 제국주의 국가들이 팽창하였지만, 자신의 주민을 대규모로 이주시키는 방식의 식민주의를 수반하지 않은 경우가 존재하였으며 소수의 군사력과 행정 인원을 파견하는 방식으로 식민지를 통치하였다.[3] 또한 제국주의가 팽창하는 국가의 정책에 초점을 맞추고 있다면, 식민주의는 제국주의의 수단이지만 반드시 국가의 행동은 아닐 수도 있다. 과거 많은 민족이 이동하면서 자신들의 영향권을 확장하였고, 이 과정에서 식민주의적 행동이 등장하였다. 하지만 이러한 행동을 제국주의라고 표현하지는 않는다.

제국주의에 대한 연구의 대부분은 역사 전체에 존재하였던 '제국주의적 행동'을 모두 분석하지 않는다. 대신 19세기 이후의 제국주의에 집중하며 특히 유럽 국가의 아시아·아프리카에 대한 식민통치에 초점을 맞춘다. 이러한 경

1 http://oxforddictionaries.com/definition/english/imperialism (2013년 10월 10일 검색)
2 http://oxforddictionaries.com/definition/english/colonialism (2013년 10월 10일 검색)
3 과거 영국은 이러한 측면에서 팽창하는 국가가 취할 수 있는 여러 가지 방법을 보여준다. 19세기 영국은 인도에 대해서는 자국 국민들을 대규모로 이주시키지 않았고, 군대와 경찰 그리고 행정인력 등을 파견함으로써 인도를 통치하였다. 물론 영국인 가운데 인도로 이주하여 정착하였던 사람들이 있었지만, 규모는 크지 않았다. 반면, 영국은 오스트레일리아와 뉴질랜드 등에는 자국민을 이주시켰고 새로운 영토를 착취하기보다는 '개척'하면서 정착하였다. 즉 영국은 식민주의적 성격이 약한 제국주의를 인도에서 추진하였고, 오스트레일리아 및 뉴질랜드 지역에서는 제국주의적 성격이 약한 식민주의를 추진하였다.

향은 한국에서도 예외는 아니다. 제국주의 일반에 대한 본격적인 연구서인 박지향의 『제국주의: 신화와 현실』은 영국의 인도에 대한 식민통치와 제국주의 분석에 기초하고 있다.[4] 따라서 식민지를 많이 보유하지 않은 독일에 대한 제국주의·식민주의 분석은 많지 않다. 또한 자신의 영토를 계속 확장하면서 자신의 영향력을 팽창하였던 미국에 대해서도 제국주의·식민주의에 기초한 연구는 드물다. 대부분의 제국주의 연구는 어느 정도는 특정된 본토(本土)를 가진 국가가 자신의 해외 영토를 확보하는 경우에 국한되어 있다. 따라서 대규모 해외 식민지를 보유하지 않았던 독일이나 본토의 개념이 특정화되지 않아서 자신의 영토를 계속 팽창하였던 미국은 제국주의 연구에서 제외되었다.[5]

하지만 국제정치학은 다르다. 국제정치학은 특정 국가의 외교정책 해설이 아니라, 무정부적 국제체제에서 나타나는 국가의 행동을 분석한다. 또한 국제정치학은 '제국주의'라는 용어를 사용하기보다는, '대외팽창(external expansion)' 등으로 국가의 공격적인 대외정책을 가리키며 이를 보다 일반적인 차원에서 다룬다. 따라서 직접 주민을 이주시키거나 또는 자신의 영향력을 정치적으로 확대시키는 행동을 포함하지만, 국제정치학의 분석 대상은 여기에 국한되지 않는다. 일반적으로 제국주의는 식민지 확보와 밀접한 관련을 가지지만, 국제

---

4 박지향(2000), 『제국주의: 신화와 현실』, 서울대학교출판부. 하지만 연구 마지막에는 일본과 영국의 제국주의를 비교하는 부분이 존재한다.

5 해외 식민지를 보유하지 않았던 국가들이 제국주의 국가가 아니었는가 또는 해외 식민지를 보유하지 않았던 국가가 제국주의적 행동을 취하지 않았는가에 대해서는 논쟁이 가능하다. 예를 들어, 제1차 세계대전에서 패배한 독일은 자신의 해외 식민지 전체를 상실하였으며, 1930년대 이후 집권한 히틀러(Adolf Hitler)의 나치 정권은 아프리카 등지에서 식민지를 보유하려는 시도를 추진하지 않았다. 대신 독일은 생존권(Lebensraum) 개념에 기초하여 동부 유럽에서 독일인의 생존에 필요한 공간을 확보하려고 노력하였고, 이것이 제2차 세계대전에서 나타난 독일의 극단적인 팽창정책으로 확대되었다. 이러한 측면에서 본다면 나치 독일의 행동은 과격한 '제국주의' 행동이었지만 해외 식민지를 추구하지 않았다는 측면에서 특이하다.

정치학에서 논의하는 대외팽창은 다른 지역에 대한 식민 통치와 직접적으로 연관되기보다는 자신의 영향력을 확대하려는 행동을 포괄적으로 가리킨다. 또한 대외팽창의 동기에 따라 국가의 행동을 다르게 평가한다. 따라서 많은 경우에는 제국주의와 연관되지 않는 일방적인 군사력 증강 등의 행동은 대외팽창으로 분류되지만, 자신의 안전을 추구하기 위해서 등장하는 방어적인 식민지 획득 등은 대외팽창이 아니라고 본다.[6]

이러한 차이에도 불구하고, 제국주의라는 현상은 객관적으로 존재한다. 국가를 포함한 많은 집단들이 외부적으로 자신들의 영향력을 확장하였고 자신의 영역을 확대하였다. 이와 같은 대외팽창은 동서고금을 막론하고 존재하였고, 때문에 보편적인 현상으로 21세기 현재에도 제국주의 팽창은 등장한다. 특히 2001년 이후 아프가니스탄과 이라크 지역에 대한 미국의 군사적 팽창은 그 성공 여부를 따지지 않는다면, 제국주의적 침략으로 주민 이주를 시도하지 않은 제국주의다.[7] 냉전 기간 동안 미국과 소련은 자신의 영향권을 확장하였으며, 특히 소련은 동부 유럽에서 지역 국가들의 의지와는 무관하게 자신의

---

6 과연 "자신의 안전을 추구하기 위해서 등장하는 방어적인 식민지 획득"이 존재하는가에 대해서는 논의가 가능하다. 하지만 논리적으로는 모든 국가가 식민지 획득을 통해 힘을 증가시키는 상황에서, 자신의 생존을 위해 상대적 힘을 증강하려 하고 상대적 힘을 증강하는 방법으로 식민지 획득을 선택하는 상황을 상정할 수 있다.

7 미국은 UN 결의안 없이 아프가니스탄과 이라크를 침공하였다. 아프가니스탄 침공의 경우, 아프가니스탄에 기지를 가지고 있던 알카이다(Al Qaeda)가 미국을 공격하였기 때문에 미국의 공격은 정당방위로 인정되었다. 하지만 이라크 침공에서는 미국에 대한 직접적인 공격이 없었으며 따라서 미국의 군사행동을 정당화할 수 있는 결의안이 필요하였다. 그럼에도 미국의 부시 행정부는 UN 결의안을 확보하지 못하였고, 단순히 미국 의회의 승인을 받아 2003년 3월 이라크를 침공하였다. 이에 당시 UN 사무총장이었던 아난(Kofi Annan)은 미국의 침공이 "엄격하게는 불법적(illegal) 행동"이었다고 주장하였다. UN 안전보장이사회는 미국의 이라크 침공을 사전 승인하지는 않았지만, 결의안 1483을 통해서 "불법적인 이라크 침공"을 추인, 즉 사후 승인하였다. 따라서 미국의 이라크 침공은 합법적이라고 보아야 한다.

군사적 존재감을 과시하였다. 미국 또한 서부 유럽에 군사력을 배치하고 정치적 영향력을 확대하였지만 이러한 행동은 지역 국가들의 지지에 기초해서 이루어졌다. 이와 같은 상황에서 미국과 소련은 상대방 행동을 '제국주의'라고 비난하였으며, 자신의 행동은 '방어적 조치'라고 정당화하였다. 1945년 이전 시기에 존재하였던 많은 강대국들은 대부분 식민지를 보유한 '제국주의 국가'였으며, 해외 식민지를 둘러싼 갈등은 제1차 세계대전의 발발 과정에서 중요한 역할을 하였다.

따라서 국가의 행동을 설명하는 국제정치학에서 제국주의는 중요한 연구 대상이다. 하지만 제국주의와 관련된 국제정치학 연구는 제국주의 팽창 자체가 아니라 제국주의 팽창과 관련된 제국주의 강대국들 사이의 상호작용이다. 즉 1914년 이전 세계에 대한 국제정치학 연구들이 주목하는 것은 제국주의 팽창이 제국주의 국가와 제국주의 팽창에 희생이 되었던 국가에 미친 영향이 아니라 제국주의 팽창이 강대국 관계에 가져온 결과다. 즉 국제정치학의 핵심 문제는 강대국 관계이며, 약소국의 상황에 대해서는 크게 관심을 기울이지 않는다.[8] 하지만 이러한 강대국 중심적인 편향은 현실적으로 국제정치를 결정하는 국가들이 강대국이라는 측면에서 정당화될 수 있으며, 동시에 결정적인 영향을 미치는 소수의 강대국에 집중함으로써 설명과 예측을 더욱 효율적으로 수행할 수 있다는 측면에서 합리화할 수 있다.[9]

---

8 여기서 말하는 '강대국'은 어떤 절대적인 기준에서 분류되는 개념이 아니라 다른 국가와의 비교를 통해 이야기된다. 즉 주변 국가의 상대적 힘이 약한 경우에는 어느 정도의 힘을 가지고도 지역 강대국으로 행동할 수 있지만, 동일한 양의 군사력과 경제력을 가졌다고 해도 주변 국가들에 따라서 약소국으로 분류될 수 있다.

9 "결정적인 영향을 미치는 소수"에 집중하는 것은 모든 학문분야에서 공통적으로 나타난다. 경제학에서도 가격에 영향을 미치는 모든 요인을 동일한 정도로 분석하지 않으며, 가격을 결정하는 수요와 공급에 "결정적인 영향을 미치는 변수"인 소득 등에 집중한다. 또

아래에서는 우선 이러한 시각에서 '제국주의'에 대한 국제정치학 논의를 정리할 것이다. 특히 역사학과의 비교를 통해 국제정치학이 역사학과 어떠한 측면에 학문적으로 차이가 있는가를 논의하고, 이러한 차이가 제국주의라는 현상에 대한 분석으로 이어지는가를 살펴보려고 한다. 1절에서는 '제국주의'와 관련된 개념을 정리하면서, 그에 대한 국제정치학 분석을 소개하고 동시에 제국주의와는 별도로 등장하는 '제국(empire)' 개념을 논의할 것이다. 2절에서는 국제정치학 시각에서 대외팽창을 가져오는 변수를 분석하면서, 대외팽창과 제국주의 사이에 존재하는 논리적 연관성을 파악할 것이다. 3절에서는 '방어적 대외팽창'이라는 개념에 대한 국제정치학 연구를 논의하면서, 이것을 둘러싼 논쟁을 검토할 것이다. 특히 주목되는 것은 안보딜레마와 국내적 요인에 의한 대외팽창 논의다. 4절에서는 제국주의의 결과 또는 효과에 대해서 논의하고자 한다. 여기서는 국가의 대외팽창이 과연 이익인가 손해인가를 다루며, 이것을 제국주의의 대상이 되는 국가와 제국주의 정책을 펼치는 국가의 측면 그리고 주변 국가의 대응 등의 측면에서 다룰 것이다. 5절에서는 대외팽창의 일부분이자 제국주의의 가장 도드라지는 특징인 식민주의에 대한 다양한 논의를 소개할 것이다. 여기서 초점이 맞추어질 사항은 식민주의에서 나타나는 다양한 형식으로, 공식적인 직접적 식민통치와 비공식적인 간접적 식민지배의 차이와 이러한 차이를 가져온 요인이다. 마지막 6절에서는 국제정치학에서 이루어진 제국주의 관련 연구를 정리하고, 이것이 제국주의를 이해하는데 기여할 수 있는 그리고 기여하는 부분을 논의할 것이다.

한 천체물리학에서도 행성의 움직임을 예측하면서 가장 중요한 중력을 고려하며, 혜성 등의 충돌로 인한 궤도 변화와 같은 요인들은 사실상 무시한다.

I. 제국주의: 개념과 연구

앞에서 언급한 바와 같이 제국주의는 논란이 많은 개념이며, 특히 국제정치학에서는 널리 사용하지 않는다. 제국주의는 '우산과 같은 단어'로, 여러 가지 개념이 하나의 명칭으로 통합되면서 맥락에 따라서 매우 다양한 것을 의미하게 되었다. 하지만 여기서는 제국주의를 "다른 국가에 대한 정치적 지배권의 수립을 위한 노력"으로 정의하고, 국제정치학에서 이러한 행동에 대한 기존 연구를 살펴보려고 한다. 또한 일부 국제정치학 연구에서는 제국주의와 제국을 구분하며, 각각을 서로 다른 차원에서 논의한다. 따라서 이에 대한 논의가 필요하다. 제국주의와 제국은 명칭에서는 유사할 수 있지만, 이론적으로는 상이한 차원에서 논의되는 개념이다. 즉 모든 제국이 제국주의 정책을 추진하지 않으며 제국주의 정책을 추진하는 국가들이 항상 제국인 것은 아니다.

1. 다양한 개념: 제국주의, 식민주의, 그리고 대외팽창

제국주의와 관련하여 국제정치학에서는 다양한 개념이 논의되고 있다. 하지만 국제정치학 이론가들은 '제국주의'라는 표현을 거의 사용하지 않으며, 오히려 '대외팽창' 또는 '대외적 공격성'과 같은 표현을 선호한다. 여기서 등장하는 대외팽창 또는 대외적 공격성은 자신의 안전이 위협받지 않는 상황에서 자신의 군사력을 증가시키고 이러한 군사력을 대외적으로 적극적으로 사용하는 현상이다. 여기서 강조되어야 하는 것은 외부의 위협에 대처하기 위해 군사력을 사용하는 방어적 행동은 대외팽창이 아니며, 외부의 위협이 존재하지 않거나 또는 매우 약한 상황에서 다른 요인 때문에 공격적으로 행동하는 경우에만 대외팽창이 나타난다. 즉 외부의 위협에 대항하기 위해서 자신의 군사력을 증강하고 대외적으로 적극적으로 사용하며, 이 과정에서 자신의 영향력을 확대하는 행동은 대외팽창이라고 보지 않는다.[10]

이와 같은 측면에서 대외팽창과 제국주의는 다른 개념이다. 제국주의가 다른 국가에 대한 지배권 구축을 위한 다양한 행동을 포괄적으로 지칭하면서 이러한 행동이 나타나는 의도에 대해서는 논의하지 않는다면, 대외팽창은 국가의 행동에 대한 의도를 강조하며 특히 팽창하는 국가가 공격적 목적을 가지는 것으로 규정한다. 따라서 대외팽창이지만 이것이 반드시 다른 국가에 대한 지배권 구축을 위한 행동으로 이어지지 않아서 제국주의로는 구분되지 않는 사례가 있을 수 있으며, 동시에 제국주의지만 방어적 목적 때문에 대외팽창이라고 보기에는 어려운 경우를 상정할 수 있다.[11]

하지만 제국주의와 대외팽창은 많은 부분에서 겹친다. 가장 중요한 공통점은 자신의 정치적 지배권을 자신의 영역 이상으로 확대한다는 부분이며, 이러한 행동은 국제정치에서 매우 중요한 분석 대상이다. 국제정치학의 초기 발전에 핵심적인 역할을 수행하였던 모겐소(Hans J. Morgenthau)는 제국주의를 국가

---

10 국제정치학에서 대부분의 이론들은 모든 국가는 자신의 안전을 확보하고 외부의 위협에 대항한다고 상정한다. 하지만 일부에서는 공격적인 목적을 가진 국가가 존재한다고 본다. 이러한 이론적 차이는 국제정치학 내부에서 중요한 논쟁이며, 자세한 내용은 후술한다.

11 이러한 경우는 그다지 많지 않을 것이다. 그러나 논리적으로는 제국주의와 대외팽창이 서로 겹치지 않는 경우를 상정할 수 있다. 즉 위협에 직면하여 방어적 목적으로 자신의 정치적 영향력과 지배권을 확대하는 행동이다. 1940년 4월 독일이 덴마크를 침공하여 점령하자, 덴마크와 연합왕국을 구성하였던 아이슬란드(Iceland)는 독립을 선언하고 중립을 유지하였다. 하지만 독일의 위협에 직면한 영국은 독일이 아이슬란드를 통제할 가능성 때문에 1940년 5월 아이슬란드를 예방적 차원에서 침공하여 점령하였고, 1941년 7월 미국이 영국을 대신하여 아이슬란드를 점령·통치하고 방어하였다. 1944년 6월 아이슬란드는 덴마크와의 공식적인 관계를 단절하였고, 미국은 1946년 철수하였다. 이와 같은 영국과 미국의 행동은 "자신들의 지배권을 확대"하였던 제국주의였으나, 독일의 위협에 직면한 상황에서 벌어졌기 때문에 대외팽창으로 보기는 어렵다.

가 생존을 위해서 힘을 추구하는 과정에서 사용하는 정책 가운데 하나로 파악하면서, 현상유지정책(policy of status-quo)과 제국주의 정책(policy of imperialism)을 대비하였다.[12]

2. 제국 그리고 제국주의

'제국'은 제국주의와는 다른 개념이다. 이것은 국제정치학에서 이야기하는 무정부적 국제체제가 아니라 개별 국가의 상위에 특정한 단위체가 존재하는 국제체제를 의미한다. 제국 체제에서 국가들은 서로 평등하지 않고 절대적인 주권을 가지지 않으며, 국가 상위의 단위체가 존재하지 않는 무정부성(anarchy)이 아니라 국가들 사이에 서열(hierarchy)이 존재한다. 이러한 체제에서 중심에 있는 국가는 서열에서 가장 높은 지위를 차지하며, 공식적으로 다른 국가의 내부 문제에 관여할 수 있다.

이러한 제국 체제는 현재 세계에서는 존재하지 않는다. 현재 존재하는 국제체제는 서부 유럽에서 출현한 것으로 1648년 베스트팔렌조약(Treaty of Westphalia)에서 공식화된 체제다. 이전까지 유럽은 국가들 사이의 서열이 존재하였다. 보다 높은 서열의 국가 지도자는 서열이 낮은 국가의 종교 선택과 국내 문제에 간섭할 수 있었으며, 이것은 당시 구교파와 신교파의 갈등 양상에서 중요한 문제로 부각되었다. 결국 1618년 5월 프라하에서 시작된 무력충돌은 중부 유럽 전체를 휩쓸었고, 30년 동안 계속된 구교파와 신교파의 전쟁에서 독일 지역의 인구 가운데 25~40% 감소하였으며 전체 인명피해는 800만

12 Hans J. Morgenthau(1993), *Politics Among Nations: the Struggle for Power and Peace*, New York: McGraw Hill, pp. 50~83.

명으로 추산된다. 이러한 '30년전쟁(Thirty Years' War)'을 종결시킨 것이 베스트팔렌조약으로, 여기서 유럽 국가들은 개별 국가의 주권(sovereignty)의 절대성을 인정하면서 각각의 국가들은 종교의 선택을 포함한 국가 내부 문제에서 다른 국가의 간섭을 받지 않는다고 확인하였다. 이후 서부 유럽 국가들은 주권에 기초한 새로운 국제체제를 구축하였고, 이것이 19세기에 세계 전체로 확산되면서 지금과 같은 주권평등의 무정부적 국제체제가 성립되었다.

반면 동아시아에서는 이와는 다른 체제가 존재하였고, 이것은 실질적으로는 제국 체제로 서열에서 불평등한 국제체제였다. 이러한 서열 체제에서 가장 중앙(中)에 위치한 국가(國)는 중국(中國)이었으며, 조선(朝鮮)을 포함한 나머지 국가들은 중국의 책봉(冊封)을 받은 하위 국가였다. 따라서 동아시아 제국 질서의 원칙은 평등이 아니라 사대자소(事大字小)로, 상위 국가를 섬기고 하위 국가를 잘 보살피는 것이었다. 이러한 체제에서 교류는 중앙을 통해서만 이루어졌으며, 국제무역은 조공회사(朝貢回賜)에 따라서 상위 국가에 대한 조공은 하위 국가에 대한 답례 형태로 보상되었다. 또한 봉삭(奉朔)을 통해 중국의 역법(曆法)을 사용하였다. 즉 동아시아 국제체제는 무정부적이지 않았으며, 중국은 제국으로서 동아시아 국제체제 전체를 총괄하는 정부로 행동하였다. 하지만 일본과의 전쟁에서 패배한 중국은 1894년 시모노세키조약을 통해서 '평등한 주권' 개념을 수용하였고, 이를 계기로 동아시아 제국 질서는 소멸하였다.[13]

---

13 중국 청(淸)나라의 경우에 예부(禮部)와 이번원(理藩院)에서 조공 국가를 관리하였고, 그 명단은 1818년 『가경회전(嘉慶會典)』에 기록되었다. 예부가 관할하는 조공국으로는 조선, 류큐, 월남, 라오스, 태국, 술로 군도, 네덜란드, 미얀마, 포르투갈, 로마교황청, 영국 등이었으며, 이번원 관할 국가는 내몽고, 외몽고, 티베트, 동투르키스탄, 네팔, 카자프, 코칸트 등이었다. 김용구(2006), 『세계외교사』, 서울대학교출판부, 286~288쪽.

제국이라는 개념이 국제체제의 구성 질서와 관련된 것이라면, 제국주의는 무정부적 국제체제에서 등장하는 국가 정책의 하나다. 무정부적 국제체제와 반대되는 제국 질서에서는 모든 영역이 중앙 국가의 영역으로 인정되며, 따라서 자신의 영향권을 확대시키는 정책을 추진하지 않는다. 하지만 무정부적 국제체제에서는 개별 국가의 영역이 획정되며 이것이 주권으로 합법화되기 때문에, 주권을 침해하면서 다른 국가에 자신의 영향력을 행사하려는 행동은 제국주의적 행동으로 규정된다. 즉 제국과 제국주의는 무관하다고 볼 수 있다. 제국은 서열적인 국제체제의 구조이며 이것은 무정부적 국제체제와 대응된다. 하지만 제국주의는 제국과 대응되는 국제체제인 무정부적 국제체제에서 개별 국가가 취할 수 있는 행동 가운데 하나며, 대외팽창적인 성격을 가지기 때문에 현상유지 또는 안보추구 행동과 대비된다.

II. 국제정치학에서의 제국주의: 대외팽창과 그 결정 요인

여기서는 국제정치학 시각에서 대외팽창을 가져오는 변수를 분석하면서, 대외팽창과 제국주의 사이에 존재하는 논리적 연관성을 파악할 것이다. 특히 초점을 맞추는 부분은 국가들이 대외팽창을 하는 동기에 관한 부분으로, 팽창의 동기가 자신의 안보를 추구하는 정도의 소극적 동기인가 아니면 안보 이상의 목적을 추구하는 적극적 동기인가에 대한 것이다.

1. 국제적 무정부 상태

국제정치학의 기초는 국제적 무정부 상태다. 이것은 혼란 또는 무질서를 의미하는 것이 아니라 단순하게 "국가 상위의 단위체가 존재하지 않는 상황"이다. 국가 또는 정부가 공권력을 장악하고 행사하는 국내정치와는 달리 국제정치에서는 개별 국가들이 자신의 안전을 스스로 확보해야만 한다. 이러한 논리적 상황에서 국가의 다양한 행동을 분석하는 것이 국제정치학의 가장 기본적인 목표다. 즉 국제정치 이론을 이해하는 가장 중요한 열쇠는 국제적 무정부 상태지만, 이에 대해서는 표면상의 합의를 넘어서는 많은 의견충돌이 존재하며, 다양한 의견이 국제정치학의 발전으로 이어졌다. 국제적 무정부 상태가 "국가 상위의 단위체가 존재하지 않는 상황"이라는 개념 정의에는 합의가 존재하지만, 이러한 국제적 무정부 상태에서 유추되는 것이 무엇인가에 대해서 여러 견해가 존재한다.

가장 대표적인 국제정치 이론으로 볼 수 있는 현실주의(realism) 또한 국제적 무정부 상태에 대한 평가에 기초하여 크게 두 가지로 나뉜다.[14] 첫째, 국제적 무정부 상태가 매우 위험하며 그 위험도는 높은 수준에서 변화하지 않는다고 보는 시각을 공격적 현실주의(offensive realism)라고 부른다. 이러한 시각에서 국

14 '국가 이익(national interest)'을 강조하는 현실주의는 엄격한 의미에서는 존재하지 않으며, 국제정치학에서 현실주의는 국제적 무정부 상태에서 국가의 행동을 분석하기 위해 상대적 힘(relative power)이라는 독립변수에 기초한 이론 체계다. 오늘날 국제정치 이론은 개별 이론체계가 사용하는 독립변수에 따라 분류한다. 즉 국가의 행동을 상대적 힘에 기초하여 설명하는 이론을 현실주의라 지칭하며, 불확실성에 기초해서 논의하는 이론을 제도주의라고 부른다. 국가 내부의 속성인 정치체제와 경제관계에 주목하여 국가의 행동을 설명하는 이론을 자유주의, 그리고 국가의 정체성과 문화 등의 변수에 집중하는 이론을 구성주의라 부른다.

가들은 항상 높은 수준의 위험에 직면하며, 따라서 모든 국가는 상대 국가들과 협력이 아니라 지속적으로 경쟁한다. 자신의 안전을 확보하는 가장 확실한 방법은 자신의 상대적 힘을 증강하여 다른 어느 국가보다도 강력한 힘을 보유하는 것이다. 안전을 보장하는 가장 확실한 방법은 상대적 힘의 극대화(power maximization)다.[15] 둘째, 국제적 무정부 상태의 위험도는 변화하며 대부분의 경우에 그 위험도는 그다지 높지 않다고 보는 방어적 현실주의(defensive realism)가 존재한다. 이에 따르면, 국가들은 경우에 따라서 협력을 통해 안보를 추구하면서 끝없이 경쟁하지 않는다. 군비경쟁의 경제적 부담과 정치적 위험 등을 회피하기 위해 군비통제를 수용할 수 있으며, 특히 상대방의 의도를 어느 정도까지 파악할 수 있다면 협력을 통한 안보 추구는 더욱 많이 이루어질 수 있다. 따라서 모든 국가는 자신의 상대적 힘을 극대화하기 위해 노력하지 않으며, 상대적 힘을 어느 정도 축적하는 방식으로 최종적으로는 안보를 극대화(security maximization)한다.[16]

다른 이론체계도 국제적 무정부 상태의 개념에는 동의하나, 해석에서는 차이가 있다. 즉 "국가 상위의 단위체가 존재하지 않는 상황"이라는 정의는 거의 모든 이론가들이 수용하지만, 그 함의에 대해서는 여러 견해가 존재한다. 국가의 행동이 물질적 변수에 따라서가 아니라 사회적(social)이고 비물질적인 변수(non-material factor)의 영향을 받는다고 보는 구성주의(constructivism) 이론은

---

15 가장 대표적인 공격적 현실주의 연구로는 John J. Mearsheimer(2001), *The Tragedy of the Great Power Politics* New York: Norton & Com가 있다.

16 방어적 현실주의 연구는 다양하다. 대표적으로는 Charles L. Glaser(1994), "Realists as Optimists: Cooperation as Self-Help," *International Security,* Vol. 19, No. 3 (Winter), pp. 50~90과 Stephen van Evera(1999), *Causes of War: Structures Power and the Roots of International Conflicts* Ithaca, NY: Cornell University Press 등이 있다.

국제적 무정부 상태를 달리 해석한다.[17] 구성주의 이론은 "국가 상위의 단위체가 존재하지 않는 상황"은 물질적인 것이며, 이것이 국가 행동에 영향을 미치기 위해서는 사회적 맥락 등에 따라 결정되는 의미가 부여되어야 한다고 본다. 즉 물질적으로는 동일한 국제적 무정부 상태라고 해도 그 맥락에 따라서 다른 방식으로 작용할 수 있다. 만약 어떤 이유에서 국가들이 경쟁하게 된다면, 이러한 국제적 무정부 상태는 무한정한 경쟁을 초래하는 홉스적 문화(Hobbesian culture)를 가지게 된다. 반면 민주주의 국가로 구성되어 서로 전쟁을 하지 않고 협력하는 국제체제는 무정부 상태라고 해도 평화와 안전을 향유하는 칸트적 문화(Kantian culture)를 가진다.[18] 그 중간인 그로티우스적 문화(Grotian culture)에서는 상황에 따라 국가들이 서로 경쟁하기도 하고 협력하기도 한다.

2. 국가는 왜 팽창하는가

그렇다면 국가들은 왜 팽창하는가? 이에 대해 다양한 설명이 가능하다. 우선 국제적 무정부 상태는 매우 위험하며 그 높은 위험성은 완화되지 않는다고 보는 공격적 현실주의의 설명이 있다. 이에 따르면, 매우 위험한 국제적 무정부 상태에서 상대 국가의 의도에 대한 불확실성(uncertainty)은 제거할 수 없고 따

---

17 구성주의 시각에서 국제적 무정부 상태를 분석한 것으로는 Alexander Wendt(1999), *Social Theory of International Politics* Cambridge: Cambridge University Press가 가장 뛰어나다.

18 지난 200년 동안의 데이터에 기초할 때, 두 개의 민주주의 국가는 전쟁을 하지 않는다. 1816년 이후 복수의 경쟁 정당을 가지고 국민의 대다수가 선거권을 가진 민주주의 국가들은 1,000명 이상의 전사자가 발생하는 전쟁을 하지 않았다. 이러한 사실은 민주주의 평화라고 불리며, 이에 기초한 이론이 민주평화론(Democratic Peace Theory)이다. 이것은 국가 내부 사정에 기초하여 국가의 행동을 설명하였다는 측면에서 가장 대표적인 자유주의 이론이다.

라서 국가들은 스스로의 생존을 위해서 자신의 상대적 힘을 극대화하려고 한다는 것이다. 이와 같은 입장에서는 대외팽창은 당연한 귀결이다.[19] 상대방의 의도를 파악할 수 없기 때문에 항상 주변 국가들을 경계해야 하며, 때문에 어느 정도의 군사력 또는 상대적 힘으로 자신의 안보를 지킬 수 있는지 알 수 없다. 동맹국도 믿을 수 없고 자기 자신의 군사력에만 의존할 수 있기 때문에, 생존을 보장하는 가장 확실한 방법은 자신의 상대적 힘을 극대화하는 것이다. 이 과정에서 발생할 수 있는 부작용들은 어쩔 수 없는 것으로 치부하고 수용한다. 즉 대외팽창은 상대적 힘을 극대화하는 여러 가지 방법 가운데 하나이며, 팽창 과정에서 나타나는 부작용 등은 국가의 생존을 위해 수용해야 한다는 것이다.

반면 국제적 무정부 상태가 그다지 위험하지 않다고 보는 방어적 현실주의에 따르면, 불확실성을 어느 정도 완화시키는 것은 가능하며 상대방의 의도를 경우에 따라서 파악할 수 있다고 본다. 상대방이 공격적인 현상타파국가(revisionist states)가 아니라면, 협상을 통해 상대방과 타협하고 협력하여 안정을 유지할 수 있다. 또한 군사기술이 공격보다는 방어에 더욱 유리하다면 상대방이 선제공격을 감행한다고 해도 치명적인 피해가 발생하지는 않으며, 상대방이 협력을 거부하고 배신하는 경우에도 심각한 타격을 입지 않고 쉽게 회복할 수 있다. 공격보다 방어가 유리하다면 협력 이익의 배분에서 상대적으로 불리하여 장기적으로 세력균형이 불리하게 변화한다고 해도, 국가 생존의 문제가

19 엄격한 의미에서 상대 국가의 의도에 대한 불확실성과 국제적 무정부 상태의 위험은 상호 독립적이다. 하지만 공격적 현실주의 이론가들은 불확실성을 완화할 수 없다는 주장을 핵심 논지로 사용하였으며, 따라서 불확실성 문제는 국제정치이론 논쟁에서 중요한 사안으로 부각되었다.

발생할 가능성은 적다.[20] 자신의 상대적 힘을 극대화하는 경우에는 주변 국가들이 위협을 느끼게 되고, 결국 자신의 안보 추구를 위한 행동 때문에 주변 국가들이 연합하여 자신이 정치적·외교적·군사적으로 고립되는 상황이 발생하거나 불필요한 군비경쟁을 초래하여 자원을 낭비하는 역효과가 있다. 또한 상대적 힘을 통해 최종적으로 추구하는 것이 안보이기 때문에, 국가들은 최종 목표인 안보에 집중하며 상대적 힘이라는 수단에는 집착하지 않는다.[21] 즉 이 경우에 국가들은 상대적 힘을 극대화하기보다는 안보를 극대화하며, 경쟁 결과 나타나는 군사력 건설뿐 아니라 협력을 통한 군비통제와 대외팽창 자제 등을 안보 추구의 수단으로 사용한다.

따라서 방어적 현실주의는 대외팽창을 설명하기 위해 추가 변수를 사용한다. 방어적 현실주의는 모든 경우에 국가들이 군비통제 및 팽창 자제를 통해 안보를 추구한다고 보지 않으며, 제한된 조건에서만 이러한 협력적 행동이 가능하다고 본다. 따라서 이러한 조건이 충족되지 않는다면, 방어적 현실주의는 국가가 군비경쟁과 대외팽창을 선택하게 된다고 본다. 그 조건은 주로 군사기

---

20 협력하는 경우에 발생할 수 있는 문제는 크게 두 가지다. 하나는 상대방이 협력을 약속하였지만, 협력을 거부하고 배신하는 경우다. 예를 들어 군비축소를 약속하였지만 약속을 이행하지 않고 군사력을 일방적으로 증강하는 것이다. 이때, 약속을 이행한 국가는 군사력 균형에서 불리한 위치에 처한다. 또 다른 것은 협력이익의 배분에서 상대적으로 불리하고 따라서 장기적으로 세력균형에서 불리하게 되는 경우다. 즉 협력에서 얻은 이익을 7:3으로 나눈다면, 3을 가져가는 국가는 상대적으로 불리하게 되며, 불리한 이익 배분이 장기적으로 누적되면 세력균형 자체가 변화한다.

21 과거 일부 학자들은 국가가 추구하는 것이 상대적 힘이라고 주장하였지만, 이러한 주장은 오늘날 수용되지 않는다. 현재 모든 이론가들은 국가들이 추구하는 것은 안보이며, 상대적 힘은 안보를 위한 수단이라는 데 합의하였다. 다만 안보를 추구하는 가장 효율적인 수단이 무엇인가에 대해 다른 견해가 존재하며, 공격적 현실주의는 상대적 힘의 극대화가 안보 추구의 방법이라고 보는 반면에 방어적 현실주의는 상대적 힘의 극대화가 여러 부작용을 가지기 때문에 효과적이지 않다고 본다.

술의 성격과 국내정치에 집중되어 있다. 우선 방어적 현실주의에서는 군사기술이 방어보다 공격이 더욱 유리한 경우에 국가는 협력보다는 경쟁을 하게 되고, 대외팽창 또한 증가한다고 본다. 즉 군사기술에서 공격우위 상황이 등장한다면, 국제적 무정부 상태는 매우 위험한 상황으로 변화하며 국가들은 자신의 생존을 위해 대외팽창을 시도한다.[22] 또 다른 방어적 현실주의 논의에서는 국내적 변화를 강조한다. 이에 따르면 국제적 무정부 상태가 위험하지 않은 상황에서도 국내적으로 특이성을 가진 국가는 대외팽창을 한다.

세 번째 설명은 모든 국가들은 안보를 추구하지만 일부 국가들은 안보 이상의 목표를 추구하며, 이러한 현상타파국가들은 자신의 안전을 위해서가 아니라 팽창 그 자체를 추구한다는 것이다. 즉 현상타파국가에게 팽창은 자신의 안전을 위한 수단이 아니라 현재 상태에 대한 불만 때문에 팽창을 시도한다. 20세기에 등장하였던 현상타파국가의 대표는 나치 독일(Nazi Germany)로서, 게르만 민족의 생존권을 건설하기 위해 동부 유럽으로 팽창하였고 결국 패망하였다. 이러한 논의는 국가의 이익이 단순한 안보에 국한되지 않는다고 가정하며, 따라서 국가는 상대적 힘과 함께 국가의 이익에 따라서 현상유지적 강대국(lion) · 현상유지 약소국(lamb) · 현상타파 강대국(wolf) · 현상타파 약소국(jackal) 등으로 구분된다.[23] 여기서 대외팽창은 늑대로 유형화될 수 있는 현상타파 강

22 이에 따르면, 공격우위의 군사기술이 등장한 상황에서는 공격적 현실주의와 방어적 현실주의의 차이가 사라진다. 공격적 현실주의는 군사기술은 기본적으로 공격우위 상황이라고 보고 군사기술의 성격 변화가 국가의 행동에 항상 고정된 영향을 미친다고 보지만, 방어적 현실주의는 군사기술의 영향은 그 성격에 따라 변화하며 따라서 국가행동에 미치는 영향 또한 달라질 수 있다고 본다.

23 이러한 주장은 '이익균형(balance of interest)' 이론이라고 불리며, 대표적으로는 Randall L. Schweller(1998), *Deadly Imbalances: Tripolarity and Hitler's Strategy of World Conquest* New York: Columbia University Press가 있다.

대국이 주도하면 자칼 등의 현상타파 약소국은 늑대를 추종하는 경우에 등장한다.

3. 제국주의론: 레닌 그리고 이후

제국주의에 대한 다양한 논의 가운데 가장 널리 알려진 것은 1917년 레닌(Vladimir Lenin)이 제시한 제국주의론이다. 국가의 대외팽창을 그 국가가 가진 국내경제체제의 특성에서 파악하는 시각으로, 자본주의 경제체제의 모순 때문에 제1차 세계대전 이전의 국가들이 대외팽창을 시도했다고 본다.[24] 당시 제국주의와 자본주의의 상관관계에 대한 여러 이론이 존재하였고, 홉슨(John A. Hobson) · 힐퍼딩(Rudolf Hilferding) · 카우츠키(Karl Kautsky) 등이 대표적이었다. 레닌은 이러한 사전 연구에 기초하여 자본주의의 발전으로 제국주의가 등장하며 세계를 분할하여 이윤을 추구하지만, 이러한 협력은 결국 실패하며 제1차 세계대전과 같은 전쟁이 발생한다고 주장하였다.[25] 이러한 시각은 국제적 무정부 상태는 국가들의 행동에 영향을 미치지 않으며, 오히려 국내적 요인이 국가 행동과 국제정치를 결정하는 중요한 변수라고 주장한다.

국제정치학에서는 레닌의 이론을 다음 측면에서 논의한다. 첫째, 국제정치

24 정통파 마르크스주의에 따르면 사회주의가 실현되면 국가는 소멸하며, 따라서 국제관계 또한 사라지게 된다. 마르크스(Karl Marx) 개인은 국가 자체의 문제에 대해서도 상대적으로 무관심하였으며, 당시 유럽 대륙에서 대규모 전쟁이 없었다. 하지만 레닌은 제1차 세계대전이라는 전대미문의 전쟁 상황에서 이것과 자본주의의 상관관계를 분석하는 제국주의론을 제시하였다.

25 레닌은 자본주의의 최후 단계가 제국주의라고 주장하면서, 자본주의는 대외팽창을 통해 얻은 이익을 가지고 노동운동을 포섭할 수 있다고 보았다. 하지만 식민지 착취를 통한 중심부 국가의 번영은 유지되지 못하고, 결국 제국주의 국가들 사이의 전쟁이 발발한다고 지적하였다.

학에서 국가의 행동을, 특히 전쟁의 원인을 설명하는 데 강조하는 변수의 성격은 중요한 의미를 가진다. 레닌의 주장과 같이 국가의 대외 행동을 설명하는데 국내 변수의 중요성을 강조하는 시각을 두 번째 이미지라고 부른다.[26] 자본주의라는 국내경제체제의 특성 때문에 제국주의와 같은 대외팽창이 일어난다는 레닌과 함께, 모든 국가가 민주주의 체제를 가지면 전쟁이 사라진다고 주장하였던 칸트(Immanuel Kant)와 윌슨(Woodrow Wilson) 등이 두 번째 이미지 이론가들이다. 한편 인간 본성이 전쟁의 원인이라고 보는 첫 번째 이미지가 존재한다. 홉스(Thomas Hobbes) · 스피노자(Baruch Spinoza) · 모겐소 등은 인간의 공격 성향이 전쟁의 원인이며, 이러한 본성이 변화하지 않는 한 평화는 불가능하다고 보았다. 세 번째 이미지는 전쟁은 인간의 본성이나 체제의 내부적 특성이 아니라, 국제체제의 무정부성 때문에 발생한다는 주장이다. 대표적으로는 투키디데스(Thucydides)와 루소(Jean-Jacques Rousseau)가 있다.

둘째, 레닌의 제국주의론은 경제적 변수를 사용하여 정치영역의 행동을 설명하려고 하였지만, 오늘날 보다 정교한 이론 체계가 존재한다. 흔히 정치경제학(political economy)으로 불리는 학문분야는 1970년대 출발하여 지난 40년 동안 많은 발전을 이루었다.[27] 이러한 연구는 제국주의가 경험적으로 식민주의와 연결되지 않았다는 사실을 강조한다. 제국주의 국가의 대표 주자였던 영국은 주로 미국과 캐나다, 오스트레일리아, 남아프리카 등에 투자를 집중하였으며, 아프리카 등지의 식민지에는 별다른 투자를 하지 않았다.[28] 동시에 19세

---

26 아래 내용은 Kenneth N. Waltz(1959), *Man, the State, and War: A Theoretical Analysis* New York: Columbia University Press를 요약한 것이다.

27 이러한 연구 성과를 가장 잘 정리한 것은 Jeffry A. Frieden(2006), *Global Capitalism: Its Fall and Rise in the Twentieth Century* New York: W.W. Norton이다.

28 아프리카에서 영국의 투자를 가장 많이 받았던 국가는 이집트였다. 하지만 영국은 이집트를 식민지로 삼지 않았으며, 오스만제국의 영토로 인정하면서 대사(大使) 또는 공사

기 후반 세계경제에서 식민지·제국주의 국가인 영국과 프랑스의 경제가 상대적으로 침체되고, 식민지를 거의 가지지 못한 독일이 빠르게 부상하였다. 제1차 세계대전 이후, 해외 식민지 전체를 상실한 독일은 빠른 속도로 회복하였지만, 식민지를 보유하였던 영국 등은 지속적으로 불황과 어려움에 시달렸다. 가장 큰 문제는 제1차 세계대전에서 나타났던 갈등은 제국주의 국가들 사이의 경쟁과 함께 유럽 대륙 내부에서의 대립이 중요했다는 사실이다. 특히 민족주의의 성장으로 약화되고 있었던 오스트리아·헝가리는 전쟁의 도화선이 되었던 암살과 이후의 위기 상황에서 핵심적인 당사자였으나, 해외식민지는 전혀 가지고 있지 않았다. 즉 위기 과정에 대한 많은 연구는 자본주의의 최후 단계로서 제국주의에 대한 언급을 전혀 하지 않고 있다.[29]

Ⅲ. 방어적 대외팽창: 국제정치학적 논의

앞에서 언급한 바와 같이, 국제정치학은 대외팽창을 무척 다양하게 설명하고 있다. 특히 가장 널리 알려진 현실주의 이론에서도 공격적 현실주의와 방어적 현실주의는 서로 다른 측면에서 대외팽창을 분석한다. 공격적 현실주의가 상대적 힘의 극대화라는 측면에서 대외팽창을 분석한다면, 방어적 현실주의는 제국주의를 안보딜레마 상황에서 나타나는 방어적 행동 또는 국내적 요인에 따른 결과로 본다. 여기서는 '방어적 대외팽창'과 '비공격적 대외팽창'이라는

(公使)를 파견하지 않고 영사(領事)만을 파견하였다. 그럼에도 영국은 이집트에 대한 강력한 통제권을 유지하였으며, 사실상의 식민지로 이집트를 지배하였다.

29 제1차 세계대전 원인에 대한 연구를 잘 정리한 것으로는 James Joll and Gordon Martel(2006), *The Origins of the First World War*, New York: Routledge가 있다.

개념을 제시하면서, 관련된 국제정치학 연구를 소개하려고 한다. 특히 주목되는 것은 안보딜레마와 국내적 요인에 따른 대외팽창 논의다.

1. 안보딜레마와 방어적 대외팽창

국제정치학에서 대외팽창에 대한 이론의 핵심은 국가들이 '안보'를 추구한다는 것이다. 그럼에도 국가들이 경쟁하고 대외팽창을 시도하는 현상을 설명하는 개념이 안보딜레마(Security Dilemma)다. 이것은 "자신의 안전을 위해서 취한 조치가 상대방의 안전을 저해하게 되는 상황"으로, 상대방의 의도를 확실하게 파악할 수 없기 때문에 발생한다.[30] 즉 상대방 국가의 식민지 획득과 같은 행동이 생존을 위한 방어적인 목적을 위한 것인지 아니면 공격적인 의도를 가진 것인지를 정확하게 알 수 없기 때문에, 팽창적이고 공격적인 의도를 가지지 않은 국가라도 스스로의 생존을 위해서 결국 대외팽창을 선택하게 된다.

안보딜레마의 격화 정도가 공격방어균형(offense-defense balance)과 공격방어 구분가능성(offense-defense distinction)이라는 두 가지 변수에 따라서 달라진다는 통찰 덕분에, 안보딜레마는 국제정치학의 핵심 개념으로 자리 잡았다.[31] 그 첫 번째 변수인 공격방어균형은 공격이 방어보다 유리한 공격우위 상황과 방

---

30 Robert Jervis(1978), "Cooperation Under the Security Dilemma," *World Politics,* Vol. 30, No. 2 (January), pp. 167~214 그리고 Charles L. Glaser(1997), "The Security Dilemma Revisited," *World Politics,* Vol. 50, No. 1 (October), pp. 171~201.

31 안보딜레마는 방어적 현실주의에서만 인정하는 개념은 아니며, 공격적 현실주의에서도 그 존재와 중요성을 인정한다. 다만 공격적 현실주의에서는 안보딜레마의 격화 정도가 높은 수준에서 고정되어 있다고 본다면, 방어적 현실주의는 안보딜레마가 상황에 따라 완화될 수 있다고 본다.

어가 공격보다 유리한 방어우위 상황으로 나뉘며, 기습공격에 따른 치명적 피해 가능성과 전략적 취약성(strategic vulnerability)을 결정한다. 두 번째 요인인 공격방어 구분가능성은 구분가능 상황과 구분불가능 상황으로 나뉘며, 구분가능 상황에서는 상대 국가의 군사력 구축 형태를 보고 상대가 공격 의도를 가지고 있는지 아니면 방어 의도를 가지고 있는지를 파악할 수 있다. 즉 공격방어 구분가능성은 상대 의도에 대한 불확실성에 영향을 준다.

〈표〉 안보딜레마

	공격우위	방어우위
공격방어 구분 불가능 상황	이중 위험 상황: 안보딜레마 정도가 가장 높음	안보딜레마 상황이지만 안보에 필요한 조건들이 양립할 수 있는 중간 정도의 위험 상황
공격방어 구분 가능 상황	안보딜레마 상황은 아니지만 공격이 가능함. 현상유지국가는 침략국과 다른 정책을 따를 수 있는 중간 정도의 위험 상황	이중안정상황: 안보딜레마 정도가 가장 낮음

Robert Jervis(1978), "Cooperation Under the Security Dilemma," *World Politics,* Vol. 30, No. 2 (January), p. 211.

이러한 결정요인에 따라 안보딜레마 상황은 네 가지 경우로 구분된다. 이 가운데 가장 위험한 상황은 공격우위-구분불가능 상황이며, 가장 안전한 상황은 방어우위-구분가능 상황이다. 방어우위-구분불가능 상황과 공격우위-구분가능 상황은 어느 것이 더욱 위험한지 확실한 결론을 내리기 어렵다.

안보딜레마 상황에서 국가들은 자신의 안전을 위해 행동하지만 상대방의 선제공격에 대한 위험과 상대방 의도에 대한 불확실성 때문에 방어적 목적으로 대외팽창을 감행할 수 있다. 특히 문제가 되는 상황은 공격우위-구분불가능 상황으로, 안보딜레마가 가장 격화된 경우다. 상대방의 행동을 정확하게 파악하기 어렵고 협력을 통해 안보를 추구하는 것이 배신의 위험 때문에 어렵기 때문이다. 따라서 국가들은 방어적인 목적을 가지고 공격적으로 행동하게 되고 그 결과 "자신의 안전을 위해 취한 조치가 상대방의 안전을 저해하는 상황"이 유발된다. 따라서 협력을 통해 대외팽창을 하지 않겠다는 합의는 지켜지기 어렵다. 일단 팽창이 이루어지면, 공격우위의 군사기술은 대외팽창이 가지는 안보위협을 더욱 증폭시킨다. 동시에 구분불가능 상황은 대외팽창을 통해 확보한 군사력이 사용될 목적에 대한 불확실성을 가중시키고, 따라서 군사적 긴장을 격화시킨다. 생존을 위해서는 대외팽창을 통해 더욱 많은 자원을 확보하고 군사력을 증강하는 것이 필요하다.

2. 국내정치와 방어적 대외팽창

동시에 공격적 의도를 가지지 않은 또 다른 대외팽창을 상정할 수 있다. 군사기술에 따라 안보딜레마가 격화되고 국가들이 생존을 위해 팽창하는 상황이 존재하지만, 이러한 대외팽창의 목적은 기본적으로는 국가의 안보와 관련되어 있다. 하지만 대외팽창이 안보와는 직접 연관 없이 이루어지는 경우가 있다. 즉 다른 국가를 침략하거나 영토적 지배를 추구하지만, 공격적인 의도가 존재하지 않으며 국내적인 이익집단의 압력에 따라 대외팽창을 시도하는 경우다. 군비경쟁에서는 군산복합체(Military-Industrial Complex) 때문에 외부의 위협이 아니라 국내 이익집단인 군산복합체의 이익을 위해 군사력 증강이 이루어질 가능성에 대한 여러 논의가 존재한다.

역사적으로 국내적 이익집단 때문에 대외팽창이 이루어진 사례에 대한 연구가 존재한다. 1870년 독일을 통일한 비스마르크(Otto von Bismarck)는 통일 독일이 해외 식민지 경쟁에 뛰어드는 것에 대하여 "식민지는 쓸모없는 부동산"이라는 입장을 취하면서 거부하였다. 하지만 비스마르크가 퇴임하고 1890년 무렵부터 독일 정치는 다양한 이익집단의 타협에 따라서 작동하였다. 농업에 대한 보호관세를 요구하였던 지주 계급과 해군력 증강을 통해서 자신들의 안정적인 매출을 확보하려는 산업자본가 계급은 서로 연합하여 독일의 식민지 획득 및 해군력 증강 계획을 추진하였다. 흔히 세계정책(Weltpolitik)이라고 불리는 이러한 정책으로 독일은 러시아로부터 수입하던 농산품에 대한 수입관세 문제로 양국 관계를 악화시켰고, 해군력 증강 문제로 영국과 대립하였다.[32] 독일 해군과 중공업 세력은 언론을 동원하여 식민지 획득과 해군력 증강에 대한 다양한 이데올로기를 생산하였다. 적자생존과 자연선택이라는 진화론에서 사용하는 개념을 국가 차원에 적용한 사회적 다윈주의가 널리 퍼져나갔으며, 해군력이 국가의 생존을 결정한다는 마한(Alfred T. Mahan)의 대양해군론에 대한 열렬한 지지 세력이 구성되었다. 해군 예산이 증가함에 따라 군사비 지출에서 독일 육군이 차지하는 비율이 감소하였으며, 이 때문에 독일 군부의 내부적 갈등이 초래되었고 영국과의 관계에서도 엄청난 대립이 발생하였으며, 제1차 세계대전으로까지 이어졌다.[33]

국제정치학에서 이러한 가능성은 국내정치체제의 변화 때문에 나타난다고

---

32 비스마르크 이후에 등장한 과두제 연합은 철강(iron)으로 상징되는 산업자본가와 호밀(rye)로 대표되는 지주로 구성되었기 때문에 이를 '호밀과 철강의 결합(Marriage of Iron and Rye)'이라고 표현한다. 이에 대한 고전적인 연구로는 Alexander Gerschenkron(1943), *Bread and Democracy in Germany* Berkeley, CA: University of California Press가 있다.

33 Paul M. Kennedy(1980), *The Rise of the Anglo-German Antagonism, 1860~1914*, London: The Ashfield Press와 Holger H. Herwig(1987), *'Luxury Fleet': The Imperial German Navy 1888~1918*, London: The Humanity Books.

본다. 이에 대해 스나이더(Jack K. Snyder)는 방어적 현실주의의 입장에서 국제적 무정부 상태가 그다지 위험하지 않다고 본다. 따라서 국가들은 안보가 계속 위협받지 않으며, 대외적으로 팽창, 특히 필요이상으로 과대팽창(overexpansion)하지 않는다. 즉 안전한 상황에서 팽창하는, 특히 과대팽창으로 다른 국가들의 강력한 반발과 저항을 초래하는 현상은 국내적 변화로만 설명할 수 있다고 보았다. 상대적 힘에서 주변 국가들을 압도하는 강대국이라면 안전하기 때문에 팽창할 이유가 없지만, 국내체제가 과두체제인 경우에 팽창한다고 본다.[34]

대외팽창은 반드시 주변 국가의 반발과 부작용을 가져오기 때문에 국가 전체로 봐서는 이익이 아니며, 따라서 완전한 일인독재에서는 지배자 개인이 팽창의 비용을 지불하고 팽창의 이익을 가져가기 때문에 필요하지 않은 팽창은 쉽게 일어나지 않는다. 민주주의 체제에서는 국민 전체가 대외팽창의 비용을 지불하고 그 수익도 국민 전체에게 귀속된다. 하지만 민주화 과정에서 나타나는 과두제 연합(oligarchical coalition)의 경우 팽창을 추진하면서 그 비용은 다수의 국민들에게 부담시키고 그 이익은 자신들이 향유한다. 팽창의 이익은 과두제 연합이라는 소수의 집단에 집중되지만, 팽창의 비용은 국민 전체에 조금씩 널리 분산된다. 대부분 집중된 이익이 분산된 이익보다 강력한 힘을 발휘하게 되듯이, 잘 규합된 과두제 연합은 국민보다 더욱 강력한 영향력을 행사하여 정책을 결정한다. 과두제 연합은 결탁하며, 언론을 통제하고 정보를 독점한다. 기존 국가기구와 밀접한 관계를 유지하면서, 국가 전체의 이익보다 자신들의 이익을 우선시한다.

---

34 Jack Snyder(1991), *Myths of Empire: Domestic Politics and International Ambition*, Ithaca, NY: Cornell University Press.

Ⅳ. 제국주의의 대차대조표: 대외팽창은 이익인가 손해인가

국제정치학에서 볼 때, 제국주의와 대외팽창은 어떠한 결과를 가져오는가? 역사학 분야에서는 제국주의의 효과 문제는 매우 치열한 논쟁이 있었던 부분이다. 한국사 분야에서도 식민유산은 많은 논란을 야기한 주제며, 이것은 2010년 5월 전국역사학대회에서 있었던 논쟁에서도 잘 드러난다. 전국역사학대회의 기조연설 주제는 '한국병합 100년과 식민주의 극복'이었으며, '식민주의와 식민책임'이라는 공통 주제 아래 여러 논문이 발표되었다.[35] 이러한 역사학 논쟁이 제국주의 국가가 아니라 피지배 국가의 관점에서 이루어졌다면, 국제정치학에서는 제국주의와 대외팽창을 수행하는 국가의 측면에서 그 효과를 논의한다. 즉, 국가의 대외팽창이 과연 이익인가 손해인가? 대외팽창이 공격적 또는 방어적 목표로 진행된다면, 그 목표를 제한된 비용을 지불하면서 달성할 수 있는가?

국제정치학에서 널리 합의된 명제 가운데 하나는 국가들은 외부의 위협에 여러 가지 방법으로 대항한다는 것이다. 위협에 직면한 국가는 쉽게 굴복하지 않으며, 자신의 군사력을 증강하는 내부적 균형유지(internal balancing)를 시도하거나 다른 국가와 연합하는 외부적 균형유지(external balancing)를 통해 저항한다. 이 가운데 외부적 균형유지는 동맹의 신뢰성 문제가 있기 때문에 독자적 군사력 증강을 통해 자신이 직접 통제할 수 있는 군사력을 구축하는 내부적

35 전국역사학대회(2010), 『(제53회) 전국역사학대회: 식민주의와 식민책임』, 전국역사학대회 조직위원회. 이 자료를 소개해주신 고려대학교 한국사학과 최덕수 교수님께 감사드린다.

균형유지를 더욱 많이 선택한다. 이러한 균형유지의 대상이 되는 국가는 세력이 가장 강력하거나 가장 위협적인 국가다. 어떤 국가의 상대적 힘이 증가하면 주변 국가들은 위협을 느끼게 되고 이 국가에 대항하여 독자적으로 또는 협력을 통해 균형유지를 시도한다.[36] 결과적으로 국제정치에서 균형이 유지되면 특정 국가가 빠르게 성장하여 다른 국가들을 압도하는 현상은 나타나지 않는다. 또한 균형유지를 통해서 개별 국가들은 생존할 수 있으며, 강대국의 팽창이나 제국의 건설은 저지된다.

하지만 일부 국가는 외부의 위협에 저항하기보다는 편승(bandwagoning)한다. 나치 독일의 팽창 과정에서 이탈리아·루마니아·헝가리 등은 독일의 동맹국으로서 유럽 전쟁에 참전하였다.[37] 1931년 만주사변과 1937년 중일전쟁을 통해 중국을 침략하던 일본은 독일이 유럽에서 기존 세력균형을 파괴하자 1941년 태평양 지역에서 자신의 전선을 확대하였다. 이러한 국가들은 위협에 저항하기보다는 위협을 가하는 나치 독일에 가담하여 자신들의 영향력 확대를 시도하였고, 독일의 팽창으로 발생한 기존 세력균형의 파괴와 그 혼란 과

---

36 하지만 상대적 힘과 위협 가운데 무엇이 더욱 중요한 결정요인인가에 대해서는 논쟁이 존재한다. 일부는 국가들은 강력한 힘을 가진 국가에 저항한다고 하면서 세력균형이론을 주장하지만, 다른 학자들은 강력한 힘이 아니라 위협이 더욱 중요한 변수라고 지적하면서 위협균형을 강조한다. 이에 대해서는 Stephen M. Walt(1978), *The Origins of Alliances* Ithaca, NY: Cornell University Press가 고전적인 연구다.

37 전황이 불리해지면서 독일의 동맹국들은 전선에서 이탈하였다. 1943년 9월 연합군이 이탈리아에 상륙하면서 이탈리아는 동맹을 파기하고 연합국에 가담하였으나, 독일이 북부 이탈리아를 1945년까지 점령하였다. 1944년 소련의 반격이 거세지면서 독일 주도의 동맹은 빠르게 붕괴하였다. 1944년 3월 헝가리 또한 동맹에서 이탈하려고 하였지만, 독일이 선제공격으로 헝가리를 점령하였다. 1944년 8월 루마니아가 전선에서 이탈하였고, 소련과 연합하는 데 성공하였다. 불가리아 또한 1944년 9월 공산당이 쿠데타에 성공하면서, 소련의 지원을 얻어 독일과의 동맹을 파기하였다.

정을 자신들의 팽창 기회로 삼았다.[38]

이에 대해 국제정치학 연구는 현상유지국가들은 어떤 국가의 대외팽창에 저항하지만 현상타파국가들은 대외팽창에 가담한다고 지적한다. 즉 대외팽창에 저항 또는 편승하는가 여부는 개별 국가의 성향에 따라 결정되며, 따라서 현상유지국가들은 현상유지국가들끼리 그리고 현상타파국가들은 현상타파국가들끼리 연합한다는 것이다. 즉 사자와 양으로 각각 개념화되는 현상유지 강대국과 현상유지 약소국은 서로 연합하여 저항한다면, 늑대로 유형화되는 현상타파 강대국이 현상유지 세력을 공격하고 자칼에 비유되는 현상타파 약소국은 기회를 봐서 늑대를 돕는다.[39] 현상타파국가가 많은 경우에는 편승이 많이 나타나고 대외팽창이 상대적으로 쉽지만, 현상유지국가가 많고 강력한 경우에는 저항이 강력하며 대외팽창은 쉽지 않고 오히려 주변 국가의 반발을 초래하여 봉쇄된다. 대외팽창이 성공적이기 위해서는 — 대외팽창이 보다 효과적으로 그리고 보다 적은 비용으로 이루어지기 위해서는 — 현상타파국가를 규합해야 하며, 동시에 현상유지국가들이 연합하지 못하도록 저지해야 한다.

대외팽창의 한 형태인 식민지 보유에 대해 국제정치학은 특별한 분석을 하지 않는다. 하지만 식민지 보유가 국가 전체의 측면에서는 반드시 이익이 되지 않는다는 사실에 기초하여, 국내 이익집단이 대외팽창의 이익을 국가 전체에 전가할 수 있는 경우에 식민지 보유 등을 추진한다고 본다. 또한 팽창 자체가 이익을 가져오는 경우에는 이러한 팽창이 자체적으로 동력을 가지고 진행

38 소련 또한 독일의 팽창 초기에 저항하지 않았다. 1939년 8월 소련은 독일과 불가침조약을 체결하였고 독일의 폴란드 침공에 가담하여 폴란드 동부를 점령하였다. 1941년 6월까지 소련은 독일의 동맹국은 아니었지만, 독일의 팽창을 지원하였고 독일이 요구하는 자원을 공급하였다. 이와 같은 관계는 1941년 6월 독일의 소련 침공으로 종식되었다.

39 Randall L. Schweller(1994), "Bandwagoning for Profit: Bringing the Revisionist State Back In," *International Security,* Vol. 19, No. 1 (Summer), pp. 72~107.

될 수 있다고 본다. 농경사회에서 산업사회로 변화하면서 민족주의가 등장하였지만, 착취는 더욱 쉬워졌다고 본다. 정복자는 식량공급을 통제하기 때문에 해당 지역의 산업시설을 동원할 수 있으며, 이러한 착취는 상당 기간 지속될 수 있다고 본다.[40] 즉 민족주의와 산업사회로 정복이 어려워진 것이 아니라 오히려 정복이 더욱 가능해졌다는 주장이다. 하지만 이러한 주장이 단순 제조업 중심의 산업사회가 아니라 정보 중심의 21세기 산업사회에서도 여전히 유효한가에 대해서는 특별한 연구가 존재하지 않는다. 다만 많은 학자들은 정보화 사회에서는 정복과 착취가 쉽지 않을 것이며, 따라서 영토적 대외팽창이 이익이 되지 않는다고 본다.

대외팽창을 시작하는 국가들은 주변 국가들의 견제를 받으며, 따라서 대외팽창의 목표를 달성하지 못하였다. 군사력으로 유럽 전체를 정복하고자 하는 시도는 지난 500년 동안 지속적으로 실패하였으며, 때문에 분권화된 주권국가 질서가 수립되었다. 반면 동아시아 등에서는 한 국가가 주변 지역을 군사적으로 정복하는 데 부분적으로 성공하였고, 때문에 통합된 질서가 19세기까지 유지되었다.[41] 대부분의 연구는 유럽의 경험에 기초하여 국제정치에서 대외팽창이 많은 부작용과 반발 그리고 저항을 유발한다고 본다. 일부 학자는 이것을 국제정치가 가지는 체제 효과라고 부르며, 이것이 국제정치의 핵심이라고 지적한다.[42]

---

40 Peter Liberman(1996), *Does Conquest Pay? The Exploitation of Occupied Industrial Societies*, Princeton, NJ: Princeton University Press.

41 중국의 경우에도 모든 지역을 군사적으로 정복하지는 못하였다. 한반도와 일본 그리고 인도차이나 등지는 독립된 국가가 존재하였으며, 중앙아시아와 티베트 그리고 몽골 지역 또한 중국과는 별도의 정치단위가 유지되었다. 따라서 이러한 주장은 '중국 본토'에 적용되며, 특히 중국 춘추전국시기의 종식과 이후의 통일 상황에 적합하다.

42 Robert Jervis(1997), *System Effects: Complexity in Political and Social Life*,

V. 식민주의: 제국주의의 다양한 형태

제국주의는 현실적으로 매우 다양한 형태를 가진다. 예를 들어 영국은 인도 전체에 대한 행정적 지배권을 장악하였고, 인도를 공식적으로 영국의 식민지로 편입하였다. 하지만 중국에 대해서는 행정적인 관할권을 장악하지 않았고 대신 홍콩이라는 항구 하나와 상하이의 일부에 대한 지배권을 차지하였고, 중국의 나머지 부분은 중국 정부의 관할권을 인정하였다. 이집트에서도 영국은 간접지배를 선택하였고, 영국이 실질적인 통제권을 행사하지만 공식적으로는 이집트 정부의 주권을 인정하였다.[43] 그렇다면 이러한 차이는 왜 발생하였는가?

이와 같은 차이를 설명하기 위해서 국제정치학은 제국주의가 다양한 제도적 형태를 띠며, 이 가운데 식민주의는 대외팽창을 시도하는 국가들이 의도적으로 선택한 결과 등장하는 제도라고 본다. 즉 식민주의와 제국주의는 같은 개념이 아니다. 제국주의는 식민주의보다 상위의 개념으로, 그 제도적 형태는 직접통치와 식민주의 그리고 간접지배와 비공식적 제국과 같이 다양하다. 여기서 제국주의는 기본적으로 해외투자를 보호하려는 다양한 노력이며, 식민주의와 같은 제도적 형태는 자국 국민의 해외자산을 보다 잘 보호하기 위한 제도적 선택의 결과다.[44] 여기서 논의되는 해외투자의 범위는 매우 포괄적으

Princeton, NJ: Princeton University Press.

43 수에즈운하의 중요성 때문에 영국은 이집트 국내 반란을 진압한다는 명분으로 1882년 이집트를 점령하였다. 이후 영국은 점령은 "편의에 따른 잠정적인 행동(temporary expedient)"이라고 선언하였지만, 1922년까지 이러한 선언을 66회 반복하면서 이집트와 수에즈운하에 대한 통제권을 지속적으로 보유하였다. 영국이 이집트에서 철수한 것은 1954년으로, 영국의 '이집트 지배'는 70년 이상 지속되었다. Niall Ferguson(2002), *Empire: The Rise and Demise of the British World Order and the Lessons for Global Power*, New York: Basic Books, p. 195.

44 이러한 측면에서, 제국주의의 형태에 대한 논의는 레닌 등의 주장을 수용하여 제국주의

로 해외 주식 투자와 국채 매입, 다국적 기업 활동 등을 포함한다.

이러한 논의는 다음 두 개의 변수를 강조한다. 첫째, 투자된 자산의 성격으로 특히 투자대상국 정부의 몰수 결정에 취약한 정도다. 투자 자산이 어떤 장소에 특화되어 있어서 이동이 쉽지 않다면 투자 대상국 정부는 이러한 자산을 쉽게 몰수할 수 있다. 예를 들어, 광산이나 유전 등에 대한 투자는 그 자산을 이동시킬 수 없으며 따라서 몰수 결정에 취약하다. 하지만 정부 국채에 대한 투자는 금융시장에서 현금화할 수 있고, 따라서 채무국 정부는 부채상환을 거부한다고 해도 자산 자체가 소멸하지는 않는다.[45] 두 번째 변수는 해외자산이 몰수 위협에 직면한 상황에서 선진국들의 상호 협력 가능성이다. 만약 어떤 국가가 행동하여 문제를 해결하고 다른 모든 국가가 그 해결책을 사용할 수 있다면, 어느 국가도 문제 해결을 위해 노력하지 않을 것이다. 이때 '집단행동의 문제(problem of collective action)'가 발생하며 모든 국가는 다른 국가의 노력에 무임승차하려고 한다.[46] 하지만 해결책의 효과가 해결책을 마련한 국가에게만 적용되고 다른 국가가 그 효과를 향유하는 것을 차단할 수 있다면, 개별 국

가 국내 경제적 요인 때문에 발생하며 특히 해외투자가 제국주의 팽창의 기본 원인이라고 본다. 하지만 제국주의 팽창의 원인에 집중한 레닌 등과는 달리, 제국주의가 나타나는 제도적 형태에 초점을 맞춘다.

45 부채상환 거부의 경우에도 국제 채권시장에서는 정부 국채가 할인된 가격으로 거래된다. 심지어 국제 금융시장과는 단절된 북한 국채도 국제시장에서는 거래되고 있다. 김정은 집권 직후, 북한 국채는 액면가의 14~18% 수준에서 거래되었다. Prabha Natarajan and Erin McCarthy(2011), "North Korean Bonds? Now Could Be the Time," *The Wall Street Journal*, December 23.

46 '집단행동의 문제'란 어떤 개인의 행동으로 발생한 효과가 그 행동에 참여하지 않는 개인에게도 적용되며 이러한 혜택 향유를 차단할 수 없을 때 등장한다. 모두가 혜택을 향유할 수 있다면 그리고 혜택 향유를 통제할 수 없다면, 모두는 다른 행위자가 특정 행동을 하고 자신은 노력하지 않고 혜택을 향유하는 무임승차를 시도하게 된다. 이러한 특성 때문에, 모두가 바라고 향유하고 싶어 하는 행동 자체는 처음부터 나타나지 않는 '집단행동의 문제'가 발생한다.

가들은 독자적인 해결책을 마련하기 위해서 노력할 것이다.

이러한 두 가지 변수를 고려한다면, 제국주의가 식민주의라는 제도적 형태를 가지게 되는 것은 ① 투자 자산의 이동이 어려워서 몰수 위협에 노출되어 있으며 ② 집단행동의 문제가 발생하여 협력이 어렵고 독자적인 행동이 필요한 경우다. 따라서 광산 및 농장 등에 대한 투자가 많은 경우에는 식민주의가 등장할 가능성이 높지만, 다국적 제조업이나 주식 투자 등을 중심으로 해외투자가 이루어지는 경우에는 식민주의가 등장할 가능성이 낮다. 다국적기업에 대한 몰수는 가능하지만 이후의 파장 때문에 현실적으로 몰수 위협은 작으며, 주식을 몰수하는 것 또한 불가능하다. 운하·철도와 같이 이동이 불가능한 자산에 투자가 이루어지면 몰수의 위협에 심각하게 노출되지만, 군사개입으로 운하 및 철도 시설을 점령하거나 식민통치를 통해 자산을 보호하는 것은 현실적이지 않다.

이러한 주장에 따르면 식민주의로 대표되는 공식적 제국은 매우 제한되고 한정된 조건에서 등장한다. 19세기 영국의 해외투자는 영국 제국주의를 가져왔다고 해도, 그 효과는 큰 차이를 보인다. 해외투자의 내용이 몰수 위험에 노출되고 독자적 행동을 통해 보호하는 것이 가능한 1차 상품 생산에 집중된 지역에서는 영국이 공식적 제국을 통해 식민주의를 '구현'하였다. 하지만 다른 경우에서는 공식적 제국으로 팽창하지 않았다. 미국·남미 등지에서는 영국의 해외투자가 운하와 철도 그리고 제조업 등에 집중되었는 데 반하여, 인도·아프리카 식민지 등지에서는 대부분의 투자가 수출용 1차 상품의 생산에 이루어졌다.[47]

---

47 이상의 논의는 Jeffry A. Frieden(1994), "International Investment and Colonial Control: A New Interpretation," *International Organization*, Vol. 48, No. 4

20세기 후반의 냉전에서도 '제국'은 존재하였다. 미국과 소련은 세계 전체에 존재하는 2개의 강대국으로 자신들의 영향권을 구축하였고, 유럽에서는 북대서양조약기구(NATO)와 바르샤바조약기구(WP)의 다자 동맹으로, 그 밖의 나머지 지역에서는 자신들과 개별 국가들 사이의 양자 동맹으로, 이러한 영향력을 군사적으로 유지하였다. 미국과 소련은 1945년 이전 강대국과는 다르게 행동하였다. 과거 강대국은 자신의 영향권을 정치적·외교적 방식으로 유지하였다면, 미국과 소련은 동맹국에 군사력을 배치하는 방식을 사용하였다.[48] 또한 과거에는 영향권에 속한 국가의 내부 문제에는 관여하지 않았지만, 미국과 소련은 개별 국가의 국내정치까지 이념적으로 개입하였다. 각각은 자신의 영향권 내부 국가들이 민주주의와 공산주의에 기초한 정치체제를 유지할 것을 요구하였고, 이러한 국내적 통제권이 약화될 경우에는 개입하였다. 특히 소련은 1956년 헝가리와 1968년 체코슬로바키아에 군사적으로 개입하여 개별 국가의 국내적 정치체제 선택을 강요하였으며, 1979년에는 아프가니스탄을 침공하였다.

하지만 이러한 미국과 소련 제국은 내부에서 큰 차이가 있었다. 미국 제국의 경우 제국을 구성하였던 서부 유럽과 동아시아 국가들은 미국의 '통제'에 적극적으로 협력하였고 소련의 위협에 대항하는 방편으로 미국 군사력의 주둔과 국내 문제에 대한 개입을 수용하였다. 이런 측면에서 미국 제국은 '초청에 의한 제국(empire by invitation)'이라고 볼 수 있다.[49] 반면 소련은 자신의 영향

(Autumn), pp. 559~593을 정리하였다.

48 이러한 움직임은 유럽과 동아시아에서 가장 강력하게 등장하였다. 1945년 이후 미국과 소련은 냉전 기간 동안 동맹국에 주둔하였으며, 미국은 냉전 종식 후 현재까지도 유럽과 동아시아에 군사력을 주둔시키고 있다. 소련은 1948년 북한에서 그리고 1955년 중국에서 각각 철수하였다.

49 G. John Ikenberry(2000), *After Victory: Institutions, Strategic Restraint, and the*

권을 자발적인 동의보다는 군사력을 동원하여 유지하였으며, 특히 유럽에서 미국 제국에 지속적으로 도전하면서 '자발적 제국'의 외양을 강화하려고 하였다. 아프리카와 동남아시아, 중앙아시아, 그리고 중남미 등의 주변부에서 미국과 소련은 계속 대립하였지만, 정작 냉전의 핵심 지역이었던 유럽과 동아시아에서 군사충돌은 매우 제한적이었다.[50]

이러한 제국 체제에서도 동맹국의 역할은 중요했으며, 특히 미국은 '초청에 의한 제국'을 유지하기 위해 동맹국과 많은 협력을 하였다. 미국과 소련의 경쟁에서 중요한 부분은 독일 군사력이었고, 특히 서독 군사력과 핵무기 보유 가능성이었다. 소련의 위협에 대항하기 위해 미국은 군사력을 배치하였지만 충분하지는 않았고, 서부 유럽의 군사력이 필수적이었다. 당시 서부 유럽에서 이러한 군사적 잠재력을 가진 국가는 서독이 유일하였지만, 제2차 세계대전의 경험 때문에 서독군의 창설은 곤란하였다. 1949년 NATO가 창설되었지만 서독군의 창설은 1955년에야 이루어졌으며, 이후 서독의 핵무기 보유는 소련의 강력한 반발을 초래할 수 있었기 때문에 최종적으로 취소되었다.[51]

Rebuilding of Order After Major Wars, Princeton, NJ: Princeton University Press 그리고 Geir Lundestad(2005), *The United States and Western Europe since 1945: From "Empire" by Invitation to Transatlantic Drift*, Oxford: Oxford University Press.

50 Charles S. Maier(2006), *Among Empires: American Ascendancy and Its Predecessors*, Cambridge, MA: Harvard University Press. 동아시아에서는 한국전쟁과 베트남전쟁을 마지막으로 대규모 군사충돌은 사라졌으며, 유럽에서는 1948/49년 베를린 봉쇄가 종결되면서 미국과 소련의 무력충돌 가능성은 매우 낮은 수준으로 떨어졌다. 물론 위기는 지속적으로 발생하였지만, 전쟁으로 촉발되지는 않았으며 어느 정도 수준에서 관리되었다.

51 서독군 창설 움직임에 소련은 격렬하게 반응하였고 1954년 바르샤바조약기구(Warsaw Pact)를 창설하였다. 이후 서독 정부는 핵무기를 보유하려고 하였고, 1950년대 후반 미국은 전술 핵무기를 서독군에 제공하였다. 하지만 1960년대 들어오면서 미국은 소련의 반대를 수용하여 서독군에 제공한 핵무기를 회수하였으며, 서독은 미국의 압력으로

VI. 국제정치학 시각의 공헌

그렇다면 국제정치학은 제국주의의 이해에 어떠한 기여를 하는가? 앞에서 언급한 바와 같이 국제정치학은 제국주의를 대외팽창이라는 방식으로 이해하며, 동시에 공격적 대외팽창과 방어적 대외팽창으로 분리해서 바라본다. 여기서 공격적 대외팽창에 해당하는 것이 흔히 이야기하는 제국주의며, 방어적 대외팽창은 "자신의 생존을 확보하기 위해 불가피하게 취하는 조치"로 정당화한다. 제국주의 및 대외팽창에 대한 이러한 태도는 지극히 팽창국가 또는 팽창을 수행할 수 있는 강대국의 입장을 반영한 것으로, 국제정치학 자체가 가지는 강대국 편향성의 결과다. 이러한 강대국 편향성은 사회과학으로의 냉정함과 현실성이라는 측면에서는 정당화할 수 있지만, 제국주의 팽창의 대상이 되었던 약소국 입장에서는 그리고 제국주의의 대상이 되었던 세계 대부분의 지역에서는 쉽게 수용할 수 없다.

하지만 이러한 냉정함은 제국주의에 대한 보다 객관적인 이해를 가능하게 한다는 측면에서 중요하다. 제국주의에 대한 많은 연구가 제국주의에 대한 비판에서 출발하기 때문에 제국주의를 보다 일반적이고 객관적인 시각에서 바라볼 필요가 있다. 그리고 제국주의가 기본적으로 국가의 대외정책의 일부이기 때문에, 국가의 행동을 분석하는 국제정치학 연구는 제국주의에 대한 이해를 촉진하는 데 많은 도움이 될 것이다. 물론 국제정치학이 제국주의를 정당화하는 수단으로 사용되어서는 안 되며, 식민지배 등을 합리화하는 수단이 될

핵무기 보유를 포기하고 핵확산금지조약(NPT) 등에 가입하였다. Marc Trachtenberg (1999), *A Constructed Peace: the Making of the European Settlement, 1945~1963*, Princeton, NJ: Princeton University Press.

수는 없다. 이러한 측면에서 사회과학이 가지는 냉정함은 장점이지만 동시에 단점일 수 있다. 냉정함이란 논리의 엄밀함으로 작용해야지 무의미한 냉혹함과 인간의 고통에 대한 냉담함으로 이어져서는 안 된다.

제국주의를 공격적인 것과 방어적인 것으로 분류하는 것은 중요한 의미를 가진다. 특히 제국주의의 원인을 분석하면서 식민지 확보를 위한 공격적 행동과 자신의 생존을 위해 취해진 방어적 행동을 동일하게 취급해서는 안 된다. 국제정치학 연구가 지적하듯이, 대외팽창은 주변 국가들의 반발을 초래하며 따라서 많은 부작용을 가져온다. 많은 국가들이 저항을 시도하고 현상유지 연합이 등장하여 팽창을 봉쇄하게 된다. 이러한 역학관계를 보다 체계적으로 분석할 필요가 있다.

식민지 보유 등의 대외팽창이 이익이 되는가의 문제는 아직도 더욱 많은 연구가 필요하다. 지금까지 국제정치학에서 식민지 보유의 이익 문제를 본격적으로 다룬 것은 많지 않다. 하지만 20세기의 세계대전에서 모든 국가는 자신들이 보유한 자원을 총동원하였고, 보유 자원의 크기를 증가시켰다는 측면에서 식민지는 전쟁 수행에 도움이 되었다고 볼 수 있다. 하지만 이러한 주장을 검증한 연구는 존재하지 않으며, 따라서 보다 많은 연구가 필요할 것이다. 일본의 경우에도 이러한 추측은 적용될 수 있다. 중국에 대한 침략과 제2차 세계대전을 수행하면서 일본은 자신이 가진 모든 자원을 동원하였고, 식민지 조선에 대한 착취 수준은 급격하게 증가하였을 것이다. 따라서 침략이 본격화하는 1930년을 기준으로 이전과 이후를 비교하는 연구가 필요하다고 본다.

참고문헌

김용구(2006), 『세계외교사』, 서울대학교출판부.

박지향(2000), 『제국주의: 신화와 현실』, 서울대학교출판부.

전국역사학대회(2010), 『(제53회) 전국역사학대회: 식민주의와 식민책임』, 전국역사학대회 조직위원회.

Ferguson, Niall(2002), *Empire: The Rise and Demise of the British World Order and the Lessons for Global Power,* New York: Basic Books.

Frieden, Jeffry A(2006), *Global Capitalism: Its Fall and Rise in the Twentieth Century,* New York: W.W. Norton.

Gerschenkron, Alexander(1943), *Bread and Democracy in Germany,* Berkeley, CA: University of California Press.

Herwig, Holger H(1987), *'Luxury Fleet': The Imperial German Navy 1888-1918,* London: The Humanity Books.

Ikenberry, G. John(2000), *After Victory: Institutions, Strategic Restraint, and the Rebuilding of Order After Major Wars,* Princeton, NJ: Princeton University Press.

Jervis, Robert(1997), *System Effects: Complexity in Political and Social Life,* Princeton, NJ: Princeton University Press.

Joll, James and Gordon Martel(2006), *The Origins of the First World War,* New York: Routledge.

Kennedy, Paul M(1980), *The Rise of the Anglo-German Antagonism, 1860-1914,* London: The Ashfield Press.

Liberman, Peter(1996), *Does Conquest Pay? The Exploitation of Occupied Industrial Societies,* Princeton, NJ: Princeton University Press.

Lundestad, Geir(2005), *The United States and Western Europe since 1945: From "Empire" by Invitation to Transatlantic Drift,* Oxford: Oxford University Press.

Maier, Charles S(2006), *Among Empires: American Ascendancy and Its Predecessors,* Cambridge, MA: Harvard University Press.

Mearsheimer, John J(2001), *The Tragedy of the Great Power Politics,* New York: Norton & Com.

Morgenthau, Hans J(1993), *Politics Among Nations: the Struggle for Power and Peace,* New York: McGraw Hill.

Schweller, Randall L(1998), *Deadly Imbalances: Tripolarity and Hitler's Strategy of World Conquest,* New York: Columbia University Press.

Snyder, Jack(1991), *Myths of Empire: Domestic Politics and International Ambition,* Ithaca, NY: Cornell University Press.

Trachtenberg, Marc(1999), *A Constructed Peace: the Making of the European Settlement, 1945-1963,* Princeton, NJ: Princeton University Press.

van Evera, Stephen(1999), *Causes of War: Structures Power and the Roots of International Conflicts,* Ithaca, NY: Cornell University Press.

Walt, Stephen M(1987), *The Origins of Alliances,* Ithaca, NY: Cornell University Press.

Waltz, Kenneth N(1959), *Man, the State, and War: A Theoretical Analysis,* New York: Columbia University Press.

Wendt, Alexander(1999), *Social Theory of International Politics,* Cambridge: Cambridge University Press.

Frieden, Jeffry A(1994), "International Investment and Colonial Control: A New Interpretation," *International Organization*, Vol. 48, No. 4 (Autumn).

Glaser, Charles L(1994), "Realists as Optimists: Cooperation as Self-Help," *International Security,* Vol. 19, No. 3 (Winter).

Glaser, Charles L(1997), "The Security Dilemma Revisited," *World Politics,* Vol. 50, No. 1 (October).

Jervis, Robert(1978), "Cooperation Under the Security Dilemma," *World Politics,* Vol. 30, No. 2 (January).

Natarajan, Prabha and Erin McCarthy(2011), "North Korean Bonds? Now

Could Be the Time," *The Wall Street Journal*, December 23.
Schweller, Randall L(1994), "Bandwagoning for Profit: Bringing the Revisionist State Back In," *International Security*, Vol. 19, No. 1 (Summer).

알프레드 T. 마한의 거대전략과 '러시아 봉쇄전략'

'아시아 문제와 그것이 국제정치에 미친 영향'을 중심으로

최정수(崔正洙)

미국외교사 / 한양대학교 사학과 강사
『일본과 서구의 식민통치 비교』(공저, 2004, 선인), 「조지 W. 부시독트린의 역사적 기원: 시어도어 루즈벨트의 '세계안보' 전략」(2006), 「제2차 헤이그 평화회의와 미국의 '세계평화전략'–'국제경찰'과 '약한 국가' 처리문제를 중심으로」(2008), 「태프트–가쓰라협정의 국제법적 기원: 미일중재조약과 헤이그협약(1899)」(2013) 등.

최정수 | 한양대학교

알프레드 T. 마한의 거대전략과 '러시아 봉쇄전략'

'아시아 문제와 그것이 국제정치에 미친 영향'을 중심으로

I. 머리말

19세기가 영국의 세기였다면, 20세기는 미국의 세기였다고 해도 과언이 아니다. 미국이 강대국으로 성장을 거듭하는 동안에 유럽과 나머지 세계는 몰락했기 때문이다. 유럽은 20세기 전반부에 발발한 두 차례의 세계대전(1914~1919, 1939~1945)을 통해서 세계 정치의 주도권을 상실했고, 한때 아시아 및 태평양에서 미국의 경쟁자로 떠올랐던 일본조차도 태평양전쟁(1941~1945)을 통해서 침몰했다. 뿐만 아니라 20세기 후반부에 성립된 냉전체제하에서 미국과 맞섰던 소련도 1991년 해체됨으로써 미국만이 살아남은 유일한 초강대국이 되었다.

미국의 이러한 초강대국 지위는 우연히 얻어진 것이 아니다. 또한 경쟁 열강의 쇠락으로 얻은 반사적 이익도 아니다. 그것은 19세기를 전후하여 미국의 대외정치를 주도했던 지도자들이 20세기에 대비하여 장기적인 비전을 지닌 거대전략(grand strategy)을 마련하고 일관되게 추진할 수 있는 토대를 제공한 결과였다. 이들이 구상한 거대전략들은 완전히 일치하지는 않았지만, 다음과

같은 문제의식을 공유했다. 미국 이대로는 안 된다. 다가오는 20세기를 미국의 시대로 만들기 위해서는 거대전략을 마련해야 한다. 그것은 궁극적으로 세계 외교체제를 개혁하는 목적을 지닌 것이어야 한다. 이를 위해 미국 외교 역시 개혁되어야 한다. 전통적인 고립주의와 중립주의는 폐기되어야 하고, 먼로주의는 수정되어야 한다. 외교를 뒷받침할 수 있는 군사개혁이 수반되어야 함은 물론이다. 뿐만 아니라 미국인의 대륙에 안주하려는 자기 폐쇄적인 정신 또한 개조되어야 하는바, 세계시민으로서의 책임도 아울러 지녀야 한다.

그렇다면 미국 최초로 20세기 거대전략을 수립한 인물들은 누구인가. 19세기 말~20세기 초에 활동한 시어도어 루즈벨트(Theodore Roosevelt), 헨리 캐벗 로지(Henry Cabot Lodge), 존 헤이(John Hay), 엘리휴 루트(Eliuh Root), 알프레드 테이어 마한(Alfred Thayer Mahan) 등이 그들이다.[1] 이들은 모두 거대전략을 수립하거나 이를 이해할 수 있는 지적 능력을 갖추고 있었다. 특히 이 중에 3인, 루즈벨트, 로지, 마한 등이 저술한 책들은 그 점을 보여준다. 또한 이들은 자신들이 설계한 전략을 집행할 수 있는 권력도 지니고 있었다. 이들 5명은 세기말을 전후하여 백악관, 국무성, 해군성, 육군성, 해군대학, 의회상원외교위원회 등에서 활동하며 하나의 세력집단(inner circle)을 이루고 있었다. 이들이 구

1 워런 짐머만(Warren Zimmerman)은 "1세기 전에 미국은 그렇게도 갑작스럽게 세계정치의 플레이어가 될 수 있었으며, 무엇이 그러한 움직임을 고취했는가"란 질문을 던지고, 그 해답을 5명의 인물에서 찾았다. "시어도어 루즈벨트, 헨리 캐벗 로지, 존 헤이, 엘리휴 루트, 알프레드 마한 등을 근대 미국 제국주의의 선조들이요, 조국을 위대한 강대국의 길로 나아가게 한 인물들로 평가"했다. 특히 마한은 루즈벨트, 헨리 캐벗 로지와 더불어 거대한 미국의 청사진을 그린 3인의 전략가로 자리매김된다. Warren Zimmermann(2002), *First Great Triumph: How Five Americans Made Their Country A World Power*, New York: Farrar, Straus and Giroux, pp. 3~14.

상한 정책 및 전략은 하나같이 세계의 미국화(Americanization of the World)를 의미하는 세계연방(World Federation)의 개념을 담고 있었다. 한마디로 5명은 미국의 20세기 전략을 수립하고 실행에 옮긴 인물이었다.

그럼에도 그동안의 연구는 이들이 설계한 거대전략 그 자체에 대해서는 크게 주목하지 않았다. 이들의 역할에 대한 연구자들의 관심은 주로 이들이 주도하거나 개입한 사건에 초점을 맞추었기 때문이다. 즉 기존 연구는 미국-스페인전쟁(1898), 의화단사건(1900), 러일전쟁(1904~1905), 제2차 베네수엘라위기(1902), 포츠머스 중재(1905), 모로코위기와 알제시라스 중재(1905), 백색함대의 세계순항(1907~1909), 제1차 및 제2차 헤이그평화회의(1899, 1907) 등의 사건을 통해서 이들의 행적을 보여주었던 것이다. 그러나 이러한 방식의 연구는 그러한 사건들 간에 상호인과관계를 이루며 전체적으로 하나의 방향을 지향했다는 점을 보여주기 어렵다. 외교문서는 개별 사건에 대한 5명의 입장이 일치하지 않은 경우도 보여주기 때문이다. 예컨대 루즈벨트는 먼로독트린을 거대전략의 토대로 삼아야 한다고 했지만, 헤이나 마한은 문호개방이 거대전략의 중심이 되어야 한다고 생각했던 것이다. 그러나 숲 속의 나무 종류가 다양할지라도, 숲 전체의 특성이 있듯이 미국의 정책 또한 마찬가지였다. 5명이 때로는 불협화음을 내기는 했지만, 전체적으로는 같은 방향을 걸었다. 언급했듯이 세계의 미국화가 그것이다. 그리고 이 점을 잘 보여주는 것이 바로 그들이 설계했던 거대전략이다.

이에 연구자는 19세기 말 20세기 초에 등장한 미국의 거대전략을 추적하기로 했다. 그중에서도 마한(1840. 9. 27~1914. 12. 1)의 거대전략을 분석하기로 했다. 그의 거대전략은 외교, 경제 및 군사를 망라한 종합적인 안보전략의 성격뿐만 아니라, 적용지역에 있어서도 사실상 전 지구를 대상으로 하는 글로벌 전략의 특징을 지니고 있기 때문이다. 그의 이러한 능력은 마한의 경력[2]

과 저술 활동[3]에서 확인할 수 있다. 특히 그가 1900년에 발표했던 거대전략

---

2 마한의 이력과 경력을 소개하면 다음과 같다. ① 마한은 미 육군사관학교가 있는 웨스트포인트에서 태어났다. 그의 아버지는 육군사관학교의 공학교수였다. 그는 15살 되던 해인 1854년에 컬럼비아 대학에 입학하여 1856년에 졸업했다. 그리고 졸업한 그해 9월에 해군사관 후보생으로 해군사관학교 2학년에 편입했다(1856. 9. 30). 3년 후인 1859년 6월 9일에 해군사관학교를 졸업하고 해군소위로 임관했다. 이후 군함의 장교로 26년간 세계 도처를 항해했다. ② 마한은 1885년에 해군대학에서 전사 및 전략과목의 교관으로 강당에 섰다. 이후 1896년 11월 17일 대령으로 퇴역할 때까지 약 11년간 해군대학 총장(1886~1889, 1892~1893) 5년, 유럽 파견 함대 함장으로 2년(1893~1895), 해군성(1889~1892) 및 해군대학(1895~1896)에서 특별근무 5년 등의 활동을 하였다. 특히 마한은 퇴역 직전에 옥스퍼드와 케임브리지(1894), 하버드(1895~1896) 등에서 법학박사학위를 취득했다. ③ 퇴역 후 마한은 해군대학에서 16년간 특별근무를 했다(1896~1912). 그 사이에 4개 대학에서 명예법학박사학위를 더 취득했다(1897년 예일 대학, 1900년 콜롬비아 대학, 1903년 다트머스 대학, 1909 마지루 대학). 그리고 미서전쟁(1898)시에는 해군성 참모부에서 특별근무했으며, 1899년에는 제1차 헤이그평화회의의 미국 대표로 활동했다. 그리고 1902년에는 미국 역사학회 회장이 되었으며, 1906년에는 퇴역 해군소장으로 진급했다. 1908년에는 해군성 개혁과 관련하여 3개 부처에서 위원장으로 활동했다. 마한은 1912년에 사망했다. 이렇게 보면 그의 인생 73년 중에 15년을 제외한 48년, 대략 반세기를 공직자의 길을 걸었던 것이다. 알프레드 테이어 마한(Alfred Thayer Mahan), 이윤희·김득주 공역(1974), 『해양전략론(*Naval Strategy, Contrasted with the Principles and Practice of Military Operations on Land*)』, 동원사. 부록의 약력 참고.

3 마한은 전집을 이룰 정도로 많은 책을 썼으며, 모두 출간되었다. 이 때문에 그는 자신을 '사상가(man of thought)'로 불렀으며, 영국의 저명한 역사학자 지오프리 배러클러프는 마한을 '미국의 철학적 제국주의자(Philosophical Imperialist)'로 명명했다. Geoffrey Barraclough(1990), *An Introduction to Contemporary History*, London: Penguin Books Ltd., p. 76. 이하에서 *An Introduction to Contemporary History*로 축약함. 마한은 1883~1913년까지 모두 18권의 책(총 23권)을 썼으며, 이는 해군대학의 강의 주제가 근간이 되었다. 그중의 11권은 전기물이고, 2권은 자서전이다. 또 1권은 전략론이며, 9권은 잡지에 게재한 논문들로서 주제는 정치·군사·역사 등을 망라한다. 그의 저서들은 발표된 시점과 제목만을 통해서도 마한이 어떤 과정을 거쳐 군사 및 외교전략가로 성장했는지를 추론하기에 충분하다. 『아시아의 문제와 그것이 국제정치에 미친 영향(*The Problem of Asia and Its Effects upon International Policies*)』(1900) 출판을 기준으로 이전과 이후로 나누어 보면, 이전시기인 14년간(1883~1897) 마한은 해군사와 해군전략론을 다룬 모두 7권의 책을 출판했다. 『아시아의 문제』를 출판한 후 마한은 죽기 직전까지 약 13년간(1900~1913) 11권의 책을 썼다. 연구범위도 확장되어 국제관계, 국제법, 육

은 제국주의 시기에 미국이 추진했던 전략의 실체가 무엇이었는지를 보여주고 있다. 다음과 같은 논리였다. 첫째, 아시아는 미국을 비롯한 해양열강의 미래를 담보하고 있는 지역이다. 따라서 미국의 대외전략의 중심을 대서양에서 태평양 및 아시아로 옮겨야 하며, 문호개방은 대표적인 정책이 되어야 한다(아시아 중시론). 둘째, 문호개방을 위해서는 실천전략도 필요하다. 무엇보다도 러시아의 남하를 봉쇄해야만 한다. 러시아가 유라시아 대륙의 전역에서 팽창을 기도하고 있을 뿐만 아니라, 중국의 문호를 폐쇄하려는 중이기 때문이다(러시아 봉쇄론). 셋째, 러시아를 봉쇄하려면 4대 해양열강(미국, 영국, 일본, 독일)의 협조가 불가피하다. 그 경우 해군과 육군을 이용하여 유라시아 대륙 전체를 반월형으로 에워싸는 군사 포위망을 구축할 수 있다(4대 해양열강 연대론). 즉 유라시아 대륙을 동서로 관통하는 러시아 대륙의 서쪽 해양출구(북해와 지중해)는 독일을 통해 봉쇄하고, 동쪽 해양출구(동해)는 일본으로 하여금 틀어막게 하며, 미국과 영국은 중앙아시아와 중국 본토를 통해 남하할 수 있는 통로를 차단하자는 것이다. 넷째, 뿐만 아니라 미국은 러시아 봉쇄망을 주도할 수 있는 실제적인 능력을 갖추어야 한다. 이를 위해서 기존의 외교노선을 통폐합하여 세계 전역에 관철될 수 있는 '세계전략(World Strategy)'을 마련하고, 이를 실천에 옮길 수 있는 군사력을 갖추어야 한다(미국 외교 및 군사 개조론). 요컨대 마한의 거대전략은 4개의 세부전략으로 구성된 것이었다. '아시아 중시론', '러시아 봉쇄론', '4대 해양열강 연대론', '미국 외교 및 군사 개조론' 등이 그것이다.

마한의 거대전략을 구성하는 이와 같은 세부전략은 매우 중요한 의미를 지니고 있다. 왜냐하면 첫째, 마한의 거대전략은 제국주의 시기의 미국의 동아

해군의 전략비교, 해군무기의 진화, 해군성의 역할 등으로 확대되었다. 책의 목록은 이 글의 주 92~95를 참고.

시아 전략을 이해하는 데 중요한 실마리를 제공하고 있기 때문이다. 무엇보다도 그의 전략은 문호개방의 감추어진 실체를 보여준다. 마한의 거대전략은 그 당시 미국 전략가들의 다음과 같은 화두, 즉 "미서전쟁 후의 미국의 전략은 무엇이 되어야 하는가"에 대한 답변이었기 때문이다. 한편에서는 기존에 수행해 왔던 문호개방을 선언한 가운데, 다른 한편에서는 루즈벨트가 먼로독트린을 수정하여 아시아 및 태평양으로 확대해야 한다고 주장했다. 후자의 주장은 문호개방정책으로는 러시아의 중국 병합 야욕을 막을 수 없기 때문에, 동아시아 정책으로 적합하지 않다는 점을 이유로 들었다. 이렇듯 문호개방과 먼로독트린이 맞서는 가운데 마한이 제시한 처방전이 문호개방이었다. 마한 역시 기존의 문호개방정책은 한계가 있다는 점을 인정했다. 그럼에도 그는 먼로독트린이 아니라, 문호개방이 동아시아 외교의 원칙이 되어야 한다고 보았다. 이에 마한은 문호개방을 강화하여 그것을 근간으로 삼고, 이를 추진할 수 있는 실행전략을 덧붙여야 한다고 주장했다. 그것이 마한의 거대전략론의 골자였다. 곧 선언적인 성격의 문호개방을 '중국의 러시아화'를 저지하고, '중국의 미국화'를 구현할 수 있는 실질적인 전략으로 바꾸자는 것이 마한이 거대전략을 설계한 동기였다.

둘째, 뿐만 아니라 마한의 거대전략을 이루는 세부전략들을 주목해야 하는 이유는 그것들이 이후 후임자들이 펼쳤던 20세기 거대전략들 속에서 발견된다는 데 있다. '아시아 중시론'은 미국이 유럽 일변도의 정책으로 흐르는 것을 막았다. 그의 '러시아 봉쇄론' 역시 러일전쟁기의 친일반러적인 미국의 개입, 시베리아내전 개입, 냉전기를 통해서 실현되었다. 마한의 '4대 해양열강 연대론'은 헤이그체제, 국제연맹체제, 태평양조약체제, 국제연합체제, 나토 등을 통해서 구현되었다. '미국 외교 및 군사개조론' 역시 후임 전략가들의 거대전략 속에서 되풀이되었다. 무엇보다도 문호개방은 동아시아 전략을 넘어서 세계전략의 중심개념이 되었다. 한마디로 마한의 거대전략에 담긴 4개의 세부 전략은 이후 20세기에 전개한 미국 대외전략의 근간을 이루었다.

그러나 기존의 연구는 마한이 이러한 거대전략을 수립했다는 점을 간과하고 있다. 전략가로서 마한에 대한 대부분의 연구는 대개가 그가 해군전략가였다는 점에 치중하고 있다. 근자에 마한의 외교전략에 대해서도 시선을 돌렸지만, 그럼에도 '미영재통합론(Anglo-American Reunion)'을 꿈꾼 인물 정도로 이해하고 있을 뿐이다. 또한 마한의 문호개방론이 독자적인 기원을 가지고 있음을 사상적으로 추적한 연구도 통설적 해석을 벗어나지 못했다. 통설에 따르면 문호개방이란 존 헤이가 주창한 대중정책으로서 미국의 금융 및 상품 자본의 수출을 목적으로 하는 경제 전략이었을 뿐이다. 따라서 마한이 문호개방이 미국의 대외전략의 중심이 되어야 한다는 점은 물론 문호개방의 실천전략으로 4대 해양열강을 통한 러시아 포위전략으로 만들어야 한다고 주장했다는 점은 거의 알려진 바 없다.[4] 이 연구가 마한의 거대전략을 주시하려는 이유가 여기

---

4 연구자가 검토한 기존 연구는 다음과 같다. ① 역사가로서의 마한을 다루었다. Kenneth L. Moll, A. T. Mahan(1963), "American Historian," *Military Affairs*, Vol. 27, No. 3(Autumn), ② 미영 연맹(Anglo-American Reunion)을 추구한 거대 전략가라는 점을 부각시키는 데 초점을 맞추었다. Alfred T. Mahan and Charles Bresford(1894), "Possibility of an Anglo-American Reunion(1894)," *The North American Review*, Vol. 159, No. 456(Nov.); Jon Tetusuro Sumida(1997), *Inventing Grand Strategy and Teaching Commands: The Classic Works of Alfred Thayer Mahan Reconsidered*, Woodrow Wilson Center Press, ③ 월터 르페버는 마한을 미국이 아메리카 대륙적 한계를 벗어나 해외로 팽창해야 하는 이유는 무엇이며, 어떻게 해외로 팽창할 수 있을까라는 문제를 역사적으로 정당화하는 정교한 논리를 세운 인물로 그리고 있다. Walter LeFeber(1962), "A Note on the 'Mercantilistic Imperialism' of Alfred Thayer Mahan," *The Mississippi Valley Historical Review*, Vol. 48, No. 4(Mar.). 마한에 대한 국내의 전문연구는 아주 드물다. 조사 결과 두 편의 연구논문만 확인할 수 있었다. 하나는 연구논문이고[이주천(2002), 「알프레드 마한(Alfred T. Mahan)의 제국의 전략과 미서전쟁」, 『미국사연구』 15집], 다른 하나는 석사논문이다[김세웅(1882), 『1890년대 미국의 팽창주의에 관한 고찰: A. T. Mahan의 해상권을 중심으로』, 고려대학교 석사

에 있다.

즉 이 연구의 목적은 마한의 거대전략을 통해서 제국주의 시기에 미국이 펼친 문호개방의 세 가지 실체를 드러내는 데 있다. 첫째, 문호개방이 지역전략이 아니라 세계전략의 일환이었다는 점이요, 둘째, 문호개방은 경제적 성격을 넘어 러시아의 남하를 봉쇄하자는 군사전략적 성격도 아울러 지니고 있었다는 점이며, 셋째, 문호개방은 세계 외교 및 군사체제는 물론이요, 미국 외교 및 군사체제의 개혁을 위한 거대전략의 중심개념이었다는 점이다. 이를 위해 필자는 마한이 1900년에 쓴 『아시아문제와 그것이 국제정치에 미친 영향(*The Problem of Asia and Its Effects upon International Policies*)』을 집중적으로 분석키로 했다.[5] 그것이 바로 마한의 거대전략의 설계도였기 때문이다.

필자는 이 문제를 다음 3개 장으로 나누어 구명키로 했다. 먼저 제2장에서는 마한의 거대전략의 등장 배경을 지정학계의 가설이었던 '러청병합제국 등장 예정설'을 통해 보여주기로 했다. 그것이 바로 마한으로 하여금 원리(문호개

학위논문]. 두 연구 모두 마한의 해양전략에 초점을 맞추어 제국주의를 다루었다. 마한의 저작물에 대한 국내의 번역 또한 해양력에 대한 주제에 국한되었다. 『해양력이 역사에 미친 연구』와 『전략론』 정도만 번역되었을 뿐이다.

5 A. T. Mahan(1905), *The Problem of Asia and Its Effects upon International Policies*, Boston: Little, Brown, and Company. 원래 이 책은 1900년 3월부터 8월에 걸쳐 잡지에 기고한 3편의 소책자를 한 권에 합친 것이다. 즉 (1부) *The Problem of Asia*(*Harper's Monthly Magazine*, March~May, 1900),(2부) *Effect of Asiatic Conditions upon World Policies*(*North American Review*, November, 1900), (3부) *Merits of the Transvaal Dispute*(*North American Review*, March, 1900) 등이 그것이다. 제1부는 아시아가 해양국가들에게 왜 중요한가를 지정학적으로 분석하고 있다. 제2부는 세계 열강의 아시아 전략을 고찰했다. 제3부는 남아프리카의 보어전쟁이 영국의 아시아 전략에 어떤 영향을 끼칠 수 있는지를 살폈다. 필자는 이하에서 3책의 제목을 다음과 같이 축약하기로 했다. *The Problem of Asia*는 *Problem of Asia*로, *Effect of Asiatic Conditions upon World Policies*는 *Effect of Asiatic Conditions*로, *Merits of the Transvaal Dispute*는 *Transvaal Dispute*로 각각 표시하기로 한다.

방론)와 실천방략으로 구성된 복합적인 거대전략을 마련케 한 동기로 작용했기 때문이다. 이어서 제3장에서는 '러시아 봉쇄론'의 원리와 '4대 해양열강의 연대론'의 실체를 추적할 것이다. 이를 통해 문호개방이 실천전략을 지녔다는 점, 세계체제였다는 점, 군사적 체제이기도 했다는 점 등이 드러나게 될 것이며, 나아가 문호개방이 세계외교체제의 근본적인 개혁을 요구했다는 점이 밝혀질 것이다. 끝으로 제4장에서는 마한의 거대전략의 중요한 부분을 이루었던 '미국 외교개혁론'과 '군사개혁론'을 조명할 것이다. 해양열강의 연대를 구축하여 러시아를 봉쇄하자는 마한의 전략이 실행되려면 국내의 외교 및 군사개혁이 동시에 추진되어야 했다. 자기 은둔적이요, 폐쇄적인 미국의 전통적인 외교로는 거대전략을 수행할 수 없었다. 따라서 마한에게 문호개방은 미국의 국가개조론이기도 했다. 이 연구를 통해 그동안 가려졌던 문호개방의 실체, 즉 문호개방이 경제적 전략을 넘어 대외적으로는 세계외교 및 군사안보체제의 개혁전략으로서의 성격을 지니고 있으며, 대내적으로도 국가개조론이었다는 점이 드러나기를 기대한다.

Ⅱ. '러청병합제국 등장 예정설'과 아시아 중시론

마한이 러시아의 남하를 봉쇄한다는 전략을 세우게 된 발단은 대서양의 시대는 가고 태평양과 아시아의 시대가 다가오고 있다는 미래 인식에서 비롯되었다. 왜냐하면 마한은 콜럼버스의 지리상의 발견이라는 사건이 유럽 문명에 가했던 충격처럼 도래 중인 태평양 시대 역시 서구 문명에 그런 역할을 할 것으로 내다보았기 때문이다.[6]

대서양, 적도 이북의 대서양, 유럽 문명이란 우리의 관점으로 보면 구 공동체(old community)가 인간성(humanity)이라는 복리(welfare)에 근거를 두고 있는 대양이다. 대서양 시대의 특징을 대략적으로 말하자면 이 공동체의 내부에서 위대한 국가들 간의 국경이 이미 확정되어 있다는 점이다. 따라서 영토적 소유에 커다란 변화와 그 결과로서 그 지방에 대한 정치적 통제를 가져올 가능성은 거의 없어 보인다. 그러나 태평양은 다르다. 태평양은 거시적인 세계이해라는 관점에서 볼 때 새로운 요소(new-comer)다. 마치 아메리카와 희망봉의 발견이 유럽인의 시선을 대서양으로 확장시켜, 지난 400년 동안 대서양은 지중해를 통해서 열렸던 중심지위를 계승했다. 콜럼버스 이전의 아메리카와 같이 태평양이 이미 존재하는 조건이 발견되고 드러남으로써 일으킨 사건 속에 들어가게 된 것은 반세기밖에 되지 않았다. 태평양은 그동안 평가되지 않았기 때문에, 알려지지 않아왔다. 발견에는 이해가 뒤따라야 한다. 서양과 동양, 두 문명 간에 가로막고 있던 장벽들이 깨질 때 무엇이 일어날 것인가. 왜냐하면 동서 두 문명은 정치적·경제적·사회적은 물론 도덕적 및 지적 표준이 다른 수준에 있기 때문이다.[7]

마한은 서양과 동양 문명 간에 가로막고 있던 장벽들이 깨질 때 무엇이 일

6 물론 이는 마한만의 생각은 아니었다. 미국 내에는 태평양 진출론자들이 일단의 세력을 이루면서 비슷한 주장을 하고 있었기 때문이다. 예컨대 당시 대통령 시어도어 루즈벨트(재임 1901~1909) 역시 문명은 서쪽에서 동쪽으로 이동한다는 주장을 하며, 미국에 이에 대비할 것을 촉구했다. "지중해의 시대는 아메리카의 발견과 더불어 사라졌고, 지금은 대서양의 시대가 절정에 있지만, 멀지 않아 열강이 마음대로 할 수 있는 자원은 고갈될 것이다. 가장 위대한 태평양의 시대가 동이 트려고 하고 있다." Geoffrey Barraclouch(1990), p. 76. 존 헤이 국무장관의 제1차 문호개방선언(1899)도 태평양 시대에 대비하려는 준비의 일환이었다.

7 Mahan(1900a), *Effect of Asiatic Conditions*, pp. 191~192.

어난다고 보았을까. 그는 다음을 예상했다. 첫째, '태평양과 동아시아는 세계 이해의 중심지역'이 될 것이다. 증기선과 철도 같은 '급속한 교통망(rapidity of communication)'의 발전으로 '아시아는 세계의 이익이 집중된 지역이 되었기' 때문이다. 둘째, 아시아에서 국가들 간의 운명공동체가 형성되었다. '아시아의 문제가 세계의 문제(the problem of Asia is a world problem)'이기 때문이다. 따라서 미국은 '아시아의 문제가 국제관계에 미치는 영향'을 숙고해야 한다. '아시아의 미래'를 바라보는 데 요구되는 시각은 제일 먼저 '지리적 형세(geographical feature)'를 고찰하는 것이다. 그로 인해 과거보다 국가들 간의 상호작용이 훨씬 커졌기 때문이다. 특히 중국으로 결집되었다는 점을 예의주시해야 한다. 두 측면을 살펴야 한다. 한편에서는 '아시아의 조건이 세계정치에 미치는 영향'이며, 다른 한편에서는 '해양력이 아시아에 미치는 영향'이다.[8]

그렇다면 마한은 아시아에서 형성된 운명공동체적 상황이 미국에게 어떤 영향을 미칠 수 있다고 보았을까. 그는 한편에서 미국에게 기회의 장이 될 수도 있지만, 다른 한편에서는 재앙이 될 수도 있다고 판단했다. 우선 교역이라는 관점에서 아시아는 미국의 번영을 담보하는 약속의 땅이 될 수 있다고 생각했다. 중국은 해양국가에게 유리한 두 가지 조건을 갖추고 있기 때문이다. 하나는 양자강이 바다의 역할을 한다는 것이다.

> 중국은 해양국경(sea frontier)이 많다. 양자강은 바다 입구로부터 1,000마일(1,600km)이나 증기선 운항이 가능하다. 또한 1,000마일이면 양자강을 따라 중국의 심장부(heart land)까지 들어 갈 수 있다.[9]

---

8 Mahan(1900b), *Problem of Asia*, p. 5, pp. 18~19; Mahan(1900a), p. 125·131·147·178, pp. 152~154.

즉 양자강은 태평양에서 직접 내륙 깊숙이 연결한다는 점에서 바다와 같고, 1,600km의 내륙수로는 바다의 해안선과 같았으며, 도중에 위치한 무역도시는 항구와 같은 역할을 할 수 있다. 다른 하나는 중국의 4억 인구다. 특히 "북위 30~40도 사이의 지역은 벨트를 이루며 광활한 영토와 인구를 지닌 중국이 있다. '4억의 인구'라는 단어가 '무역에 대한 장밋빛 희망(rosy hope of trade)'을 주는 데 부족함이 없다."[10]

그러나 마한은 국가 안보라는 차원에서 중국 문제는 미국에게 재앙이 될 수도 있다고 보았다. 아시아의 사태가 유럽의 세력균형의 판도에 변화를 일으키고, 쓰나미처럼 미국을 덮칠 수 있다는 것이다.

> 세계 진보(the progress of the world)의 변화는 유럽의 몰락(declension of a European state)을 초래하고 있다. 유럽의 몰락은 우리를 위험에 처하게 만들 것이다. 이제 미국인은 국제관계(relations to ourselves of the power)의 측면에서 사태를 인식해야 한다. 미국은 더 이상 유럽 자체(Europe itself)의 문제에 대해 과거와 같은 시각으로 보아서는 안 된다. 유럽 세력균형의 변화(changing in the balance of power)를 미국의 안보차원(the sense of security)에서 보아야 한다.[11]

도대체 마한이 한편에서는 중국이 번영을 가져다줄 수 있다고 낙관하면서도, 다른 한편에서는 유럽의 몰락을 예상하고 그것이 미국의 안보환경을 위태

---

9 Mahan(1900b), p. 41.
10 Mahan(1900b), p. 34.
11 Mahan(1900b), p. 17.

롭게 만들 것이라고 걱정하는 까닭은 무엇일까. 그것은 바로 의화단사건이 던진 메시지 때문이었다. 마한은 의화단사건이 자칫하면 유럽 몰락의 신호탄이 될 수 있다고 보았다. 두 가지 이유가 그러한 판단의 근거로 작용했다. 하나는 러시아가 의화단사건을 이용하여 중국의 헤게모니를 장악해버리는 것이다. 그것은 사실상 유럽의 축출을 뜻했다. 마한의 이러한 두려움은 『아시아의 문제와 그것이 국제관계에 미친 영향』의 서문에서 확인된다.

> 이 연구의 목적은 최근에 경험한 사건들이 …… 미래에 미칠 영향을 예측하는 것이다.[12] 의화단사건의 미래는 얼마 전에 벌어졌던 과거 속에서 읽을 수 있다.[13]

마한이 지목한 얼마 전의 과거에 일어난 사건이 무엇인지는 물을 필요가 없을 것이다. 마한이 아니더라도 청일전쟁기의 삼국간섭과 이후에 러시아의 행적을 보면 의화단사건을 계기로 러시아가 벌일 미래의 행동을 예측한다는 것은 어렵지 않았다. 그것은 바로 중국의 병합이었다.

마한은 러시아가 실제로 보여줄 중국 병합 작업만을 두려워한 것은 아니다. 그보다도 마한이 심각하게 생각한 것은 유럽이 그것을 받아들이고 있는 자포자기의 심리상태였다. 왜냐하면 러시아가 중국을 병합하고 세계제국이 될 것이라는 가설, 이른바 '러청병합·통합제국의 대두설·예정설'이라고 부를 만한 예언적 가설이 유럽의 지식사회는 물론 전략가들의 집단 사이에 배회한 지 오래되었기 때문이다. 더욱이 '러청병합·통합제국의 대두설'은 각종 학문

12 Mahan(1900b), p. 5.
13 Mahan(1900b), p. viii.

으로 포장되어 단순한 풍문으로 돌릴 수도 없었다. 예컨대 사회진화론은 인종적으로 러시아의 중국 병합을 당연시했고, 지리학·지정학도 마찬가지였다. 전자는 우수한 종족·문명이 열등한 종족·문명을 지배하는 것을, 후자는 우수한 종족·문명이 땅을 지배하는 것을 정당화했다.

마한은 특히 지리학·지정학이 던진 가설이 유럽의 전략가들의 사고를 지배하고 있다는 점을 염려했다. 러청병합제국 등장 예정설이 지리학·지정학의 단계에 머무는 것과 전략가들의 머릿속에 자리 잡은 것과는 차원이 다를 수밖에 없기 때문이다. 학문의 단계에서 러청병합제국 등장 예정설은 그야말로 가설일 뿐이지만, 전략가들의 밀실의 화두가 된다면 그것은 더 이상 가설이 아니라, 제국의 전략을 수립하는 데 반드시 고려해야만 할 요인이 되기 때문이다. 그 경우 전략가들이 러청병합제국 등장 예정설을 놓고 다음과 같이 물을 것이다. 만일 그것이 실현된다는 것을 가정하여, 자국은 어떤 입장을 취할 것인가. 러시아의 청국병합을 저지할 것인가, 아니면 이를 받아들일 것인가. 즉 학계의 러청병합제국 등장설이 전략가들의 테이블 위에서는 러청통합제국은 이미 등장한 또는 등장이 임박한 것처럼 기정 사실로 다루어진다는 것이다.

문제는 유럽의 전략가들이 러청병합제국 등장설에 대해 두려워하면서도, 대항하기보다는 수용하려는 현상을 보이고 있다는 것이다. 왜냐하면 유럽의 지리학·지정학계가 만들어낸 러청병합제국 등장설은 언뜻 보면 깨기 어려운 이론과 논리로 무장하고 있었기 때문이다. 도대체 유럽이 이러한 가설에 휩싸이게 된 이유는 무엇이며, 어떻게 이런 가설이 등장할 수 있었을까. 러청병합제국 등장설은 1880년대 중반, 유럽에서 탄생했다. 그리고 이 가설을 출산시킨 두 인물이 유럽의 저명한 지리학·지정학자였던 독일인 라첼(Friedrich Ratzel)과 영국인 매킨더(Halford Mackinder)였다. 전자는 "국가의 번영은 영토의 크기에 달렸다"는 가설을 내놓았다.

크면 좋다. …… 문화의 발전단계가 낮은 민족은 공간적으로도 작다. 생활의 장이 작은 것은 행동반경과 시야가 작은 것과 같다. …… 정치적 팽창을 수월하게 해주는 한 민족의 모든 특질은 늘 특별한 가치를 가지게 마련이다. 그들에게는 더 큰 공간을 형성하려는 변치 않는 경향이 있기 때문이다.[14]

나아가 라첼은 1897년에 『정치지리학』이라는 방대한 분량의 책을 통해 국가는 죽든가, 아니면 계속 성장해야만 하는 '뿌리 깊은 유기체'로 간주하고, 국가의 발전과 살아 있음을 확인할 수 있는 성장의 징표는 '영토적인 것'이라고 주장했다.

한 국가의 공간은 문화의 성장과 더불어 확대된다. 국가의 성장은 생산, 상업과 같은 여타 발전 지표들을 따른다. 한 국가의 성장은 좀 더 작은 단위들의 혼합을 통해 진행된다. 국경은 국가의 주변기관이다. 성장하는 국가는 해안선, 하상, 천연자원과 같은 값진 부분들을 취하기 위해서 애쓴다. 영토 확장에 대한 최초의 자극은 외부, 즉 더 고등한 문명에서 하등한 국가 쪽으로 가해진다. 영토를 확장하려는 경향은 한 국가에서 다른 국가로 거쳐가는 과정에서 점점 더 강화된다.[15]

라첼의 가설은 곧 사람들에게 다음과 같은 후속 가설과 의문을 잇달아 던지게 했다. 과연 러시아가 세계제국이 될 것인가. 그리고 영국의 미래는 어떻게 될 것인가. 전자는 지구상에서 가장 큰 땅 덩어리를 보유했고, 영국은 영불

---

14 Mahan(1900b), pp. 542~543.
15 Mahan(1900b), p. 543.

에 비해서도 가장 작은 영토를 지니고 있었기 때문이다. 반면 다음과 같은 의문도 제기되었다. 그렇다면 러시아는 그동안 왜 후진성을 면치 못했는가. 그리고 작은 섬나라 영국이 세계 해양제국이 될 수 있었던 이유는 무엇인가.

라첼 가설의 이러한 딜레마는 다음과 같은 새로운 가설로 돌파구를 찾았다. 증기선의 시대는 가고 철도의 시대가 도래할 것이라는 가설이었다. 이로써 라첼 가설의 약점은 극복되었다. 첫째, 결국 러시아는 세계제국이 될 것이다. 선박이 바다에서 그랬던 것과 같이 거미줄과 같은 철도망이 유라시아 대륙의 숨겨진 자원을 퍼나를 것이기 때문이다. 둘째, 영국은 몰락할 것이다. 선박은 철도에 경쟁이 되지 않을 뿐만 아니라, 무엇보다도 시베리아 철도는 해상무역에 의존하지 않고, 독자적으로 운영될 수 있는 유라시아 경제권을 만들 것이기 때문이다.

유럽의 지정학계는 라첼의 대륙지리결정론적인 가설과 철도지리결정론적 가설의 결합을 시도했다. 매킨더가 바로 그 작업을 수행했다. 그는 기존의 러시아 세계제국 가설에 다음을 덧붙였다. 첫째, 심장지대(heart land)에 매장된 지하자원이 그것을 가능케 할 것이다.[16] 둘째, 심장지대를 중심으로 유라시아의 나머지 지역이 두 개의 반월형 지대가 외곽을 이루며 신국제질서를 이룰

16 매킨더는 세계를 지정학적으로 분할했으며, 그것은 3부분으로 구성되어 있다. 첫째, 아시아와 유럽에 걸쳐 지구의 중심에 해당하는 심장지대가 있다. '추축지역'이라고도 부른 이 지역은 얼어붙은 북쪽에서는 최대이고, 페르시아만 쪽으로 점점 좁아드는 러시아의 거대한 쐐기형 지역이었다. 둘째, 그 외곽에서 반월형을 그리는 두 개의 지역이 심장지대를 감싸고 있다. 셋째, '외부초생달지대'에 영국, 남아프리카, 호주, 미국, 캐나다, 일본 등이 포진했다. 넷째, 그 안쪽에는 독일, 오스트리아, 터키, 인도, 중국이라는 내부초생달 지역이 있었다. 스티브 컨(2004), 『시간과 공간의 문화사』, 휴머니스트, 610~611쪽. 그러나 심장지대는 다음과 같은 지역을 배제시켰다. "유럽 북부 거의 전 지역, 모스크바 외곽까지 포함하는 중부 러시아 지역의 절반, 우크라이나 전역, 발트 해 지역, 그리고 태평양 연안 전체가 모두 배제되어 있었다. 스티브 컨(2004), 위의 책, 611~612쪽.

것이다. 셋째, 그렇게 되면 중국이 러시아에게 병합되는 것을 피할 수 없다. 러시아가 15세기 이래로 대륙에서 동진운동을 벌여왔고, 중국은 무능하기 때문이다. 중국에 대한 백인들의 어두운 기억, 즉 황화(Yellow Peril)를 생각할 때, 또 일본이라는 새로운 황화를 목격한 이 상황에서 차라리 백인제국의 중국 병합은 바람직하기도 하다.[17] 그리하여 매킨더를 통해 러시아가 유라시아를 호령하는 세계제국이 될 것이라는 가설의 최종 완성판이 등장하였던 것이다.

지리학·지정학계에서 제기된 러청병합제국 등장설은 시간이 지나면서 많은 지식인들이 공감하고 여기에 그들의 상상력이 작용하여 유럽인들에게 두 가지 의식으로 실체화되었다. 그것은 이른바 지리가 심리에 영향을 미치는 '정신지리학(Geistesgeographie)' 현상이었다.[18] 즉 한편에서는 일단의 사람들이 지구촌 공동체라는 개념을 투사하며 러시아의 청국 병합설을 당연시했다. 예컨대 철도를 통해 인적 및 물적 자원의 교류가 이루어진다면, 인류는 민족의식을 넘어 형제애를 느끼지 않을까. 그리하여 사실상 국경을 없애는 결과를 초래하지 않을까. 이 무렵의 세계여행에 대한 소설이 유행하고, 중세 성지순례단과 같은 여행 프로그램을 지닌 여행사가 등장했다는 사실이 이러한 분위기를 보여준다.

다른 한편에서는 반대 현상이 일어났다. 러청병합제국이 등장할 것이라는 가설은 공로의식(Russophobia)의 원천이 되었기 때문이다. 특히 시베리아횡단

---

17 H. J. Mackinder(1904), "The Geographical Pivot of History," *The Geographical Journal*, Vol. XXIII, No. 4 (April.), pp. 421~437.

18 칼 슈미트는 문호개방의 지정학을 정신지리학으로 분류했다. 칼 슈미트(Carl Schmitt), 최재훈 옮김(1995), 『대지의 노모스: 유럽 공법의 국제법(*Der Nomos der Erde*)』, 민음사, 361~362쪽; "지리와 심리는 다 같이 지정학의 중요한 요소다." 조제프 나이(Joseph S, Nye), 박노웅 역(1991), 『21세기 미국 파워(*Bound to Lead*)』, 한국경제신문사, 45쪽 (이하에서 Joseph S. Nye, 『21세기 미국 파워』로 약함).

철도의 착공은 미래의 가설이었던 러청병합제국 등장설을 기정사실화하는 데 결정적이었다. 시베리아철도 착공 현장인 블라디보스토크를 여행한 미국 상원 의원의 발언이야말로 이 러청병합예정론이 어떻게 받아들여졌는가를 잘 보여준다. "시베리아횡단철도가 도중에 멈추어 쏟아져나온 군인들이 중국으로 쇄도할 것을 생각하면 끔직하다"는 것이다.[19]

러청병합예정설은 학문의 영역에만 머물 수 없었다. 거리가 국가 간의 관계에 어떤 영향을 미칠 것인지를 연구 주제로 삼은 지리학의 성격 자체가 정치적 성격을 띤 것이기 때문이다.[20] 그리하여 그러한 가설은 나오자마자 거의

19 예컨대 영국의 역사학자 존 로버트 실리(Seely)는 이미 '위대한 미래'를 놓고 미국과 러시아가 경쟁을 벌이리라고 예언한 바 있다. 외르크 피셔 외 2인(2010), 『코젤렉의 개념사 사전: 제국주의』, 푸른역사, 48쪽. 실리는 1883년에 다음과 같은 논리를 펼쳤다. "미국과 러시아는 이미 거대한 정치집단이다. 그들의 잠재력이 증기, 전기, 철도망 등으로 무장한다면 그들은 독일 및 프랑스 같은 유럽의 국가들을 모두 왜소화시키고 제2급 국가(second class)로 전락시키고 말 것이다." Geoffrey Barraclouch(1990), p. 100.

20 지리학의 관심사(geographic concerns)는 종종 국제전쟁, 폭력, 평화 연구의 중심 과제와 같다. 지리학이 만들어낸 다음과 같은 개념을 통해서 알 수 있다. 하나는 림랜드(Nicholas Spykman)와 하트랜드(Halford Mackinder) 등과 같은 규범적·관례적 개념이다. 유럽 대륙이 어떤 지역을 통제하는 것은 세계문제(world affairs)에서 주도권을 차지하는 데 필요충분조건이라는 것이다. 다른 하나는 그것이 민족적 이익(national interest)과 대전략(grand strategy)의 발전에 작용한다는 점이다. 동맹(alliance), 힘의 분배(power distributions), 체제(regime) 등이 이를 위해 준비된 제도다. 과연 영토는 갈등의 원천(source of conflict)인가. 아니면 오히려 국가들 간의 평화적 관계(peaceful relations between states)를 증진시키는 기제인가. 이와 관련하여 다음과 같은 질문이 뒤따랐다. 영토분쟁을 평화적으로 해결하는 것이 과연 가능한가. 영토변경 또는 이전은 언제 일어나며, 그것을 평화적으로 달성할 수 있는 방법은 무엇이며, 언제 그것이 가능할까. 영토변경이 영토분쟁을 야기하거나, 또는 영토변경은 오직 영토갈등의 악순환의 고리만을 제공하는 것이 아닐까. 그럼에도 영토분쟁의 평화적 해결에 대한 연구는 전쟁의 원인 분석과 표리를 이루고 있다. Lester Kurtz(editor-in-chief)(1999), *Encyclopedia of Violence, Peace and Conflict,* volume 3, Boston: Academic Press, pp. 487~488. 영토는 갈등의 원인이라고 볼 때, 군사동맹체제가 대응책으로 마련된다. 반면 타국의 영토가 평화의 기제가 될 수 있다고 판단할 경우 이를 위한 구체적 수단은 무엇일까. 마한은 바로 이에 대한 답변을 시도한 최초의 인물 중 하나다.

동시에 유럽 열강의 전략 회의장을 어둡게 만드는 심각한 주제가 되었다. 이들은 시베리아철도가 착공되었다는 사실, 러불동맹이 체결되었다는 사실, 삼국간섭 시에 적대적인 3국동맹진영과 러불동맹진영이 제휴하여 유라시아대륙동맹을 시도했다는 사실 등을 바탕으로 하여 러청병합제국 등장 예정설의 실현여부를 검토했다. 이를테면 각국의 전략가들은 다음과 같은 식으로 자문자답했다. 과연 러시아의 러청병합기도를 막을 수 있을까. 막을 수 없다. 그렇다면 이제 할 수 있는 일은 무엇인가. 중국 분할에 가세하는 것뿐이다. 그러면 세계제국이 될 러시아와의 관계를 어떻게 설정할 것인가.

전략가들의 이러한 불안감은 "영토가 클수록 번영한다"는 라첼의 가설에 더욱 집착케 했다. '제국-국가(Empire State)'[21] 만들기 또는 키우기 전략을 수립하는 것이다. 지리적으로는 유럽-아시아를 포함하는 제국의 미래영토 자화상 그리기 작업과 같았다. 이를 위해 제국의 설계도에는 제국의 확장을 정당화하는 원리, 가상의 적국과의 전쟁계획, 군비증강계획, 동맹계획 등이 필수적으로 포함되었다. 그야말로 외교·경제·군사 등을 망라한 종합적인 전략이요, 지표면 전부를 적용지역으로 한다는 점에서 세계정책이었다. 이처럼 준비된 청사진이 있었기에 어떤 계기와 구실만 있으면 즉자 대자적으로 개입했던 것이며, 실제로 그랬다. 러청병합제국의 등장 가설이 이미 가설 수준에서 마치 '보이지 않는 손'처럼 세계정치의 모습을 바꾸고 있었던 것이다.

마한이 1900년에 발생한 의화단사건을 바라보면서 상정한 최악의 국제정황이 바로 이런 경우였다. 만약 러청병합제국이 등장한다면, 양자강이 미국에

---

21 '제국국가'라는 명칭은 니얼 퍼거슨이 붙였다. 니얼 퍼거슨(Niall Ferguson), 이현주 옮김(2006), 『증오의 세기: 20세기는 왜 피로 물들었는가(*The War of the World: History's Age of Hatred*)』, 민음사, 64쪽.

게 번영을 가져다주는 경우는 없을 것이다. 나아가 미국의 물리적 안전조차도 위협받게 된다. 러시아를 중심으로 유럽의 세력균형이 재편될 것이기 때문이다. 이는 미국의 전략가들이 가장 공포스러워 하는 국제정황이었다. 그 경우 아메리카 대륙은 자발적 고립이 아니라, 강요된 고립에 빠지게 될 것이기 때문이다.

더욱이 언급한 바와 같이 그것은 가설의 단계에서도 미국을 위협할 수 있었다. 열강이 자구책의 차원에서 러시아와 제휴하거나, 아니면 대응체제를 만들 것이기 때문이다. 즉 어떤 경우에도 그것은 동맹체제의 탄생을 결과할 것이다. 그리고 동맹체제의 등장은 전통적인 고립주의 여론 때문에 동맹체결이 사실상 불가능한 미국의 입장에서 볼 때 아메리카 대륙은 동맹체제에 포위된 것과 같은 셈이 된다. 예컨대 당시 아시아에서 러시아와 일본이 손잡고, 유럽에서 영국과 독일이 제휴한다면 미국은 유라시아 대륙에게 동서로 포위된 '대륙섬(Continental Island)'이 되고 말 것이라는 식의 가정이 미국의 전략가들을 지배했다는 사실에서 그러한 두려움의 일단을 엿볼 수 있다.

이에 마한은 러청병합제국의 등장이 예정되어 있다는 가설이 환상이요, 신화며, 그것을 내면화하는 것은 매우 위험한 결과를 초래할 수 있다는 점을 보여주기로 했다. 동시에 열강은 러시아의 청제국 병합을 막기 위해 협조해야 한다는 사실을 촉구하기로 했다. 다음은 그러한 의도를 보여준다.

> 이 연구의 목적은 러시아의 위치에 담긴 태생적인 기회와 단점을 고찰하고, 다음으로 러시아의 배타적인 우월권이 지나치게 크다는 점을 견제하기 위해 자연적으로 나설 수 있는 국가들의 위치에 담긴 장단점을 살펴볼 것이다.[22]

22 Mahan(1900b), p. 51.

인용문에서 분명히 확인할 수 있는 것은 마한이 러시아 봉쇄망을 구축하고, 이를 위한 국제적인 협조체제를 만들려는 의지를 지녔다는 것이다. 그리고 러청병합제국 등장 예정설을 탄생시킨 유럽의 지리학·지정학계가 던진 가설을 토대부터 검토하겠다는 의지도 읽어낼 수 있다. 왜냐하면 러시아의 지리적 위치에 내재된 단점도 동시에 보겠다고 했기 때문이다. 과연 땅이 크면 번영한다는 라첼의 가설은 타당하며 러시아 영토에도 가감없이 적용될 수 있을까. 또한 광활한 영토, 시베리아철도, 무진장 매장되어 있는 심장지대의 자원 등의 3요소가 러시아로 하여금 해상무역과 단절된 채 러시아가 중심이 되어 운영하는 독립적 유라시아 경제체제의 등장을 결과할 수 있을까. 즉 매킨더류의 이러한 가설에 오류가 있는 것은 아닐까. 그리고 러시아의 청제국 병합을 당연시하는 유럽의 지리학·지정학의 출발가설, 즉 땅이 넓으면 국가가 발전한다는 가설 자체에 어떤 문제점은 없는가. 다음 장에서 더욱 분명해지겠지만, 마한은 바로 이런 유럽 지정학계가 만들어낸 가설이 허상임을 밝히려고 했던 것이다.

Ⅲ. 러시아 봉쇄론과 4대 해양열강의 연대론

마한은 러시아가 광활한 땅, 시베리아횡단철도, 막대한 자원이 매장된 심장지대 등 세 가지 조건을 통해서 유라시아 제국이 된다는 가설을 부정키로 했다. 대신 중국 병합을 통해서 세계제국이 되리라는 야망이 그들의 본능이라는 점을 드러내기로 했다. 특히 시베리아횡단철도가 유라시아의 역내 교역의 중추적인 교통망으로 작동하기보다는 중국 병합의 군사적 도구로 악용되어, 러청병합제국은 군사적 제국이요, 유라시아 대륙과 해외교역을 차단한 폐쇄적 제국이 되리라는 점을 보여주려고 했다. 이를 통해 러시아 봉쇄론의 당위성을 보여주고, 미국의 봉쇄전략이 해양열강의 동참을 촉구했던 것이다.

1. 러시아 봉쇄론

마한이 러시아의 중국 병합 가능성이 있다고 본 이유는 무엇일까. 그는 다음과 같은 조건이 어우러질 경우 그러한 사태가 일어날 수 있다고 예상했다. 첫째, 시베리아철도, 둘째, 러청국경의 인접성, 셋째, 중국인의 해양국에 대한 증오심, 넷째, 무엇보다도 러시아의 침략적 팽창 '본능(natural law and race instinct)'[23] 등이 그것이다. 특히 마한은 이 마지막 조건을 중시했다.

> (러시아의 자연지리적 조건은) 자국 인민의 복지를 증진시키는 데 결함을 지니고 있다. 그것은 바로 인민들을 국부 증진의 도구로 활용하거나 그들의 지지를 얻기 어렵게 만든다는 것이다. 그렇기 때문에 러시아가 불만에 차 있는 것은 자연스럽고 타당하다. 그리고 그들의 불만은 주변 국가들에 대한 전방위적인 진출(all forward movement in nations)을 혐오한다는 우리의 지적에 대해 곧바로 공격적인 행동(form of aggression)을 취하게 만든다. 러시아의 그러한 경향은 이미 전진정책을 필수적인 요소로 삼게 했다는 점, 또한 그들로 하여금 전진정책의 궁극적인 목표(ultimate aims)가 무엇이 되어야 하는가를 묻게 했다는 점 등에서 확인할 수 있다. 이는 다음과 같은 흥미로운 결론에 도달하게 한다. 러시아가 과욕이 담긴 전진 설계도(systematic forward design)를 만드는 이유는 무엇인가. 이 문제에 대한

23 Mahan(1900b), p. 26.

답은 피터 대제의 의지의 산물(will of Peter the Great)이요, '보편적 의식(universal consciousness)'이라는 소문에서 알 수 있듯이, 러시아의 국가 의지에서 찾게 만든다. 즉 러시아의 지리조건은 러시아인에게 그것을 극복해야 할 과제로 안겼으며, 또한 그들의 의식이 늘 '안절부절한 심리'상태에 놓이게 했다. 이것이 아마도 아시아의 미래 관측도(horoscope of Asia)를 그리는 데 고려해야 할 단일요소 중에 가장 큰 과제다. 언급했다시피 해상 교역의 이점을 누릴 수 있는 러시아 영토는 오직 일부분에 그치고, 그조차도 별로 대수롭지 않은 정도다. 그러므로 러시아의 관심은 자신들이 독립적으로 사용할 수 있는 해양 출구를 가능하면 많이 확보하고, 뿐만 아니라 해변지역(maritime region)과 기타의 이용권을 소유하거나 통제하는 데 있다. 그 해변지역이란 다름 아니라 러시아 전체 제국의 일반적인 번영을 가져올 수 있는 곳이어야 한다. 덧붙여 고려해야 할 점은 병합 후의 러시아의 정책은 점령에 앞서서 그 지역에서 향유해오고 있던 국가들을 실질적으로 추방하는 작업에 나선다는 것이다.[24]

즉 러시아의 자연지리적 조건이 러시아인의 천성 속에 팽창적 성격을 유전인자로 남겼고, 그것이 실제 정치 속에서 바로 남하정책의 심리적 추동력으로 전환되었다는 것이다.

다른 하나는 러시아의 지리적 약점을 불식시키기 위해 만든 시베리아 대륙횡단철도 자체가 후천적 본능이 되어 침략적 팽창을 요구하고 있기 때문이다. 철도만으로 자연지리적 한계를 극복할 수 없다는 점은 오히려 러시아로 하여금 해양국가로의 변신을 제2의 천성과 같은 본능적 욕구로 만들어버렸다는

24 Mahan(1900b), pp. 44~45.

것이다. 요약하면 다음과 같은 논리였다.

> 러시아의 지리적 조건은 바다와 접촉면이 적고, 육지에서 너무 멀리 떨어져 있다. 따라서 육지로 접근하는 것이 비용이 싸게 먹히는 것은 사실이다. 러시아가 육상 루트를 통해 아시아와 교역을 원하는 것도 이 때문이다. 하지만 러시아는 철도를 통해 대륙의 제국의 꿈을 이룰 수는 없다. 러시아는 해상교역의 장점을 누릴 수 있는 수혜범위가 좁다는 것도 부인할 수 없는 사실이기 때문이다. 그럼에도 러시아가 오직 철도만을 통해서 유라시아 제국의 꿈을 이루려고 한다면, 어떤 일이 벌어질까. 그 경우 러시아는 철도망을 유라시아 전역으로 확장해야 한다. 그리고 이는 이웃지역에 대한 영토확장을 통해서만 가능하다. 그 경우 해양출구를 확보할 수 있기 때문이다. 러시아의 지리적 조건하에서 철도가 효용성을 발휘하려면 결국 '해양국가로 나서게 할 것이다.'[25]

따라서 러시아의 팽창 본능은 중국 병합을 최종 목표로 하고, 그것을 이룰 수 있을 때까지 계속될 것이다.

> 러시아는 아시아가 자국의 일부가 되어야 한다고 생각한다. 그래야만 해양상업국들이 누리는 이점을 얻을 수 있기 때문이다. 이러한 생각이 러시아로 하여금 해양 독점 정책을 펼치게 하고, 러시아의 내부 정책을 병합 일변도로 나가게 한다. 그렇게 되면 러시아가 병합하기 전부터 이 지역에서 향유해온 국가들은 축출된다.[26]

25 Mahan(1900b), pp. 42~43.

즉 시베리아철도는 애초에는 러시아가 해상무역에 의존하지 않고, 오직 육상으로만 아시아와의 교역을 통해 부를 축적하려는 의도에서 만들었지만, 오히려 그 철도가 상업제국이 되려면 해양국으로의 전환이 불가피하다는 인식을 가슴 깊숙이 새겨주었다는 것이다. 그리하여 두 가지 조건(선천적인 침략적 대륙팽창 본능과 후천적인 해양국가로의 변신 본능)이 화학반응을 일으켜 러시아의 중국 병합에 대한 야망은 본능과 같은 욕구가 되었다는 것이다. 이것이 마한이 일차적으로 내린 결론이었다.

이로부터 나아가 마한은 러시아인들의 침략적 팽창 본능은 유라시아 전역으로 투사되리라고 예언했다.

> 러시아는 자연의 법칙과 종족의 본능에 복종하고 있다. 지리적으로 아시아로 남진 중이다. 그것은 두 측면으로 진행되고 있다. 러시아 중심부의 양 측면이 아프가니스탄의 산맥들과 투르케스탄(Turkestan)의 동쪽과 몽골 사막에 둘러싸여 있기 때문이다.[27]

요컨대 러시아의 지리적 조건은 그들의 공격적인 팽창 성격 형성에 영향을 미쳤고, 그것은 제국의 정책 근간이 되어 한편에서는 대륙팽창정책(남하정책)으로, 다른 한편에서는 부설 중인 시베리아철도를 통해 해양팽창정책으로 나타났다는 것이다.

문제는 러청병합제국이 등장하면 이후 어떤 일이 벌어질까. 우선 러시아가 '해양의 자유(open sea)'가 아니라, '해양 봉쇄(closed sea)'정책을 펼칠 것으로 내

---

26 Mahan(1900b), pp. 44~45.
27 Mahan(1900b), p. 26.

다보았다. 이 또한 러시아의 태생적인 지리적 약점에서 기인한다.[28]

> 러시아의 우세함은 해양개방(open sea)을 반대하는 정책을 펼치게 할 것이다. 러시아는 육상 루트(land routes)를 통해 아시아로 교역을 넓히려고 할 것이다. 그리고 이런 육상 루트는 아시아의 영토분쟁을 야기할 것이다. 러시아의 이런 행위는 막을 수가 없다. 정책은 자연적 조건에 순응할 수밖에 없기 때문이다. 러시아의 지리적 조건은 바다와 접촉 면적이 적고, 그나마도 육지와 너무 멀리 떨어져 있다. 이 때문에 러시아는 육지로 접근하는 것이 낫다. 따라서 러시아는 영토 크기에 비교해볼 때 교역의 장점을 누릴 수 있는 수혜의 범위도 작다. 그리하여 그들의 바다는 폐쇄된 바다(enclosed sea)이고 이는 적대 열강에게 봉쇄되기 쉽다. 다다넬스에서 발트 해까지 그렇다.[29]

무엇보다도 러시아를 중심으로 세계질서가 재편될 것은 불을 보듯이 뻔한 일이었다. 그것은 청일전쟁 후 벌어진 동아시아의 세력균형의 변화가 그것을 보여주었다. 이 점은 위에서 설명했듯이, 청일전쟁기의 동맹체제(러불동맹과 삼국간섭)의 등장과 같이 새로운 동맹체제, 즉 제2의 유라시아동맹을 만들 수도 있었다. 그리고 러시아는 청에서 동청철도부설권과 남만주철도부설권을 얻어놓고 있는 상황에서 의화단사건이 터졌다는 점도 간과할 수 없었다. 전자는 바이칼 이동의 동시베리아 지역에서 북만주를 비스듬히 가로질러 남하할 수 있는 시베리아철도의 단축노선이었다. 후자는 동청철도의 하얼빈에서 남만주를

28 Mahan(1900b), pp. 42~43.
29 Mahan(1900b), p. 43.

수직으로 관통하여 황해의 여순까지 내려가는 노선이었다. 이 철도망이 완성되면 만주는 사실상 러시아 땅으로 편입되고 만다. 그리고 러시아의 철도망은 여기서 멈추지 않을 것이다. 남만주철도는 다시 두 편으로 갈라져 한쪽은 한반도로, 다른 한편은 양자강을 향해 남하할 것이다. 마한이 걱정한 바로 이러한 사태였다. 즉 유럽에도 마한에게도 러청병합제국의 등장은 가상 세계의 일만은 아니었다. 마한이 아시아가 세계질서의 변혁을 초래하는 진앙지가 될 수 있으며, 그것의 쓰나미 효과는 미국에게 재앙을 가져다줄 수도, 반대로 번영을 약속할 수도 있는 양면성을 지니고 있다며, 이에 대한 미국의 대응을 촉구한 것도 이러한 배경 하에서였다.

2. 4대 해양열강의 국제연대조직

그렇다면 러시아의 팽창본능을 어떻게 억제할 수 있을까. 바꾸어 말하자면 러시아의 중국 병합정책을 어떻게 저지할 것인가. 마한은 바로 이런 상황에 대응하기 위해 마련한 대책이 러시아 봉쇄전략이었다. 이를 위해서는 두 가지 조건이 갖추어져야 한다. 하나는 국제조직을 만드는 일이요(국제조직 창설) 다른 하나는 국제체제를 만들기 위해 해양열강은 이에 부합되는 대내외 개혁을 해야만 한다. 특히 미국은 세계전략을 수립해야 하고, 영국의 세계정책은 조정되어야 한다.

먼저 국제조직에 대해서 알아보자. 마한은 자신이 구상한 국제체제를 4대 해영열강 간의 '거대구조(super structure)', 또는 '세계연방(the federation of the world)', 또는 '국가들의 연맹(a member of the family of states)', '국제조직체(members of the international body)'[30] 등으로 불렀다.

> 실현 가능하다면 '세계연방'을 결성해야 한다. 그것이 러시아에 대응할 수 있는 정당한 대응책략(healthy politics)이다. 물론 그것은 민족적이고 인종적인 기준에 따라 그려져야 한다.[31]

마한은 국제조직은 두 가지를 필수적으로 갖추고 있어야 한다고 보았다. 해양국가를 조직하는 데 필요한 원리·원칙과 그러한 원리·원칙을 수호하기 위한 군사력(해군력)이 그것이다. 마한은 문호개방이 조직 결성의 원리가 되어야 한다고 보았다. 그 경우 군사동맹과 같은 형식은 불필요하다. 해양국가에게 문호개방의 여부는 생존과 안전이 달린 문제라서 자연적인 동맹과 같은 역할을 할 수 있기 때문이다. 따라서 문호개방을 매개로 하여 해양열강이 연대할 경우 국제법은 아니지만, 적어도 중국의 인적 및 물적 자원과 영토를 활용할 수 있는 이용권을 상호 인정하는 셈이 된다는 점에서 자연법과 같은 존재가 될 수 있다. 요컨대 문호개방은 자연스럽게 '해양세력(sea power)' 대 '대륙세력(land power)'의 국제관계를 만들 것이라는 점에서 자연적인 동맹체제와 같다는 것이다.

> 러시아의 '팽창 본능'은 지리적으로 아시아의 양 측면으로 남하하게 만든다. 아시아의 중심부는 아프가니스탄의 산맥, 동투르케스탄(eastern Turkestan)과 몽골의 사막에 덮여 있기 때문이다.[32] 이는 저지되어야 한다. 바람직한 것은 내부로 개입하는 것이지만, 가능하지 않다. 러시아의 중심부는 깨질

30 Mahan(1900b), p. 26, 36; Mahan(1900a), p. 182.
31 Mahan(1900b), p. 26.
32 Mahan(1900b), p. 26.

수 없기 때문이다. 그렇기 때문에 필요하다면 러시아가 팽창하려는 양 측면의 거대한 라인은 억제되어야만 한다. 러시아인들의 반대편에 거주하는 사람들은 그들에게 악의도 없다. 시기심이 없음도 물론이다. 그럼에도 과도한 팽창을 한다면 그것은 국가(body politic)에 내재하는 불건전한 조건(unsound condition)에서 기인한다고밖에 볼 수 없다. 실현 가능하다면 '세계연방'을 결성해야 한다. 그것이 러시아에 대응할 수 있는 정당한 대응 책략(healthy politics)이다. 물론 그것은 민족적이고 인종적인 기준에 따라 그려져야 한다.[33]

1) 마한의 문호개방론

그렇다면 마한이 의중에 둔 문호개방은 구체적으로 무엇인가. 마한은 문명사회에서 발전한 원리를 손질만 하면 국제사회에도 그대로 적용될 수 있다고 보았다. 다음과 같은 조치였다. 첫째, 기존의 국제조직을 해체하고 재조직해야 한다. 둘째, 자연지리적 조건을 정확히 인식하고 평형을 유지하도록 해야 한다. 그 기준은 자기주장의 자유다. 각자는 '자연선택(natural selection)'을 통해 적당한 위치에 놓이는 것을 허용해야 한다. 셋째, 그렇다고 할지라도 자연선택이 고통과 투쟁을 야기해서는 안 된다. 그것은 회피되어야 하며 가능하다. 두 가지 방법이 있다. 하나는 인간의 활동공간을 자연의 조건과 근사한 환경이 되도록 만들고, 인간의 활동을 평가하는 데 이성적 과정을 만든다. 다른 하나는 오히려 현실에 적합한 방법이지만, 협의와 협정 등의 인공적 방법을 동원한다.[34] 전자의 조치가 바로 문호개방이고, 후자의 조치가 해양열강 간의 제

33 Mahan(1900b), p. 5.
34 Mahan(1900b), p. 46.

휴였다. 바꾸어 말하자면 마한의 해법은 인간의 이성을 자연도태설에 적합하도록 조정하거나(공정한 경쟁허용), 다른 한편에서는 자연도태설을 현실에 맞게 바꿀 수 있는 제도를 마련한다는 것이다. 전자를 위한 조치가 '경쟁(competition)'의 허용, 즉 문호개방이며, 후자의 조치가 '갈등(conflict)'을 유발하는 영토점령의 불허, 즉 문호폐쇄의 금지로 표출되었다. 영토점령은 경쟁을 갈등으로 전이시키기 때문이다.[35] 바로 이것이 마한이 설계한 문호개방의 원리였다.

또한 마한은 제1차 문호개방선언을 지지하면서도 기존과 달라져야 한다고 주장했다. 그것이 열강의 세력권을 사실상 인정했기 때문이다. 바람직한 문호개방은 다음과 같은 모습이어야 한다고 보았다. "아시아의 자원은 세계가 공유해야 한다."[36] 그리고 그것은 국가들의 사회에서 공리와 같은 법칙이 되어야 한다.

> 국가의 제1의 법칙(the first law of states)은 개인에게도 그렇듯이 자기보전(self-preservation)이다. 그 개념은 자기가 존재하는 곳 주변에 대한 보유권(bare tenure)만을 의미하는 것으로 협소화될 수 없다. 성장(growth)은 건강함 삶의 본연적 속성(property)이다. 그것은 국가의 크기(size of nations)를 증가시키는 것이 필수적이라는 의미가 아니다. 그것은 개인을 위한 것 이상의 그 무엇이다. 신체적으로는 물론 정신적으로는 더욱 필요한 그 무엇이다. 발전은 성장(stature)이 한계에 도달한 후에야 진화하기 시작한다. 그것은 정당한 수단(just measures)에 따른다면 보장받아야 할 권리를 포함하고 있다. 정당한 수단은 국가의 발전에 기여할 수 있어야 하고, 외

35 Mahan(1900a), p. 159.
36 Mahan(1900b), p. 33.

부적 요소를 통해 취해진 유해한 행위와 투쟁할 수 있는 권리와 결부되어야 만 한다.[37]

그렇다면 어떻게 자기보전과 경제성장의 권리를 보장받을 수 있을까. 이를 위해서 ① 그러한 원리를 상호 인정하고 존중해야 한다. 즉 '나의 권리와 마찬가지로 상대방의 권리를 솔직히 인정하는 것'이, '대부분의 인류에게뿐만 아니라 관련국에게 커다란 이익'이 된다는 점을 깨달아야 한다. ② 분쟁의 해결이 평화적으로 이루어질 수 있는 수단을 가져야 한다. 그것은 '상호양보와 중재재판을 통해서 공정한 균형을 이루었을 때' 가능하다.

> 두 국가 간의 차이점이 분명하고도 규정된 권리를 둘러싼 경쟁을 야기할 때, 그 분쟁을 중재(submission)에 회부한다는 가정(presumption)을 지녀야 한다.[38]

그러나 그러한 방법은 아직은 시기상조다. 다음과 같은 이유에서다. 첫째, 전쟁권의 포기와 중재재판은 당사국의 결단이 필요한데, 국가들의 세계에서는 개인 사회에서와 같은 식의 자기희생을 기대할 수 없다. 둘째, 더욱이 현재 아시아에서 벌어지고 있는 영러대결은 영토보유를 놓고 투쟁 중이기 때문에 중재를 통한 해결이 어렵다.[39] 셋째, 영국과 러시아의 내부통치는 중재기구를

37 Mahan(1900b), p. 30. 스티브 컨은 이를 "자연선택의 지정학적 법칙"으로 보았다. 즉 "국가 간의 생존 투쟁은 공간확보의 투쟁"이라는 것이다. 스티븐 컨(2004), 앞의 책, 46쪽.

38 Mahan(1900b), p. 30.

39 Mahan(1900b), p. 31.

사용하지 않으며, 다만 예외적으로 사용할 뿐이다.[40] 넷째, 이미 아시아 지역에서 유럽의 영토팽창은 도처에 나타나고 있으며, 이는 특징적 현상이 되었다. 영토할양 계약은 모든 열강에게 동등하게 열려 있다. 이런 상황에서 배타적 지배를 부정하는 어떤 움직임도 일어나기 어렵다. 다섯째, 영토에 대한 우월한 지배는 공개시장에서 상업적 경쟁이 아니라, 군사력 및 정치력을 이용하여 이루어지고 있다.[41]

여섯째, 무엇보다도 '경제성장은 두 가지 상호 관련된 요소에 의존하기' 때문이다. 하나는 '내적 조직력(vigor of internal organization)'이요, 다른 하나는 '외부자원의 자유로운 국내 교역(freedom of internal-change with external source support)'이다. 전자는 열강과 교역할 수 있는 힘을 준다. 그러나 전자에 대한 외부세계의 개입은 제한적이다. 해당 국가의 정치적 발전이 유아기 단계에 있거나, 부패했을 때만이 가능하며, 외부의 개입은 예외적이어야 한다. 반면 후자에 대한 문제는 전자와 다른 성격이다. 상호교환의 자유는 외적 조건에 달렸으며, 따라서 외부의 동의가 필요 불가결하다. 물론 그러한 동의는 상호교환뿐만 아니라 중재에도 필요하다.[42] 그러나 언급했듯이 영국과 러시아에게 중재는 친숙한 방법이 아니며, '중국은 여전히 비개방적'이다.[43] 요컨대 중재는 중국 문제 해결에 아직 적합하지 않다는 것이다.

그럼에도 상업적 가능성은 영러의 점령지역에서도 열려야 한다. 언급했듯이 '북위 30~40도 사이의 벨트 지역에는 광활한 영토와 4억의 인구를 지닌 중국이 있다.

40 Mahan(1900b), p. 32.
41 Mahan(1900b), p. 34.
42 Mahan(1900b), p. 32.
43 Mahan(1900b), pp. 34~35.

> 열강의 점령지역은 다른 열강에게 개방되어야 한다. 또한 중국도 북위 30~40도 지역을 개방해야 한다. 열강은 이제 중국 문제를 논의해야 한다. 아시아의 자원은 세계가 공유해야 한다. 자원의 양을 산출하려는 시도는 무의미하다. 내부 개혁에 투입될 수 있는 노동과 자본만으로도 열강 모두는 수혜자가 될 수 있다. 해결의 요소는 4가지다. 군사력, 군사력의 위치, 대내외적인 교통망, 상업적 활동과 이익 등이 그것이다. 국제열강과 중국이 공존하려면, 또한 이 지역이 세계의 일반적인 번영을 약소케 하려면, 자원, 자본투자, 노동력 등을 놓고 국제조직체(members of the international body)를 구성해야 한다.[44]

개인과 마찬가지로 국가 또한 시장에서 동등한 교환을 할 수 있어야 한다. 공정한 경쟁에 저항하기 위해 비밀리든지 또는 공공연하게든지 간에 힘에 의존하는 것은 배격되어야 한다.[45] 중국은 여전히 비개방적이지만, 이제 중국의 개방을 논의할 때다. 아시아의 자원은 교환을 통해 그들과 세계가 공용할 수 있다. 지하자원이 아니더라도 중국의 내부 교통망 구축에 들어가는 노동력과 자본만 가지고도 충분한 시장이 된다.[46] 그리고 그것은 국가의 당연한 권리다.

> 그러나 어떤 문제를 해결하는 데 법(law)이나 명령(prescription)에만 호소하는 것이 유리하지 않다면, 그것은 편리성(expediency)에 따라야 한다. 그것이 자기보전의 관점에서 적합할 뿐만 아니라, 공정하다. 자기보전은 경

44 Mahan(1900b), pp. 34~36.
45 Mahan(1900b), p. 33.
46 Mahan(1900b), p. 35.

> 제성장(growth)이라는 관점을 포함하고 있다. 자기보전이든, 경제성장이든 둘 다 공통점은 법적(legal)이 아니라 자연적(natural)이라는 것이다. 그렇기 때문에 두 개념 모두 정확히 규정될 수 없다.[47]

또한 중국을 설득해야 하며, 다음과 같은 점을 주지시켜야 한다. 중국이 해양국가의 증기선 무역망에 포섭되기보다는 스스로 러시아의 시베리아철도망에 포획되는 사태를 미연에 방지하기 위해서다.

> 해양세력 또는 상업국가는 평화를 원한다. 필요한 경우에만 평화를 지키기 위해 전쟁을 한다. 따라서 방어적이다. 해양교통망에 대한 강력한 통제력을 원할 뿐, 육지에 대한 지배는 원치 않는다. 그리고 중국 내륙으로 영향 미치기에는 해상력은 제한되어 있다. 또한 이런 국가는 정치력으로 군사력의 통제가 가능하다. 오직 자유와 방어를 위해 군사력을 사용할 뿐이다.[48]

뿐만 아니라 중국의 개방은 매우 중요하다. 전략적으로 그 지역은 러시아의 팽창 루트이기 때문에 러시아 남하의 저지선이 될 수 있다. 그렇다면 러시아의 남하는 어디서 저지되어야 하는가. 북위 30~40도 지대(belt between thirtieth and fortieth parallels)이다. 이 지역은 러시아의 남하에 필요한 공간이다. 따라서 이 사이의 지역을 분할지대(dividing belt)로 만들어 러시아의 남하를 차단해야 한다.[49] [50]

---

47 Mahan(1900b), p. 30.

48 Mahan(1900b), p. 41.

49 Mahan(1900b), pp. 26~27.

50 마한의 '북위 30~40도 중심지대론'을 통해 매킨더 식의 '심장지대론(Heart Land)'을 부

아시아는 무정부상태요 자연상태와 같다. 모슬, 바그다드, 테헤란, 이스파한, 머브, 헤랏, 카불, 칸디하르 그리고 북경, 상해, 남경과 한고 등의 중국의 극동에 위치한 도시들이 그렇다. 이들 벨트를 이루는 지역(히말라야산맥과 일본 열도라는 두 개의 벨트 사이에 위치)은 외부의 개입이 없더라도 그 자체로서 허약하다. 아시아의 국경은 남북으로 불확실하다. 그들은 공격과 방어에 취약하다. 아직은 군사적으로는 아니지만 정치적인 국경선이 그렇다. 아시아의 분할은 동서방향으로 이루어져 있다. 그러나 분할 움직임은 남북방향으로 이루어지고 있다. 북에서 남으로의 움직임은 역사가 보여주었다. 역사는 사실상 더 이상 남북이 정확하게 분리되어 있다는 생각이나 동아시아가 유럽에서 분리되어 있다는 생각을 허용치 않는다. 지역적으로 동서지역 분할 벨트는 분석의 틀에서는 하나의 무대로 취급되어야 한다. 지도를 한번 훑어만 보아도 러시아제국이 서쪽의 소아시아로부터 일본 너머의 동쪽까지 영토 단절 없이 놓여져 있는 것을 알 수 있다. 그것이 변화의 방향을 남북방향으로 충돌질치게 만드는 힘이다. 러시아의 영토 팽창은 중앙아시아로 남하할 것이다. 중앙아시아의 한쪽 측면은 코모소스와 카스피 해

정했다. ① 마한이 그린 '북위 30~40도 지역(a belt between 30 degree~40 degree north latitude)'의 지리적 범주는 다음과 같다. 이 지대의 폭(width)은 대략 600마일(960km)이다. 국가로는 아시아령 터키, 페르시아, 아프가니스탄, 중국제국 등이 이 벨트에 속한다. 지역적으로는 양쯔 강 계곡, 중국의 중심지역을 포함한다. ② 이 지역의 특성은 두 가지다. 하나는 정치적으로 불안정한 지역이다. 다른 하나는 따라서 외세에 따른 중대한 변화의 기회에 열려 있다. 특히 영국과 러시아가 그러하다. ③ 또한 '위도 30~40도 지역(thirtieth and fortieth parallels)'은 '분할 벨트(dividing belt)'로서 "남북은 논리적으로도 상호 간에 반대편에 위치하지만, 실제적으로 러시아의 북에서 남으로 향하는 운동(movement)을 반대(opposition)하는" 위치에 있다. ④ 동시에 이 선은 랜드파워와 시파워의 경계선이다. ⑤ 북위 30~40도는 바다와 같다. 왜냐하면 양쯔 강이 내륙으로 1000마일의 증기선 항해를 가능케 하기 때문이다. Mahan(1900b), p. 16·62·65; Mahan(1900a), pp. 160~161.

가 있다. 다른 측면은 북동쪽의 아프가니스탄과 서쪽의 중국 국경까지 팽창할 것이다. 현재 목표는 아프가니스탄과 페르시아 사이에 있다. 미래목표는 페르시아와 페르시아 만일 것이다. 아울러 만주를 통해 여순과 페칠리 만까지 남하할 것이다.[51]

2) 4대 해양열강의 'Super Structure' 결성과 군사적 의미

문제는 이 같은 원리, 즉 문호개방의 당위성에도 불구하고 현실 세계에서 다른 국가로부터 협조를 얻어낼 수 있느냐의 여부였다. 마한은 해양열강의 협조를 얻어야 하며, 그것이 가능하다고 보았다. 우선 마한은 해양열강 간의 제휴가 필요한 이유를 다음과 같이 설명했다.

① 세계가 지리적으로 연계되어 있기 때문이다. 지리적 불가분 일체성 때문에 한 지역에서의 사건은 다른 지역에 쓰나미 현상과 같은 영향을 미칠 수밖에 없으며, 그 역도 성립된다. 예컨대 대서양 건너편에 있는 지중해와 소아시아가 미국에게 왜 중요한가를 살펴보자. 지중해는 아직도 유럽과 미래의 동양을 연결하는 가장 중요한 고리(chain)다. 특히 미국에게는 대서양을 통해 필리핀으로 가는 '단축로(shortest way)'이기도 하다. 그것은 강력한 해군에 의해 유지될 수 있다. 그러나 미국과 일본은 이 지역의 안전을 위해 개입할 여력이 없다. 또한 영국과 독일에게도 이 통로는 그들의 대중정책을 펼치는 데 매우 가치 있는 지역이다. 그리고 현재 이 지역을 관리하고 있는 국가는 영국이다. 미국과 영국 및 독일이 협조체제를 이루어야 할 당위성과 가능성이 여기에 있다. 즉 "결과적으로 한 지역에서 영국 및 독일에게 영향을 미치는 것은 필연적

51 Mahan(1900b), pp. 22~25.

으로 다른 지역에서 우리에게 영향을 미치게 된다"는 것이다.[52] 마한은 동일한 논리로 일본과의 협조도 강조했다. 일본의 해군력은 양쯔 강 통로를 보호하는 데 동원될 수 있을 뿐만 아니라, 일본 육군은 러시아 육군의 동쪽 날개를 견제할 수 있다는 것이다.

② 무엇보다도 제국의 속성이 다르다. 대륙세력과 해양세력은 숙명적으로 충돌할 수밖에 없다. 왜냐하면 "대륙세력은 자신의 목적에 이용하기 위해 해양에 도달하기 위해 노력할 것이고, 반면 해양세력은 대륙에 발판을 구축해야만 하기" 때문이다.[53] 더욱이 러시아와 프랑스는 동맹을 체결했다. 따라서 해양열강, 즉 미국과 영국, 독일, 일본 등 3국은 러불동맹에 맞서기 위해서 협조체제를 구축해야 한다.[54]

> 러시아의 지리적 약점은 그들이 부를 획득하는 데 약점이 되었다. 그 결과 마침내 러시아인들은 우리들이 가장 좋아하는 단어(open sea)가 그들에게 가장 싫어하는 단어가 되었으며, 그들의 천성과 같이 되었다. …… 그리고 그러한 불만은 공격적인 …… 팽창정책을 펼치게 했다. 그것은 우리가 가장 싫어하는 단어지만, 러시아인의 궁극적인 목표(ultimate aim)가 되었고, …… 아시아는 러시아의 일부가 되어야 한다고 생각게 되었다. 그래야만 해양상업국들이 누리는 이점을 얻을 수 있기 때문이다. 이러한 생각이 러시아로 하여금 해양 독점정책을 펼치게 하고, …… 그 경우 러시아가 병합하기 전부터 이 지역에서 향유해온 국가들은 축출된다. 그러면 해양국가들이 연

52 Mahan(1900b), pp. 68~69.
53 Mahan(1900b), pp. 62~63.
54 Mahan(1900b), pp. 62~63.

대하여 러시아 봉쇄정책을 펼칠 것이다. 해양열강이 봉쇄작전을 펼치면 러시아의 지정학적 조건은 오히려 러시아의 족쇄로 작용할 것이다.

③ 하지만 해양세력에게 최대 약점 중의 하나는 중국이다. 중국은 자력으로 양쯔 강을 발전의 원동력으로 삼을 능력이 없다. 중국 정부의 취약함은 혁명을 통해서도 개혁하기에 불가능하다. 그 경우 중국은 해체되고, 양쯔 강을 러시아에게 내주고 말 것이다. 그렇게 되면 시베리아철도와 양쯔 강은 연결되고 만다.[55] 즉 해양열강의 약점이 상호 간의 협조체제를 구축케 하는 공통분모가 될 수 있다는 것이다.

④ 더욱이 4대국 간에 초대형의 협조체제를 구축하면 다음과 같은 장점이 있다. 첫째, 일본과 독일로 하여금 러시아의 동쪽 날개와 서쪽 날개를 협공케 할 수 있다. 그 경우 러시아는 공격에 열린 상태가 될 것이지만, 철도가 불완전하기 때문에 제대로 대응할 수 없다.[56] 둘째, 미국과 영국은 필리핀과 홍콩을 통해 러시아의 남하를 차단할 수 있다. 특히 두 곳의 해군 기지는 러시아가 양쯔 강을 장악하는 것을 차단할 수 있다.[57] 즉 러시아의 동서지역으로의 팽창 기도는 독일과 일본의 육군력으로, 러시아의 남하는 미국과 영국의 해군력으로 방어한다는 것이다.

그리고 4개국 간의 협조체제 구축은 4개국이 저마다 지니고 있는 지리적 약점을 상호 보완할 수 있게 만들 것이다. 첫째, 4개국은 중국에서 이익을 취하는 데 해군력에 의존할 뿐만 아니라 아시아에 해군기지를 보유하고 있다는

55 Mahan(1900b), pp. 66~67.
56 Mahan(1900b), p. 65.
57 Mahan(1900b), p. 65.

공통점이 있다. 해군력은 육상 공격에서 자신의 이익을 보호할 수 있는 방호막이 된다. 그러나 독일 식민지 교주만은 대륙(러시아)의 공격에 취약하다.[58] 또한 독일은 이미 상업(해양)국가로 성장하려는 중이며, 이 점은 독일의 건함계획에서 알 수 있다.[59] 일본은 섬나라라는 지리적 조건 때문에 보호받아야 할 처지에 있다. 영국령 홍콩은 대륙세력(러시아)의 위협에 노출된 핵심지역에서 너무 멀리 떨어져 있다. 미국 역시 필리핀 안전 확보에 취약하다.[60] 미영일의 이러한 약점은 러불동맹에 맞서는 4대 열강의 '거대구조'를 구축하는 데 유리하다.

나아가 4대 해양열강이 협조체제를 이루면, 약점은 강점으로 바뀌고 만다. 4개국의 지리적 위치가 러시아 땅을 감싸며 포위하는 형국을 이룰 것이기 때문이다. 즉 러시아 본토의 한쪽 측면은 일본 육군에게, 그로부터 8,000여 km 떨어진 다른 쪽 측면은 독일 육군의 공격에 각각 취약하다. 유사시에 러시아가 협공에 대응하려면 군사력의 투입과 이동이 자유로워야 하는데, 러시아령의 양쪽 측면을 연결하는 것은 불완전한 철도뿐이다. 필리핀과 홍콩 역시 러시아의 입장에서 보면 동쪽 측면에 위치했다. 두 지역은 비교적 짧지만 절대적으로 안전한 해양으로 격리되어 있다. 즉 러시아의 남하를 차단해야 할 필요성과 방어의 유리함이 4개국의 연합방어선 구축이 가능한 이유 중의 하나다.

둘째, 미국과 영국이 필리핀과 홍콩의 안전을 담보하는 이러한 조건, 즉 대륙세력과의 완충지 역할을 해주는 해양의 기능을 유지케 하려면 어떻게 해야

58 Mahan(1900b), p. 64.
59 Mahan(1900b), pp. 63~64.
60 Mahan(1900b), p. 64.

할까. 반대로 대륙세력이 필리핀과 홍콩을 공격하려면 어떻게 해야 할까. 한 가지 조건이 덧붙여져야 한다. 그것은 해양세력이나 대륙세력이나 모두 해양력이 내륙 깊이 투사될 수 있는 긴 통로, 즉 양쯔 강을 확보해야 한다는 것이다. 양쯔 강은 남경에 이르는 230마일은 전함의 항해가 가능하고, 남경에서 한고까지 400마일은 전투함을 운항할 수 있다. 그리고 남북전쟁기의 증기선과 같은 종류의 군함이라면 강의 입구에서 무려 1,000마일(1,600km)이나 들어갈 수 있다. 이 같은 군사적 상황은 정치적 상황과 같다. 4대국 간의 평화를 위한 협정(understanding)을 체결해야 한다. 4대국 협정은 전쟁과 같은 상황에 대비한 정치적 공격용도로 이용되어서는 안 되며, 러시아가 군사력을 동원한 상업적 독점을 막기 위한 방어용이어야 한다. 요컨대 4개국은 저마다 양쯔 강을 러시아의 수중에 넘겨줄 수 없는 이유를 가지고 있는 것이다.

셋째, 중국 수도의 위치가 너무 북쪽에 위치하여 러시아의 통제에 들어갈 가능성이 높다는 점 또한 4대 해양열강이 제휴해야 할 중요한 이유다. 북경의 위치는 해양력의 투사를 방해하는 장벽과 같다. 따라서 정부의 위치를 양쯔 강을 통제할 수 있는 곳으로 이전시켜야 한다. 그러나 그것이 어렵다면, 해양국가들의 목표는 중국인들을 통한 중국의 발전에 두어야 한다. 만일 그렇게 되지 못하면 양쯔 강 계곡은 점차적으로 러시아의 통치하에 들어가게 될 것이다. 더욱이 중앙정부의 취약함은 중국이 현재의 국민의식보다도 더욱 큰 단위로 사람들을 묶어내는 인종적 애국주의(the race patriotism)를 달성하기 전에 중국의 정치적 분할을 초래하는 혁명을 맞이케 함으로써 마치 프랑스혁명 전의 독일과 같은 처지에 놓이게 될 가능성이 높다. 이런 상황은 4개의 해양국가(four maritime states)들이 아시아의 동쪽 측면에 위치해야 함을 명령하고 있다. 그래야만 러시아의 남하를 차단할 수 있기 때문이다.

다시 말해서 미영독일 등의 4대 해양국의 협조체제는 첫째, 정치적 도구가 되어서는 안 되고, 둘째, 군사력을 배경으로 한 상업적 독점세력의 등장을 차단하는 데 목표가 있다.[61] 즉 군사동맹은 아니지만, 군사적 방어망을 구축하자는 것이다. 이 점에서 상업적 문호개방은 동시에 군사-전략적 문호개방의 성격을 갖게 된다.

Ⅳ. 미국 외교 및 군사개혁론

마한의 러시아 봉쇄론은 선행조건으로 미국민의 전통적인 외교 의식의 개혁을 요구했다. 과연 미국민의 대외정책의 새로운 항로를 어디로 잡아야 할까.

> 미국민의 오랜 속성은 해외 문제에 무관심하다는 것이다. 그러나 미서전쟁은 국민의 의식이 조상들의 그것과 달라지고 있음을 드러내었다. 국력을 대륙 너머의 아시아로 펼쳐야 한다고 생각했다. 미국은 새로운 국면에 발맞추어 정책의 구조조정을 해야 한다. 그렇다면 미국의 대외정책의 방향을 어디로 맞출까. …… 아시아의 이익은 무관심으로 지켜질 수 없다. 아시아 정책의 기조는 일관성과 미국의 권리라는 관점에서 고려되고 설립되어야 한다. …… 반면 아시아의 정책은 …… '세력권(sphere of influence)'의 관점에서 접근해야 한다. …… (그러나) 육지에 대한 지배를 원해서는 안 된다.[62]

61 Mahan(1900b), p. 65.
62 Mahan(1900b), pp. 8~9 · 14~15, p. 41.

1. 고립주의 청산

미국이 4대 해양열강으로 하여금 러시아 포위망 구축에 가담케 하려면 먼저 해결되어야 할 장벽이 있다. 우선 미국 국민은 불개입정책을 청산해야 한다. 요약하면 다음과 같은 논리였다.

> 미국은 19세기 초부터 팽창해오다가 남북전쟁 때문에 일시 중단되었다. 이후 멕시코 문제로 중남미로 시선을 돌렸지만, 다시 먼 바다를 바라보기 시작했다. 새로운 요소(new factor)가 발생했기 때문이다. …… 새로운 요소란 다름 아닌 필리핀 획득이다. 필리핀은 쿠바 문제로 시작된 스페인과의 전쟁의 결과였다. 그러나 필리핀은 장기적으로 볼 때 서인도의 안틸레스(Antilles)제도와 파나마운하, 그리고 그 너머의 태평양, 하와이, 중국과 일본에 대한 관심을 야기한다. …… 즉 이 전쟁은 미국을 아시아 세력(Asiatic Power)으로 바꾸어놓았다.[63]
> 뿐만 아니라 필리핀 획득의 이러한 의미는 우리에게 구 요소들(old factors)에서 탈피할 것을 요구하고 있다. 구 요소들은 미국인의 오랜 습성이다. …… 대외정책에 대한 무관심이다. "미국인들은 먼로독트린의 가능한 예외와 더불어 대외정치의 주제에 대한 무관심이라는 오랜 습관(long habit)에 젖어왔다." 미국민들의 그러한 성향은 고립이라는 특별한 환경에서 기인하기도 하지만, 고의적으로도 그렇게 해왔다. 그것은 '자기억제(abstinence)'의 유산이며, 비록 오해에서 비롯되기는 했지만 잘 알려진 "동맹에 연루되지 말라(entangling alliance)"는 워싱턴의 경고에 의존하고 있다. 물론 워

63 Mahan(1900b), pp. 6~7, p. 11.

싱턴의 경고는 그 당시에는 필요한 조치였을 것이다. 워싱턴의 연설에 대한 오해이기는 하지만 고립은 금지는 아니었다.[64]

그러나 “변화된 세계의 조건하에서” 또한 “우리가 탈출할 수 없는 영향으로부터, 많은 대외적인 문제들을 인식하고 이해하기 위해 의식적인 노력을 해야 한다. 그리고 그것은 필수불가결한 것이요, 시대의 명령이다. 그것은 우리를 위해서도 우리의 후손을 위해서도 필요하다. 우리는 후손을 위해 국제문제에 뛰어들어야 한다. 세계의 변화된 조건하에서 그 영향에서 탈출한다는 것은 불가능하다. 오히려 대외문제에 대한 이해와 인식을 위해 노력해야 한다.[65]

그리고 그러한 정신상태는 미서전쟁과 더불어 이미 씨앗이 뿌려졌다. 회고와 토론, 육성과 저술, 언론과 강연 등은 공화국의 선조들을 계승한 후손들이 다루지 않고 남겨두었던 정신적 토양을 개척하기 시작했다. 우리의 기질(habit)은 아메리카 대륙의 경계를 넘어 국가의 힘을 펼치려는 사상에 익숙하게 되었다.[66]

이제 미국인들은 팽창을 방어적 관점이 아니라, 미래적 관점에서 생각해보아야 한다. 즉 우리는 새로운 조건(new conditions)에 맞추어 우리의 의무를 조직화해야 한다. 한편에서 즉각적인 조치가 필요하고, 다른 한편에서는 미래지향적으로 사고해야 한다. 현재 상황을 숙고한 후 행동이 뒤따라야 한다. 현존하는 조건을 직시하고, 그것과 관련된 성향을 평가해야 한다. 그것은 역사의 맹아요, 금후 우리와 우리의 후손이 관심을 가져야 하는 이슈가

---

64 Mahan(1900b), pp. 9~10.
65 Mahan(1900b), p. 10.
66 Mahan(1900b), p. 8.

될 것이기 때문이다.[67]

요컨대 "최근에 일어난 사건들은 본질적으로 국가들의 정치적 관계를 변화시켰다." 비록 그러한 계산을 한다는 것이 불확실하고, 또 급작스러운 허를 찔리기 쉽지만, 만일 국가의 진로에 주어지는 지침이 현명하고 지속성을 띤다면 먼 미래를 장기적 관점에서 연구하는 것은 필수적이다. 그러한 연구는 지적이고 지속적인 분석을 요구한다.[68]

특히 마한은 지리적 연계성이 미국으로 하여금 세계정치(world policy)에 연루되는 것을 피할 수 없게 만들었다는 점을 강조했다.[69] 다음 세 가지 사건이 그러한 연결고리 역할을 했다는 것이다. 먼로독트린 선언(1823), 필리핀 획득(1898), 제1차 문호개방 선언(1899) 등이 바로 아메리카 대륙과 유라시아 대륙의 지리적 연계성을 부여했다. 즉 첫째, 먼로독트린은 아메리카 대륙과 대서양 정치를 하나의 고리로 연결하였다. 둘째, 필리핀 도서의 획득은 미국에게 필리핀까지 어떻게 갈 것인가라는 숙제를 안겼다. 즉 아메리카 본토와 미국령 아시아는 대서양과 지중해를 통해 연결되었기 때문이다. 지중해 연안의 레반트(Levant) 지역과 페르시아 만 입구(수에즈운하)는 미국 동부해안에서 대서양을 횡단하여 필리핀으로 가는 단축로가 된다는 점을 명심해야 한다. 지중해-수에즈운하-홍해를 통해 갈 수 있기 때문이다. 따라서 단축항로의 세력균형은 매우 중요하다.[70] 셋째, 문호개방으로 미국은 중국과 연결되었다. 즉 중국에서 이익을 취할 기회를 가져야 한다. 후 2자의 조건, 즉 필리핀 획득과 문호개

67 Mahan(1900b), p. 11.
68 Mahan(1900b), p. 9.
69 Mahan(1900b), p. 68.
70 Mahan(1900b), p. 69.

방 선언 때문에 미국은 열강의 아시아 및 태평양 정책에서 자유로울 수 없게 되었다. 예를 들어 동부 지중해 연안지역이나 페르시아 만의 세력균형에 미국이 무관심할 수 없듯이, 아시아와 태평양 지역에서의 세력균형에도 관심을 가져야만 한다는 것이다.

2. 먼로독트린의 수정

마한이 러시아 포위망을 구축하기 위해 제거해야 할 대내적 장애물은 또 있었다. 그것은 바로 먼로독트린을 아시아로 확대 적용하자는 움직임이었다. 그러나 마한은 이를 반대했다. 다음과 같은 이유에서였다.

> 태평양과 아시아의 중요성에 비추어볼 때 먼로독트린을 확대 적용하는 것, 즉 모든 유럽의 개입에 반대하여 중남미 전역에서 그랬던 것과 같이 아시아 지역에서도 국가의 독립을 지지한다는 정도까지 확대하는 것이 현재의 입장에서 가능하며 유지할 수 있을까. 영국은 제국의 이산 현상 때문에 많은 압박을 받고 있다. 그렇다고 할지라도 적어도 영국은 제국의 지위를 유지할 것이다. 제국의 뼈와 살로부터 기원하기 때문이다. 그러나 아마존 계곡의 남쪽 지역은 자연적으로나 정치적으로 외국 공동체에 속한다. 혈통이나 전통으로 볼 때에도 그렇다. 그들은 우리를 좋아하지 않는다는 점은 주지하는 바와 같다. …… 유럽이 운하에 영향을 미칠 수 있기 때문에 중남미 지역에 대한 어떤 점령도 용인할 수 없으며, 그것은 우리의 분명한 이익이다. 그것이 어떤 위대한 단일국가의 영토 소유든, 또는 영향력이든 마찬가지다. 그 필요성은 이전보다도 지금이 더하다. 그러나 그러한 범주를 넘어 우리의 정치적 관심이 표출된다면, 그것은 힘의 낭비다. 마치 그들에게 혐오감을 주는 것과

마찬가지다. 거대한 아마존 계곡은 양쯔 강 계곡과 다르지 않다. 거대한 상업적 지역으로 만들기에 더욱 실제적이고 쉬울 수 있다. 문호개방은 국제협정을 통해 보장될 수 있다. 또한 우리의 국가 의식(national consciousness)이 받아들이기도 쉽다. 문호개방은 먼로독트린이 적합한 지역과 국익을 위해 오히려 적용하는 것을 멈추어야 할 바로 그 지역에 효과적인 넓은 지대를 설정하는 것과 같다.[71]

먼로독트린이 아시아 정책의 기조가 될 수 없다. 필리핀을 획득했으니 먼로독트린을 폐기해야 한다는 주장이 있다. 또한 먼로독트린을 국제법으로 대치하자는 주장도 있다. 그러나 이는 현명치 않다. 먼로독트린의 효용성은 여전히 있기 때문이다. 첫째, 유럽적 시스템을 아메리카로 이식할 수 없다는 원칙은 유지되어야 한다. 둘째, 순수한 유럽 문제에 대한 불개입원칙은 행동준칙으로 필요하다. 셋째, 중남미 대륙은 지리적으로 인접한 지역이다. 인접한 지역은 국가 간의 갈등의 근원이다. 따라서 분쟁 시 어쩔 수 없이 보충해석이 요구된다. 만일 서반구에서 유럽의 영토팽창 기도가 있다면, 먼로독트린은 정의를 내세우든지, 아니면 편의성에 따르든지 간에 주저없이 사용되어야 한다. …… 그러나 먼로독트린은 여러 세대를 지나면서 전통의 힘이 덧붙여졌고, 보수주의가 되었다는 점도 간과해서는 안 된다. 그것은 먼로독트린이 좋은 면이 있는 것만큼이나 나쁜 면도 생겼음을 의미한다.[72]

요컨대 먼로독트린의 행동의 자유(자유재량권)를 보존하기 위해 아시아로 확

71 Mahan(1900a), pp. 201~202.

72 Mahan(1900b), pp. 13~15.

대하거나, 국제법으로 전환시켜서는 안 된다.

구체적으로 마한이 먼로독트린의 아시아 확대를 반대한 이유는 이렇다. 첫째, 중국에 대해 먼로독트린에서 선언한 중남미 국가 수준의 독립을 유지케 하는 것이 현실적으로 어렵다. 둘째, 비록 쇠락해지기는 했으나, 영국이 이를 허락지 않을 것이다. 셋째, 중남미인들의 반미정서에서도 드러났듯이 중국의 반미감정을 야기할 것이다. 넷째, 미국 내의 반대여론도 고려해야 한다. 다섯째, 아마존을 폐쇄하면서 양쯔 강 개방을 요구하는 것은 모순이며 설득력이 없다. 오히려 양쯔 강의 문호개방을 요구하기 위해서, 아마존의 문호개방을 선언해야 한다. 여섯째, 최악의 경우에 미국은 아시아로 확장한 먼로독트린을 수호하기 위해 단독으로라도 군사행동에 나설 수 있을까. 중남미의 독립을 박탈하려는 어떤 시도에 대해서도 미국은 좌시하지 않겠다는 의지를 담고 있는 것이 먼로독트린이기 때문이다. 일곱째, 그런데 아시아에서는 문호개방을 통해서도 충분히 미국의 이익을 달성할 수 있다. 먼로독트린은 반드시 군사력의 보호를 요구하지만, 아시아의 문호개방은 국제협정으로도 가능하기 때문이다. 더욱이 그 경우 군사력을 카리브 해에 집중할 수 있을 것이다. 이처럼 마한의 문호개방론은 먼로독트린의 적용지역을 최소화함으로써, 문호개방의 적용지역을 최대화할 수 있다는 전제가 깔렸을 뿐만 아니라, 이를 위해서는 미국 정부의 먼로독트린에 대한 기존의 인식의 틀을 깨고 나와야 한다는 거대전략이었다.

그렇다면 마한은 기존의 먼로독트린이 어떻게 변해야 한다고 보았을까. 그는 먼로독트린이 미국인의 지정전략의 핵심원리를 깔고 있으며, 이는 보존되어야 한다는 입장이었다.

① '지리적 이웃 국가는 분쟁의 원인'이라는 사고가 그것이다.

> 먼로독트린의 발단은 지리적 인접성(geographical propinquity)은 '국가들 간의 분쟁의 근원(a source of trouble between nations)'이라는 전제를 깔고 있다. 그 결과 우리는 자연적 고립을 선호하고, 국가 간의 분쟁을 피할 것을 제안했다. 또한 이러한 전제를 위하여 유럽의 내부문제에 멀리하자는 결단을 내렸다. 이는 불가피한 추론이었다.[73]

② 마한은 먼로독트린이 서반구에 관한 한 개입이론이요, 따라서 자유재량권·해석권을 보호받아야만 하며, 필요하다면 이 지역으로의 영토 팽창까지도 정당화하는 원리라는 점도 인정했다. 그렇기 때문에 이를 중국으로 확장해서는 안 된다는 것이다. 즉 자유재량권이라는 먼로독트린의 특성을 보존하기 위해서, 중국 출장을 금지해야 하며, 중국에서도 미국의 이익이 침해받는다면, 먼로독트린이 없어도 강력한 행동을 취할 수 있다는 것이다. 미국의 목표가 영토 획득이 아니기 때문이다.

> 그러나 '지리적 인접지역(geographical propinquity, 역자: 중남미 지역)'은 아니지만, '국가들의 이익이 접근하고 교차하는 지역(geographical provinces, 역자: 중국)'이 있다. 후자의 지역에서 우리의 의무이든, 우리의 이익이 요구하는 행위를 할 때 우리는 결코 먼로독트린 때문에 또는 먼로독트린이 없어서 방해받은 적이 없다. 우리는 유럽의 영토를 획득함으로써 우리의 목적을 달성하기를 열렬히 바란 적이 없기 때문이다. 그것은 방법이라는 면에서 볼 때 편리하지도 않았으며, 정당하지도 않다. 가능하지도 않았음은 물론이다. …… 그러나 우리는 서반구에서 영토신장을 위해 정의든,

73 Mahan(1900b), p. 14.

편의주의든 망설임 없이 사용해왔다. 서반구란 최종적인 조정과 같은 것이 도달한 적이 없는 곳이다.[74]

③ 먼로독트린은 유럽적 시스템이 아메리카 대륙으로 확장하려는 경우에만 발동할 수 있기 때문이다. 따라서 국내정책이 되어야 하며, 세계정책이 되어서는 안 된다.

먼로독트린은 오직 우리의 국가정책(national policy)을 위해서만 용인된다. 예컨대 유럽적인 시스템(European system)을 아메리카 대륙으로 확장하는 것을 저지할 수 있는 것과 같은 공인된 목적이 그것이다.[75]

먼로독트린의 입장에서 볼 때 마한의 이러한 해석과 가이드라인 제시는 오히려 먼로독트린의 간섭권을 보호하기 위한 조치였다. 동시에 문호개방의 입장에서 볼 때에도 유리했다. 만약 먼로독트린을 아시아에 적용했을 경우에 처할 수 있는 먼로독트린의 책임성, 즉 반드시 개입해야 한다는 제약에서 해방될 수 있기 때문이다. 마한이 먼로독트린을 아시아 지역에도 적용하자는 일각의 주장에 대해 반대했던 이유도 여기에 있다.

나아가 마한은 중남미에서조차 먼로독트린의 적용 지역을 축소시켜야 한

74 마한은 미국의 관점에서 이해관련 지역을 두 지역으로 분류했다. 하나는 지리적 국경을 맞대고 있는 지역이다. 지리적 인접지역(geographical propinquity)의 개념이 그것이다. 지리적으로는 변경이지만, 이해라는 관점에서 볼 때 인접지역과 같은 영향을 미치는 지역, 즉 이해상의 인접지역(geographical provinces in which the interests of nations approach and mingle propinquity)의 개념이다. Mahan(1900b), pp. 14~15.

75 Mahan(1900b), p. 13.

다고 보았다.[76] 두 가지 이유가 있었다. 하나는 아시아에서 영국의 협조를 얻기 위한 조건이다. 그런데 먼로독트린은 중남미 지역에서는 여전히 영미 간의 반목의 원인이 되고 있다. 따라서 이는 해소되어야 한다.[77] 다른 하나는 영국을 설득하기 위해서다. 즉 다음과 같은 논리였다. 영국을 러시아의 봉쇄망에 가담시키기 위해서는 세계의 다른 지역의 분쟁에서 빠져나오도록 미국이 도와주어야 한다. 이를 위해 ① 우선 영국은 남아프리카 분쟁에서 해방되어야 한다. 이를 위해 미국은 이 지역이 영국판 먼로독트린이 적용되는 지역임을 지지 선언한다. ② 다음으로 영국이 카리브 해를 영국판 먼로독트린이 적용되는 지역으로 삼아서는 안 되며, 대신 이 지역에 대한 미국의 먼로독트린을 인정해야 한다는 점을 설득한다. 즉 만약 영국이 카리브 해의 지배를 고집한다면 그 경우 제2의 보어사태가 일어 날 것이고, 그것은 대영제국 해체의 신호탄이 될 것임을 주지시킴으로써 카리브 해에서 스스로 철수케 하자는 것이다.[78]

③ 끝으로 아마존 지역에 대해 문호개방을 허용한다. 대신 미국은 영국에게 양쯔 강의 문호개방을 요구한다. 동시에 남아프리카에 대한 영국의 지배권과 카리브 해에 대한 미국의 지배권을 교차 승인한다. 이를 위해 영국은 파나마운하 부설권을 미국에게 양보하고, 대신 미국은 영국의 희망봉 통로 지배권을 인정한다. 양국 간의 갈등 요소를 없애야 힘을 모아 러시아의 봉쇄에 주력할 수 있다는 것이다. 먼로독트린의 아시아 확대를 반대하고, 나아가 중남미 지역에 대한 먼로독트린의 지배 지역을 카리브 해 일대로 축소해야 한다는 마한의 주장은 바로 이런 논리였다. 문호개방이 등장해야만 했던 이유가 여기에

76 Mahan(1900a), pp. 201~202.
77 Mahan(1900a), p. 189.
78 Mahan(1900c), *Transvaal Dispute,* pp. 232~233.

있다. 요컨대 문호개방은 먼로독트린의 확장 주장을 막고, 이를 근거로 영국을 카리브 해에서 몰아내는 한편, 또한 남아프리카에서는 영국의 지배권을 인정함으로써 영국을 이 지역에서 끌어내면, 영국은 자연스럽게 아시아로 집중하여 러시아 봉쇄에 나서지 않겠느냐는 계산이 깔렸다는 점에서 세계전략이었다.

3. 군사개혁론과 대양 해군의 건설

군사개혁은 마한의 러시아 봉쇄론의 논리적 귀결이었다. 나아가 군사개혁은 국가의 외교개조론과 세계외교개조론과 더불어 핵심적인 개혁 대상이었다. 마한의 군사개혁은 다음과 같은 지정학적 개념을 깔고 있었기 때문이다. 첫째, 지리적 요인은 국가 안보전략을 수립하는 데 공통분모다.

> 정치문제(political problems)는 지리적 요인(element of geography)에 따라 결정되며, 지리적 요인은 군사전략(military strategy)의 공통분모(common)이기도 하다는 점도 연구해야만 한다. 국력을 이익의 중심부에 투사하는 능력은 어디까지나 군사력을 운송하는 능력에 달렸기 때문이다.[79]

둘째, 그런데 "아시아의 미래는 군사적 중요성에 의존한다."[80] 특히 러시아의 중국 병합을 저지하기 위해 "만일 필요하다면 군사력을 동원할 수 있어

79 Mahan(1900b), p. 19.
80 Mahan(1900b), p. 124.

야 한다."[81] 그리고 해양국가로 거듭나기 위해서도 해군력은 '필수적'이다. 해군력은 국가로 하여금 '해양력'에 입각한 정책을 수립하고 펼칠 수 있는 능력을 주기 때문이다.[82] 육군력은 해군력을 당하지 못한다. 육군력은 이웃 국가에 영향을 미칠 수 있지만, 해군력은 바다 건너 먼 이웃에 영향을 미칠 수 있기 때문이다.[83] 셋째, 더욱이 아시아의 지리적 조건은 해양력을 투사하기 적합한 조건을 가지고 있다.[84] 양쯔 강은 중국의 내륙으로 들어갈 수 있는 해양과 같기 때문이다.

> 양쯔 강은 남경에 이르는 230마일은 전함의 항해가 가능하고, 남경에서 한고까지 400마일은 전투함을 운항할 수 있다. 그리고 남북전쟁기의 증기선과 같은 종류의 군함이라면 강의 입구에서 무려 1,000마일(1,600km)이나 들어갈 수 있다.

이것이 외교개혁정책과 군사력이 결합되어야 하는 이유였다. 여기서 국가개조론은 군사력의 개혁을 요구했던 것이다.

특히 마한은 국민들의 해군력에 대한 인식에서 코페르니쿠스적인 전환이 요구된다고 역설했다. 요약하면 다음과 같다.

> 그동안 해양력(sea power)은 태평양 너머의 공간으로 나아가자고 말할 수 없었다. 그래서 해군력은 하와이 이동을 넘어가지 못했다. 이는 국민이 해

---

81 Mahan(1900a), p. 174.
82 Mahan(1900a), p. 161.
83 Mahan(1900b), p. 39.
84 Mahan(1900b), p. 20.

군력을 방어적 관점에서 생각했기 때문이다. 그리하여 해양력이 세계에 영향을 줄 수 있는 디딤돌(stepping-stone) 의식을 갖지 않았다. 해양력은 역사에 영향을 미친다. 그러나 해양력은 팽창 그 자체는 아니며, 팽창의 하녀(handmaid)일 뿐이다. …… 하와이 이동 지역은 점차로 미국을 위험스런 상태로 몰아갈 수 있다. 그런 영향은 비록 당장 조치를 취하지 않더라도 적어도 분명한 정책을 통해 저지되어야만 한다.[85]

아울러 그는 국민들에게 다음과 같은 인식도 지닐 것을 요구했다. 통상의 목적은 평화를 보전하는 데 있으며, 이는 군사력을 통해 담보되어야만 한다는 것이다. 즉 "통상의 이익은 평화를 유지하는 데 있으며", "군사력은 평화를 보존하기 위해 필수적"이라는 것이다.[86] 또한 국민들은 먼로독트린의 수호에도 군사력이 필요하다는 점을 깨달을 것을 촉구했다. "해군력은 운하와 카리브해 방어에 필요하며, …… 운하와 같은 내륙수로(interior line)는 군사적 이점을 준다는 사실이다.[87] 요컨대 해군력은 한편에서는 해양이 통상을 위한 실크로드 역할을 하고, 다른 한편에서는 대륙섬의 안전을 담보하는 해양판 만리장성으로 만들어 준다는 점을 인식해야 한다는 것이다.

무엇보다도 해군력은 영미협조망을 구축하기 위해서도 필수적이라는 사실도 명심해야 한다. 영미가 먼저 협조망을 구축하면 나머지 해양국가도 따라올 것이기 때문이다. 즉 요약하면 다음과 같은 논리였다.

---

85 Mahan(1900b), p. 7.
86 Mahan(1900b), p. 42.
87 Mahan(1900a), pp. 182~183.

함대는 영미협조를 얻기 위해서 매우 중요하다. 뿐만 아니라 영미협조는 해군에 토대를 두어야 한다. 특히 우리 해군의 규모가 중요하다. 왜냐하면 영국은 해군의 의존도가 절대적이기 때문이다.[88]

또한 영국과 러시아는 국가의 속성상 자연적인 적대관계며, 이는 아시아에서도 재현될 것이다.

영러는 이미 이 지역의 교통망을 선점했다. 전자는 해양(sea)으로, 후자는 육지(land)로 그랬다. 대륙세력은 해양세력에 영향을 받는다. 물론 반대로 대륙세력은 해양세력을 방해하는 것도 가능하다. 특히 운하와 해협에 대해 그렇다. 예컨대 수에즈운하는 지중해-페르시아 만으로 가는 철도에 견제받는다. 이러한 현상은 아시아에서도 재현될 것이며 현저한 특징을 이룰 것이다.[89]

따라서 영미의 군사적 협조체제 구축은 영러대결을 이용 가능하게 할 것이며, 이는 지정학이 미국에게 부과한 명령과 같다.

영러대결은 지정학의 산물이다. 영국의 인도는 러시아 남하의 저지선이다. 이 지역에 정치적·군사적 작전 기지를 만든 것은 군사적 행동이 오직 정치적 형태의 특별한 형태라는 것을 보여준다. 전쟁술(Art of War)의 전략(strategy)은 정치의 장에서의 외부 이익과 상응한다.[90]

88 Mahan(1900a), pp. 195~199.
89 Mahan(1900b), p. 36·39·40.
90 Mahan(1900b), p. 27·29.

특히 마한은 해군력의 강화를 위해 인적 자원의 개혁도 역설했다. "뿐만 아니라 장교 및 수병 등의 인적 자원에 대한 훈련도 필요하다."[91] 그것은 두 가지 방향이었다. 하나는 정신무장이다. 다른 하나는 해군사관들의 사고 개혁이다. 마한은 해군 장교들이 전술 사용능력은 물론 해군력을 전략적 차원에서 구사할 수 있는 능력을 지녀야 한다고 보았다. 해군은 국제분쟁 지역에 출동하는 군사력이기 때문이다. 이를 위해 국제법과 역사에 대한 깊은 이해가 필요하다. 마한이 해양의 역사,[92] 해양 전략론,[93] 넬슨 제독과 같은 해군의 위인전기,[94] 프랑스 혁명기의 나폴레옹의 전략 분석, 국제법과 해양의 전쟁 및 외

---

91 Mahan(1900a), pp. 195~199.

92 『해양력이 역사에 미친 영향, 1660-1783년 (*The Influence of Sea Power upon History, 1660-1783*)』(1890); 『해양력이 프랑스혁명과 제국에 미친 영향, 1793-1812년(*The Influence of Sea Power upon the French Revolution and Empire, 1793-1812*)』(1892), Two Volumes; 『미서전쟁의 교훈(*Lessons of the War of Spain and Other Articles*)』(1899); 『1812년 전쟁에서 해군력이 미친 영향(*Sea Power in Its Relations to the War of 1812*)』(1905); 『간과된 전쟁의 교훈(*Some Neglected Aspects of War*)』(1907); 『미국 독립 전쟁기의 주요 해군작전 분석(*The Major Operations of the Navies in the War of American Independence*)』(1913).

93 『만과 영해(*The Gulf and Inland Waters*)』(1883); 『해군력과 미국의 이해: 현재와 미래(*The Interest of America in Sea power*)』(1897); 『국제관계학의 회고와 전망(*Retrospect and Prospect: Studies in International Relations Naval and Political*)』(1902); 『국제 조건들 가운데서 미국의 이익 찾기(*The Interest of America in International Conditions*)』(1910); 『이론과 실제의 측면에서 본 해군전략과 육군 작전의 비교 및 대조(*Naval Strategy, Contrasted with the Principles and Practice of Military Operations on Land*)』(1911): 『해군성과 전쟁(*Naval Administration and Warfare*)』(1908). 『범선의 시대로부터 증기선으로 시대가 도래할 때까지 해군이 걸어온 길(*From Sail to Steam: Recollections of Naval Life*)』(1907).

94 『패러굿 제독의 전기(*The Life of Admiral Farragut*)』(1892); 『넬슨 제독의 전기: 대영제국의 해군의 화신(*The Life of Nelson: The Embodiment of the Sea Power of Great Britain*)』(1897), Two Volumes; 『역사 속에 드러난 영국 해군장교들의 타입분석(*Types of Naval Officers, Drawn from the History of the British Navy*)』(1901).

교와 관련된 일련의 논문 및 저술[95]을 썼던 것도 이 때문이었다. 비유하자면 마한의 이러한 저술과 논문은 해군력 양성의 인적 자원 쇄신 프로그램과 같은 소프트웨어였다.

마한은 소프트웨어 개발에만 몰두하지 않았다. 동시에 함대력 증강과 같은 하드웨어 프로그램도 마련했다. 그의 해군력 증강 계획은 분명한 목표가 있었다. 미국은 태평양과 아시아에 효과적인 해군을 두어야 한다.[96] 따라서 대서양과 태평양에 상주시킬 수 있는 두 개의 독립함대가 필요하다.[97]

> 우리는 태평양에서 효율적인 해군력을 갖추어야만 한다. 대서양에서도 마찬가지다. 일반적으로 생각하듯이 우리의 해안 방어가 기본이 되어서는 안 된다. 전쟁 시 우리의 권리의 방어라는 측면에서 접근해야 하며, 그 경우 해군은 방어의 도구이자, 공격의 도구가 된다. 그러나 카리브 해에서 해군력의 실질적 우위를 확보하는 일은 운하의 사용권을 보존하고, 상업을 위하고, 우리 해군이 태평양에 신속히 접할 수 있게 만드는 데 필수적이다.[98]

95 '외교와 중재재판(Diplomacy and Arbitration)'(1911); '국제분쟁의 조정도구로서의 법의 한계(The Deficiencies of Law as an Instrument of International Adjustments)'(1911); 『군사력과 중재재판제도: 국제관계 속의 힘의 궁전(*Armaments and Arbitrations; or the Palace of Force in the International Relations*)』(1912).

96 Mahan(1900a), p. 181.

97 Mahan(1900a), pp. 200~201.

98 Mahan(1900a), p. 181.

V. 맺음말

이 연구는 지금까지 마한의 거대전략을 통해서 제국주의 시기에 미국이 동아시아에서 펼친 문호개방의 실체를 다시 파헤쳤다. 이를 위해서 마한이 1900년에 출판한 『아시아의 문제와 그것이 국제정치에 미친 영향』을 분석했다. 이 책을 통해서 마한은 자신이 구상해온 거대전략의 설계도를 펼치면서 기존의 문호개방정책의 한계를 지적하고 미국이 펼쳐야만 하는 문호개방이 무엇인지를 제시했기 때문이다. 필자가 특히 마한의 거대전략에 소개된 문호개방론을 주목하게 된 이유는 두 가지였다. 하나는 거대전략의 내용이요, 다른 하나는 마한이 거대전략을 수립하면서 제시한 배경이다. 그것들이 문호개방정책의 실체에 대한 중요한 정보를 알려주고 있기 때문이다. 즉 마한은 "미국에게 요구되는 미래 외교는 무엇이 되어야 하는가", 이때 "미국 외교가 주축으로 삼아야 할 중심 개념은 무엇인가", 그리고 "이를 어떻게 구현할 것인가"를 묻고, 문호개방과 실천전략으로 구성된 거대전략을 답변으로 제시했다는 것이다. 필자는 이를 밝히기 위해 마한의 거대전략을 구성하는 네 개의 세부전략, 즉 아시아 중시론, 러시아 봉쇄론, 4대 해양열강 연대론, 미국의 외교 및 군사개혁론을 모두 3개장으로 나누어 분석했다. 먼저 제2장에서는 마한의 '러청병합제국 등장 예정설'과 '아시아 중시론'을 추적함으로써 문호개방의 등장배경을 보여주었다. 이어서 제3장에서는 러시아 봉쇄론의 원리와 '4대 해양열강의 연대론'을 통해서 그것이 문호개방의 실천전략임을 알 수 있었다. 끝으로 제4장에서 마한의 '미국 외교개혁론'과 '군사개혁론'을 각각 조명했다. 그것들이 문호개방을 추진하기 위해 필요한 대내적 개혁안으로 마련되었음을 확인할 수 있었다.

이를 통해서 연구자는 다음과 같은 결론에 도달했다. 우선 마한이 설계한 거대전략을 구성하는 세부전략에서 그가 생각한 문호개방은 다음과 같은 것이었음을 알 수 있었다.

첫째, 마한은 문호개방이 경제전략을 넘어 외교군사안보전략이 되어야 한다고 보았다는 것이다. 문호개방을 위해 러시아 봉쇄론과 4대 해양열강의 연대론을 실천전략으로 삼았기 때문이다. 마한의 문호개방전략이 이 같은 구조를 지니게 된 것은 러시아의 남하를 방치할 경우 다음과 같은 현상이 초래될 것이라는 판단에서 기인한다. 우선 중국의 세력권화가 종국에 가서는 영토분할로 귀착될 것이며, 그렇게 되면 미국의 진출은 원천적으로 봉쇄될 것이었다. 뿐만 아니라 결국 중국 분할이 열강의 외교 및 군사분야의 합종연횡을 초래할 것이며, 그러한 동맹체제는 한편에서 중국의 식민지 분할을 가속화시키는 한편, 다른 대륙의 식민지 분할 장치로 전용될 것으로 보았다. 즉 마한에게 러시아가 분할을 주도하고 있는 중국 지역은 세계의 외교 및 군사력의 세력균형을 변화시킬 진앙지요, 중국 분할의 완성은 중남미대륙 분할의 신호탄에 다름 아닌 것으로 간주되었다는 것이다. 이 같은 상황은 마한은 물론 미국의 전략가들이 가장 우려하는 상황이었다. 언급했듯이 아시아에서 비롯된 군사동맹체제는 궁극적으로 태평양과 대서양의 양 측면에서 아메리카 대륙을 협공하는 포위망으로 작용할 수 있었기 때문이다.

그렇다면 이를 막기 위해서 미국이 취해야만 하는 조치는 무엇인가. 여기서 마한은 현재의 문호개방(제1차 문호개방)이 아니라, '있어야만 하는 문호개방론'을 펼치게 되었던 것이다. 즉 당위로서의 문호개방은 열강의 세력권화와 영토분할을 전면 부정하는 원리로 무장하고, 이울러 실천전략도 지녀야 한다는 것이다. 그리하여 문호개방을 중심원리로 하고 러시아 봉쇄론과 4대 해양열강의 연대론을 양 날개로 하는 거대전략이 모습을 드러냈던 것이다. 물론 이러한 거대전략의 궁극적 목표는 미국의 번영과 안전을 위해 유럽의 외교 및 군사동맹체제의 등장을 예방하고, 기존의 동맹체제를 해체하는 데 두었다. 마한이 구상한 문호개방이 세계외교 및 군사체제를 개혁해야 한다는 거대한 목표를 품고 있는 전략이었다고 주장한 것도 이 때문이다.

둘째, 또한 마한의 문호개방은 국내외교 및 군사개혁론이기도 했다는 것이다. 왜냐하면 그는 중남미 지역에 먼로독트린을 주장하면서, 동시에 동아시아 및 태평양 지역에 문호개방을 관철시킨다는 것이 모순이 될 수 있다고 보았기 때문이다. 물론 마한 역시 중남미 지역은 미국의 안보에 매우 중요하기 때문에 먼로독트린을 폐기할 수 없으며, 유럽이 이 지역을 식민지로 만들려고 한다면 군사력으로 대응해야 한다고 보았다. 그러나 동시에 마한은 다음과 같은 문제점을 제기했다. 과연 미국이 아마존 지역에 대해 미국의 배타성을 지닌 특별한 이익을 주장하면서, 양쯔 강의 전면 개방을 요구하는 것은 공평한 행위일까. 또한 미국의 군사력은 중남미 전 지역에 대한 안전을 담보할 수 있는 능력을 갖추고 있을까. 이러한 상황에서 태평양 및 아시아로 먼로독트린을 확대할 경우 군사력은 어떻게 확보할 것인가. 이에 마한은 먼로독트린의 적용지역을 중남미 전역에서 카리브 해 일대로 축소하자고 주장하는 한편, 아프리카 대륙에 대해서도 미국이 정책을 수립할 것을 요구했던 것이다.

뿐만 아니라 문호개방이 선언으로만 효력을 지닐 수 없다고 보았다. 해양 열강에게 미국의 문호개방에 동참하여 러시아를 포위하자고 제안하려면, 미국 또한 이를 수행할 수 있는 해군력을 지녀야 한다는 것은 당연했다. 특히 영국의 동맹제안을 거부하면서 러시아와 동맹을 맺지 못하게 하여, 세계 제1의 해군력을 러시아 봉쇄망에 끌어들이려면 미국이 대양에서 작전할 수 있는 해군력을 보유한다는 것은 매우 중요한 문제였다. 미국이 보유한 해군력이 영국으로 하여금 두 가지를 고민케 할 것이기 때문이다. 하나는 아시아에서 러시아의 육군력과 타협할 것인지, 아니면 미국의 해군력과 타협할 것인지를 놓고 신중하게 만들 것이다. 다른 하나는 미국의 해군력은 영국 해군으로 하여금 미국과 충돌을 막기 위해 카리브 해에서 철수할 것을 생각게 할 것으로 기대했다. 마한이 먼로독트린의 적용지역을 축소해야 한다고 주장했던 것도 이 때문이다. 그 경우 미국 해군은 방어부담을 덜고, 여력을 태평양 및 아시아로 돌려 영국 해군과 제휴할 수 있다는 것이다. 즉 문호개방은 미국의 경제력을 군사력으로 바꾸어야 한다는 점과 그것을 양대양에 어떻게 배치할 것인가라는 과제를 풀어야지만 가능했다. 요컨대 마한은 미국이 문호개방을 아시아 정책으로 정립하기 위해서는 두 가지 국내 개혁을 요구했다. 하나는 미국의 외교개혁이요, 다른 하나는 군사개혁이었다. 전자를 위해 중남미 대륙에 대한 정책 조정이 요구되었고, 후자를 위해 군사적 능력을 갖추어야만 했다. 그렇다면 문호개방은 미국의 대내적 외교 및 군사체제의 개혁론이라고 볼 수 있지 않을까.

뿐만 아니라 이 연구는 마한이 거대전략을 수립하게 된 배경에서 다음과 같은 중요한 사실도 알 수 있었다. 마한은 자신이 문호개방을 축으로 하는 거대전략을 마련한 이유로 두 가지 위기론을 제시했다. 하나는 외부로부터 가해진 것이었다. 러시아가 중국을 병합하고 유라시아의 헤게모니를 장악하는 세계제국이 될 것이라는 지정학적 예언이 유럽 및 일본의 중국 정책에 영향을 미치고 있다는 사실이 그것이다. 다른 하나는 내부로부터 비롯된 위기였다. 미국이 중국 정책을 놓고 아직 갈피를 잡지 못하고 있었을 뿐만 아니라 분열 중이었기 때문이다. 마한은 이를 좌시할 수 없다고 보았다. 그리고 대내외적 위기에 대한 마한의 대응전략이 바로 문호개방이었다.

마한의 이러한 원인분석과 처방전은 다음과 같은 사고과정을 거쳐 도달한 것이었다. 마한은 '러시아의 중국 병합 예정설'이 유포되고 있는 현상을 미국과 세계문명에 위협이 된다고 판단했다. 그러한 가설이 열강의 머릿속에서

'공러의식'으로 자리 잡고 중국 정책에 영향을 미치고 있다고 보았기 때문이다. '러시아의 중국 병합 예정설'은 한편에서는 열강으로 하여금 러시아의 중국 병합을 막기 위한 대응전략으로 중국 분할에 동참한다는 역설적 상황을 연출케 했으며, 다른 한편에서는 중국 분할을 놓고 열강 간의 합종연횡이 이루어질 가능성을 열어놓게 했던 것이다. 이러한 상황은 언급했듯이 미국의 아시아 진출을 원천봉쇄하고, 나아가 미국 포위망으로 작용할 것은 불을 보듯이 명확했다.

더욱이 마한이 이를 좌시할 수 없었던 또 다른 이유는 유럽의 지정학적 가설은 문명의 주도권이 해양국에서 대륙국으로 넘어갈 것이라는 예언을 담고 있었을 뿐만 아니라, 이를 영국이 주도하고 있다는 점에 있었다. 특히 마한은 제국주의 시기에 영국은 러시아의 분할을 막는다는 명분으로 중국 분할에 동참하고, 지정학에다 황화론을 덧붙여 정당화했다. 중국이 근대화에 성공하거나, 일본이 중국을 차지하여 서양을 위협하는 것보다는 러시아의 중국 병합에 가세하는 하는 것이 낫다고 본 매킨더의 주장이 그것을 보여주었다. 바꾸어 말하자면 마한이 보기에 영국은 러시아의 중국 병합 예정설을 믿고 있을 뿐만 아니라, 체계화된 문명발전원리로 정립하여 확산시키고 있는 주범이었다. 이는 미국에게 심각한 문제였다. 그것은 문호폐쇄를 결과한다는 점에서 영국이 러시아에게 펼치고 있는 적대적 공존전략과 다름없었기 때문이다. 즉 영국은 러시아의 중국 병합설을 두려워하면서도 이를 이용하고 있는 것이다. 마한이 러시아의 중국 병합 예정설을 대외적 위기로 간주한 이유가 여기에 있다. 문호개방은 바로 이러한 대외적 위기를 벗어나기 위해 마련된 전략이었다. 즉 문호개방은 러시아의 중국 병합 예정설과 세계제국으로 등장할 것이라는 예언을 부정하기 위한 전략이었다. 그래야만 영국이 미국이 제시한 문호개방에 동참할 것이고, 러시아의 중국 병합을 당연시하던 영국이 문호개방에 합류한다면, 그것은 영국이 러시아의 중국 병합 예정설을 스스로 폐기한 것과 같은 선전효과를 결과하여 다른 해양열강도 문호개방에 가세할 것이기 때문이다. 그리하여 러시아의 중국 병합 예정설이 군사동맹망으로 변신하여 미국 포위망으로 작용할 가능성을 없애고, 오히려 해양열강의 해군력과 외교력으로 러시아를 역 포위할 수 있었다.

문제는 그 방법이었다. 바로 여기서 마한은 먼저 러시아의 중국 병합 예정설과 세계제국이 될 것이라는 가설이 허구임을 밝히기로 했던 것이다. 이러한 작업은 매우 중요했다. 언급했듯이 유럽 열강과 일본에게 이러한 가설이 먹혀들고 있었기 때문이다. 러시아의 세계제국 등극설의 근거는 두 가지 지리학적 가설이었다. 영토의 크기가 국가의 번영을 결정한다는 영국 학자 라첼의 가설과, 철도가 러시아의 유라시아 제국으로 등장할 것을 보장할 것이라는 영국인 매킨더의 가설이 그것이다. 특히 매킨더는 심장지대론을 전개하며 러시아가 세계의 중심국의 역할을 할 수밖에 없다는 숙명론적 예언을 하고, 아울러 그동안 개발이 불가능했던 심장지대를 철도가 가능케 할 것이라는 합리적인 근거를 제시했다. 매킨더에 의해서 "선박의 시대는 가고 철도의 시대가 도래했다"는 지리학적 가설은 지리상의 발견 이후 문명의 추동력으로 작용했던 "해양의 시대는 가고 대륙의 시대가 그것을 대신할 것"이라는 미래문명론이 되고 말았다. 마한의 문호개방론이 매킨더의 가설을 공격하고 그것이 신화임을 밝혀야만 했던 이유가 여기에 있다.

여기서 마한은 라첼의 가설과 매킨더의 가설을 파괴하기 위한 다음 두 가지 가설을 마련하고 이를 문호개방의 원리에 담아내었다. 하나는 "지배하는 해양의 면적이 국가의 번영을 결정한다"는 가설이다. 이를 통해 "영토의 크기가 국가의 번영을 결정한다"는 라첼의 가설을 공격했다. 다른 하나는 "미래의 번영을 결정할 지역은 심장지대가 아니라 북위 30도~40도 지역이다. 이는 양쯔 강이 해양에서 중국 내륙 깊숙이 증기선의 항해를 가능케 하는 내륙수로로 역할하는 반면, 시베리아철도는 심장지대의 자원을 발전의 동력으로 삼을 수 있는 내륙수로와 같은 작용을 할 수 없기 때문이다. 따라서 문명의 추동력은 철도가 아니라 여전히 선박이다. 다시 말해서 해양국가의 시대는 종식된 것이 아니라 태평양에서 다시 열리고 있다"는 가설이다. 이를 통해 매킨더의 가설은 반박되었다. 마한이 기존의 문호개방을 지정학 가설로 무장시켰던 이유가 여기에 있다. 즉 러시아가 중국을 병합하고 세계제국이 된다는 매킨더의 가설은 허구였음을 지리학적 가설로 폭로하고, 여전히 해양국이 문명의 번영을 주도할 것이라는 점을 납득시킨다면, 해양열강의 연대를 통해 러시아를 봉쇄하자는 전략에 영국은 물론 일본과 독일도 가세할 것으로 보았던 것이다. 요컨대 해양국들에게 러시아의 세계제국 등극설이 신화에 불과한 것이었음을 주지시킨다면 해양열강 간의 연대가 가능하다고 보았기 때문에, 마한의 문호개방론은 러시아의 중국 병합 예정설과 세계제국 등장 예정설에 대해 그것이 불가능하다는 지리학적 가설을 담아내어만 했다는 것이다.

마한이 문호개방이 미국의 핵심전략이 되어야 한다고 주장했던 또 다른 이유는 내부로부터 비롯된 위기, 즉 미국 내의 동아시아 정책을 두고 분열 중이었다는 사실을 극복하자는 데 있었다. 그가 1900년에 미국이 지녀야 할 문호개방론을 펼칠 때, 미국은 아직 대중 정책이 나아갈 길을 놓고 혼선을 빚고 있었다. 물론 미국은 1899년에 문호개방을 선언하여 대중 정책의 큰 갈래를 제시하기는 했다. 그러나 그것은 19세기 중반 중국과 수교한 통상조약의 연장선상에 나온 것일 뿐이었다. 왜냐하면 1899년에 선언한 문호개방은 열강의 세력권을 인정하면서 동시에 통상의 기회균등을 요구했기 때문이다. 하지만 세력권은 문호개방과 양립할 수 없는 개념이었다. 세력권은 중국 내에 열강의 배타적 영역을 설정하는 장치로 문호폐쇄를 원리로 했으며, 사실상 영토 분할과 같은 효력을 지니고 있었다. 반면 명실상부한 문호개방이 되기 위해서는 원래 반식민주의(anti-colonialism)를 원리로 포함해야만 했다. 즉 중국의 영토는 보전되어야 한다는 내용이 들어 있어야만 했으며, 제1차 선언 당시 이 점을 알고 있었다. 그러나 미국은 열강의 반발을 염려하여 이를 빼고 선언했던 것이다. 따라서 제1차 문호개방선언만을 놓고 미국의 동아시아 정책이 확정되었다고 보기 어려웠다. 더욱이 이 무렵 미국 내의 일각에서 먼로독트린을 아시아로 확장하자는 주장과 고립주의를 고수하자는 입장도 목소리를 내고 있었다. 마한은 바로 이런 상황에서 기존의 문호개방정책의 문제점을 지적하고 자신이 구상한 문호개방전략을 펼쳤던 것이다. 마한이 기존의 문호개방에다가 중국 분할을 용납하지 않는다는 원칙을 첨부하여 선언하고, 해양열강의 연대론과 러시아 봉쇄론이라는 실천전략을 마련한 것도 이 때문이었다. 그 경우 우선 문호개방이 실행력을 결여했다는 국내의 비판을 봉쇄할 수 있었다. 그것이 먼로독트린을 아시아로 확대해야 한다는 근거였기 때문이다.

뿐만 아니라 문호개방에 중국의 분할을 반대한다는 점을 명시하고, 러시아 봉쇄를 위한 4대 해양열강의 연대론을 포함하는 거대전략을 수립하고 공표한 후, 기회가 닿을 때마다 이를 거듭하여 되풀이하여 선언하는 것은 문호개방의 실효성을 확보하는 데에도 매우 중요하다고 보았다. 적어도 미국의 동아시아 정책을 놓고 열강이 고민하게 만들 것이기 때문이다. 열강이 미국의 동아시아 전략의 정체성이 무엇인지를 모르는데, 어떻게 미국과의 협조 여부를 결정할 수 있느냐는 것이 마한의 반문이었다.

그렇다면 마한으로 하여금 문호개방론을 펼치게 만든 배경에서 다음과 같은 추가적인 결론도 가능하다. 첫째, 마한의 문호개방론이 미국의 문호개방론이 되었다는 것이다. 그가 미국은 결코 중국의 분할을 인정해서는 안 되며, 이 점을 분명히 한 문호개방을 선언해야 한다고 주장한 직후에 중국의 영토보전을 명시한 헤이의 제2차 문호개방선언이 나왔기 때문이다. 뿐만 아니라 마한이 제시한 문호개방의 실천전략 역시 미국의 정책이 되었다는 것이다. 왜냐하면 제2차 문호개방선언 후의 미국에게 중국의 영토보전을 어떻게 확보할 수 있느냐의 문제는 피할 수 없는 과제가 되었기 때문이다. 이에 대처하기 위한 방략은 러시아의 중국 분할을 차단하는 길밖에 없었다. 그래야만 나머지 열강이 러시아의 중국 분할에 동참하는 것과 그 과정에서 초래될 수 있는 동맹체제의 등장을 막을 수 있기 때문이다. 실제로 이후 미국은 해양열강과 제휴하여 러시아의 남하를 차단하려고 했으며, 이는 러일전쟁기에 실행되었다. 마한의 문호개방론이 미국의 문호개방정책이 되었다고 볼 수 있는 이유도 여기에 있다.

둘째, 미국의 문호개방론의 사상적 토대로 지정학을 주목해야 한다는 것이다. 언급했듯이 마한의 문호개방론은 유럽의 지정학적 가설들을 반박하기 위한 원리를 중심으로 하고 있기 때문이다. 따라서 문호개방은 기업인들의 요구에 부응한 단순한 경제전략이 아니었다. 또한 서부팽창이 종료된 데에 따른 불안감을 해소하기 위한 탈출구로만 마련된 것이 아니었다. 명백한 운명만으로도 볼 수 없다. 문호개방은 유럽의 지정학적 가설에 내포된 명제, 즉 문명의 원동력이 해양세력에서 대륙세력으로 넘어가는 것을 막자는 이론에 기초하고 있기 때문이다. 이러한 점은 지정학이 문호개방의 토대를 이루는 사상이었다는 점을 모른다면 알기 어렵다.

셋째, 뿐만 아니라 마한이 마련한 문호개방의 실천전략 역시 이후 미국이 전개한 거대전략의 기본 틀이 되었다는 사실이다. 이 또한 지정학적 원리를 문호개방전략의 원리로 삼았다는데서 기인한다. 우선 라첼의 가설과 매킨더의 가설은 러일전쟁기에 무너졌다. 영토 크기라는 점에서 비교될 수조차 없는 일본이 러시아를 굴복시켰기 때문이다. 더욱이 해군력으로 시베리아철도를 무력화시킴으로써 매킨더의 가설을 조롱거리로 만들었다. 이후 러시아 봉쇄 전략은 소비에트 볼셰비키 정부에 대해 구사되었다. 윌슨은 시베리아 내전에 참전하여 볼셰비키의 남하를 차단하려고 했다. 대전 간에는 일본의 문호폐쇄를 견제했으며, 결국 태평양전쟁을 통해 막았다. 전후에는 볼셰비키 러시아의 팽창을 저지하기 위해 러시아 봉쇄전략을 부활시켰다. 소비에트 러시아가 붕괴하자, 미국은 봉쇄전략의 주 대상을 중국으로 전환했다. 최근 중국이 제국주의 시대에 상실했던 해양도서의 수복을 선언하고, 서태평양에서 미국을 몰아내려고 하자, 오바마 대통령은 '아시아 회귀정책(Pivot to Asia)'을 선언했다. 이는 또 다른 형태의 문호개방선언과 같다. 바꾸어 말하자면 오바마의 아시아 전략은 마한의 러시아 봉쇄론의 부활과 다름없다는 것이다.

끝으로 마한의 거대전략은 한반도의 운명에 어떤 영향을 미쳤을까를 검토해 보자. 마한은 『아시아의 문제와 그것이 국제정치에 미친 영향』에서 한반도에 대해서 특별히 언급하지 않았다. 단 한번 유라시아 대륙의 전체를 놓고 지정학적 분석을 하면서 취급했을 뿐이다. 그럼에도 마한의 거대전략은 한반도가 일본의 수중으로 떨어진 경위를 알려준다는 점에서 주목해야 한다. 그 동안 미국이 한반도에서 철수한 이유에 대해 한국의 경제적 가치가 없다거나, 만주의 문호개방을 반대급부로 얻기 위해 일본의 한반도 지배를 용인했다는 식의 해석이 통설로 자리 잡았다. 그러나 마한의 문호개방론은 한국 문제가 경제적 관점에서만 다루어졌다기보다는 러시아 봉쇄론과 해양열강 연대론의 측면에서 취급되었음을 보여준다. 즉 세계전략의 차원에서 한국 문제가 결정되었다는 것이다. 미국이 한국과 수교한 서양 열강 중에 가장 먼저 일본의 한국 보호국화를 인정하고, 한국 병합조차도 침묵했던 것도 이 때문이다. 요컨대 제국주의 시기의 미국의 문호개방정책은 마한의 거대전략 속에서 재조명해야 한다. 그래야만 그 당시 미국의 동아시아 정책의 실체를 보다 정확하게 파악할 수 있다. 뿐만 아니라 그러한 작업은 오늘날 오바마의 아시아 회귀정책과 중국의 해양국가로의 야망 사이에 우리가 취해야 할 대응책을 모색하는 데에도 필요하다. 1세기 전 독립운동에 일신을 바친 역사가 신채호 선생은 국권상실의 대외적 원인을 직시할 수 있어야만 국권회복의 길을 찾을 수 있다면서, 직접 국제정세에 대한 면밀한 분석을 한 바 있다. 현재의 동북아의 국제정황은 신채호의 교훈이 유효함을 입증하고 있다. 마한의 거대전략을 연구하라. 이것이 이 연구의 마지막 결론이다.

참고문헌

1차 사료

Mahan, A. T.(1905), *The Problem of Asia and Its Effects upon International Policies*, Boston: Little, Brown, and Company.

Mahan, A. T.(1911), "Diplomacy and Arbitration," *The North American Review*, Vol. 194, No. 668(Jul.).

Mahan, A. T.(1911), "The Deficiencies of Law as Instrument of International Adjustments," *The North American Review*, Vol. 194, No. 672(Nov.).

Mahan, A. T. and Bresford, Charles(1894), Possibility of an Anglo-American Reunion, *The North American Review*, Vol. 159, No. 456(Nov.).

2차 사료

김세응(1882), 『1890년대 미국의 팽창주의에 관한 고찰: A. T. Mahan의 해상권을 중심으로』, 고려대학교 석사학위논문.

이주천(2002), 「알프레드 마한(Alfred T. Mahan)의 제국의 전략과 미서전쟁」, 『미국사연구』 15집.

Ferguson, Niall, 이현주 옮김(2006), 『증오의 세기: 20세기는 왜 피로 물들었는가(The War of the World: History's Age of Hatred)』, 민음사.

Kern, Stephen, 박성관 옮김(2004), 『시간과 공간의 문화사 1880~1918』, 휴머니스트.

Nye, Joseph S., 박노웅 역(1991), 『21세기 미국 파워(Bound to Lead)』, 한국경제신문사.

Schmitt, Carl, 최재훈 옮김(1995), 『대지의 노모스: 유럽 공법의 국제법(Der Nomos der Erde)』, 민음사.

Barraclough, Geoffrey(1990), *An Introduction to Contemporary History*, London, Penguin Books Ltd.

Kurtz, Lester(editor-in-chief)(1999), *Encyclopedia of Violence, Peace and Conflict*, Vol. 3, Boston: Academic Press.

Sumida, Jon Tetusuro(1997), *Inventing Grand Strategy and Teaching*

Commands: The Classic Works of Alfred Thayer Mahan Reconsidered, Woodrow Wilson Center Press.

Zimmermann, Warren(2002), *First Great Triumph: How Five Americans Made Their Country A World Power*, New York: Farrar, Straus and Giroux.

LeFeber, Walter(1962), "A Note on the "Mercantilistic Imperialism' of Alfred Thayer Mahan," *The Mississippi Valley Historical Review*, Vol. 48, No. 4(Mar.).

Mackinder, H. J.(1904), "The Geographical Pivot of History," *The Geographical Journal*, Vol. XXIII, No. 4 (April.).

Moll, Kenneth L.(1963), "A. T. Mahan, American Historian," *Military Affairs*, Vol. 27, No, 3(Autumn).

핼포드 맥킨더와 영국 제국주의

에드워드 시대의 대외정책과 연계하여

I. 머리말

II. 맥킨더의 약력

III. 맥킨더의 「역사의 지리적 중심축」(1904)

IV. 20세기 초 영국의 지정학적 위상과 국제관계

V. 에드워드 7세 시대의 영국 외교정책의 다변화

VI. 맺음말

김원수(金元洙)

국제관계사 / 서울교육대학교 사회과교육과 교수
『지구화시대의 새로운 세계사』(공저, 2008, 혜안), 『유럽중심세계사를 넘어 세계사들로』(공저, 2009, 푸른역사), 「글로벌 히스토리와 역사들의 지평을 넘어서」(2007, 『서양사론』 90, 한국서양사학회), 「러일전쟁의 역사화를 위한 제언 – 러일전쟁 110주년을 상기하며」(2014, 『서양사론』 122, 한국서양사학회) 등.

김원수 | 서울교육대학교

핼포드 맥킨더와 영국 제국주의*

에드워드 시대의 대외정책과 연계하여

I. 머리말

중앙아시아에서 카스피 해·아랄 해·발하슈 호를 연결하는 국경선을 가진 러시아는 19세기 후반에 남하정책을 추진하였다. 한편 영국은 인도의 이권을 방어키 위해 러시아의 남하를 저지하였다. 청조(清朝) 판도(版圖)부터 아프가니스탄을 거쳐 페르시아에 이르는 광대한 지역에서 영·러 양국은 각자 세력범위의 팽창을 기도하였는데, 이것을 영·러의 '그레이트 게임(the Great Game)'이라 통칭한다.[1] 1871년에 러시아는 이리에 진출하여 신강성(新疆省), 동투르키스탄의 통상로를 확보하고, 최종적으로 1881년에 청과 이리조약을 체결하고 국경을 확정하였다. 이어서 서쪽으로 진출하여 아프가니스탄에 근접하여 아

* 이 글은 2013년 11월 1일 동북아연구재단에서 개최된 세미나 『제국주의 이론과 정책 연구』에서의 발표문으로 행문을 수정한 것이다.
국내에서는 맥킨더, 매킨더의 표기가 병용되는데 이 글에서는 맥킨더로 통일한다.

1 Peter Hopkirk(1994), *The great game: the struggle for empire in central Asia*, New York: Kodansha International.

미르와 상호원조 조약을 체결하자, 이에 대해 빅토리아 여왕 치하의 영국은 인도제국에서 파병하여 제2차 아프가니스탄전쟁(1878~1879)이 발발하였다. 영국은 아프가니스탄을 보호 하에 두고 러시아와 대립하였지만, 1895년에 러시아와 카시미르 산악지대의 국경을 확정하고 신강성을 중립지대로 두는 데 합의하였다. 한편 페르시아에서도 양국은 경쟁관계에 있었는데, 독일제국의 중동 진출이 노골화하자 1907년에 영러협상을 체결하여 북부는 러시아의 세력권, 남동부는 영국의 세력권, 그 중간은 중립지대로 하기로 합의하였다.

이처럼 유라시아는 19세기 중반부터 그레이트 게임의 무대였고, 영국의 제국주의 외교정책에서 주요 구성요소였다. 당시 영국의 정책당로자들은 이 지역의 접경(接境)을 러시아의 접근을 저지하고, 인도에 대한 영국의 지속적인 지배를 보증하는 중요한 완충지대(buffer zone)로 보고 있었다. 하지만 19세기 말에 들어서 이곳은 완충지대를 넘어서 획득해야만 하는 지정학·지전략적 지역이 되었다. 1904년 1월 25일, 핼포드 맥킨더(Halford John Mackinder)가 왕립지리학회(the Royal Geographical Society: RGS)에서 발표한 「역사의 지리적 중심축(The Geographical Pivot of History)」은 이 같은 결정적인 사고의 전환기에 출현하였다.[2] 그것은 이 지역에 대한 영국의 오랜 관심을 종합적으로 고찰한 것으로서, 지전략(geostrategy)과 지경제적(geoeconomic) 중요성뿐만 아니라 글로벌한 의미를 명료하고 간결하게 평가한 것이었다. 또한 그것은 세계사(universal history)에서 정치적 세력균형에 적합한 지리적인 공식을 만들려고 한 것이었다.[3] 따라서 이후 맥킨더의 하트랜드론(heartland論: 심장지대, 中軸地帶·主軸地帶)은 중앙아시아

2 H. J. Mackinder(1904), "The geographical pivot of history," *The Geographical Journal*, 23, pp. 421~437.

3 H. J. Mackinder(1951), *The Scope and Methods of Geography and the Geographical Pivot of History*, reprinted with an Introduction by E. W. Gilbert, London, p. 10.

를 중심한 세계문제에서 나름대로 영향력을 행사하였다. 러일전쟁이 발발한 1904년에 처음으로 제기된 맥킨더의 가정들은 당연히 동시대 에드워드 7세 치하의 영국의 대외정책 및 대영제국을 위한 세계정책 구상과도 연계될 수밖에 없었다. 기실 20세기 초, 영국은 외교사상(外交史上) 중요한 변화를 겪고 있었는데, 그것은 극동·동아시아 정세의 불균형과 불안정성에서 기인된 것이었다. 특히 독일, 미국과 일본의 도전과 러시아의 적극적인 극동 진출은 그레이트 게임을 동아시아까지 공간적으로 확대하였고, 영국은 전통적인 영광스러운 고립(splendid isolation)외교를 수정할 수밖에 없었다. 영일동맹과 영불협상의 체결과 이에 따른 유럽 협조체제(the concert of Europe)의 변화는 러일전쟁 직전의 극동 및 유럽 정세를 반영한 국제정세의 단적인 예였다고 볼 수 있다.

이 글은 맥킨더의 「역사의 지리적 중심축」을 중심하여, 20세기 초에 전개된 영국 외교정책의 연속성과 변화의 양상을 고찰해본 것이다. 그가 발표문을 착상한 1903~1904년 겨울, 영국의 국제적 위상에 대한 분석을 위해서 먼저 대영제국을 유지·방어키 위한 구상을 글로벌한 관점에서 재고찰해보았다. 이를 전제로 영국의 대외정책과 동아시아 위기의 상호관련성을 모색해 보았다. 여기에서 하나의 단초로써 맥킨더의 지정학적인 코드를 분석하는 것은 고무적이라 판단된다. 왜냐하면 그것은 새로운 지경제적 사고에 의거해 구상된 지전략적 아이디어를 함축하고 있는 '전략적 가정의 세트(a set of strategic assumption)'이며, 거기에는 에드워드 7세 치하의 대영제국의 대외정책을 결정지었던 국가이해에 대한 정의, 외부 위협의 인식과 위협에 대한 계획된 대응조치가 포함되어 있기 때문이다.[4] 그렇다면 우선 맥킨더의 지정학적 코드의

4 P. Taylor(1993), *Political Geography, World Economy, Nation-State and Locality*, Harlow: Longman; Dijink(1996), *National Identity and Geoolitical visions: Maps*

유의미한 요소를 그의 약력과 발표를 중심으로 살펴보기로 하자.

Ⅱ. 맥킨더의 약력

맥킨더는 1861년 잉글랜드 동부의 링컨셔(Gainsborough, Lincolnshire, England)에서 스코틀랜드계 의사의 장남으로 태어났다. 어려서부터 주변의 자연에 흥미를 나타내었고, 옥스퍼드 대학에서 생물학을 전공하였지만, 지리와 역사에도 관심이 많았고, 다방면에 두각을 나타내어 법학 분야에서도 변호사 자격을 취득했다. 그 후 자연에 관한 관심과 열정으로 국내외를 여행하였고, 자연과학과 인간 사회를 연결하는 중간적 개념으로서 '새로운 지리학'을 제창하여 학계의 이목을 끌었다. 당시 영국의 왕립지리학회에서는 지리를 대학의 정규 강좌로 승격시키기 위한 운동을 시작했다. 맥킨더는 1899년 옥스퍼드 대학에 지리학원(地理學院, the Oxford School of Geography)이 개설되었을 때, 초대 원장에 취임하였다. 이후 그는 1904년에 런던 대학에 신설된 정치경제학원(the Economics and Political Science)의 원장에 취임하고, 20년에 걸쳐 학원 경영에 전념하며 경제지리 강의를 담당하였다.[5] 그는 학창 시절부터 정치에 깊은 관심을 갖고 있었다. 1900년에 자유당에서 입후보해 낙선한 뒤, 1910년에 보수당과 자유당의 일부가 참가한 통일당(Unionist Party)으로 하원에 당선하였고, 1922년 선거에서 패퇴할 때까지 하원에 의석을 가지고 있었다. 그의 교우 중에는 에

of Pride and Pain, London: Routledge.

5 E. W. Gilbert(1948), "The Right Honourable Sir Halford J. Mackinder, P. C., 1861~1947," *The Geographical Journal*, CX, p. 94.

머리(Lap S. Amery) 같은 저명한 정치가가 있었으나, 출마를 단념한 것은 아마도 그의 학구적인 자세가 하원의 분위기와 맞지 않았기 때문으로 보인다. 그럼에도 조국 영국과 세계의 현상을 우려하는 발언은 높이 평가되었고, 특히 제1차 세계대전 후의 평화체제와 국제연맹의 구상에 여러모로 참고가 되었다.

맥킨더는 제1차 세계대전을 기본적으로 유라시아 대륙의 심장지대를 제패하려는 랜드파워(land power, 지상력)와 이것을 제지하려는 바다섬 나라(영국, 캐나다, 미국, 브라질, 호주, 뉴질랜드, 일본)의 연합 및 프랑스와 이탈리아 등의 반도국(半島國), 다시 말하자면 즉 시파워(sea power, 해양력) 사이의 사활을 건 투쟁이라고 보았다. 그래서 향후 세계 평화를 보증하기 위해서는 동유럽을 혼자서 지배하는 강력한 국가의 출현을 절대로 허용하지 말아야 한다고 역설하였다. 맥킨더의 국제연맹 구상은 이 목표를 실현하는 데 있었다고 해도 과언이 아니었다. 세계대전 후, 1919~1920년까지는 영국의 고등판무관(British high Commissioner)으로서 남러시아의 오데사에 주재하며, 공산주의자에 대항하여 백군세력(White Russian Force)을 지원하였으나 성공하지 못하였다. 그러나 이러한 국가적 공적에 따라 기사(knight) 작위를 받았다. 그 후 맥킨더는 몇 가지 공직을 역임하였는데, 주된 것으로는 1926년에 추밀고문관에 취임, 그리고 1920~1945년까지 영국의 선박통제 위원회의 의장(Chairman of the Imperial Shipping Committee)을 맡았고, 1926~1931년까지 영제국 경제위원회의 의장(Chairman of the Imperial Economic Committee)도 맡았다. 제2차 세계대전 중, 맥킨더가 82세 때 미국의 잡지 『포린 어페어스(*Foreign Affairs*)』(1943년 7월호)에 「구체(球體)의 세계와 평화의 승리(the Round World and the Winning of the Peace)」란 제목으로 마지막 기고를 하였다. 1947년 3월 6일 영국 도세트(Doset)의 자택에서 사망하였다.

그의 저작을 시기별로 목록화하면 다음과 같다.

Mackinder, H. J.(1887), "On the Scope and Methods of Geography On the Scope and Methods of Geography, Proceedings of the Royal Geographical Society and Monthly Record of Geography," *New Monthly Series*, Vol. 9, No. 3.

Mackinder, H. J.(1890), *Sadler, M.E. University extension: has it a future?*, London: Frowde.

Mackinder, H. J.(1902), "A Journey to the Summit of Mount Kenya, British East Africa," *The Geographical Journal*, Vol. 15, No. 5.

Mackinder, H. J.(1902), *Britain and the British Seas*, New York: D. Appleton and company.

Mackinder, H. J.(1904), "The geographical pivot of history," *The Geographical Journal*, 23.

Mackinder, H. J.(1905), "Man-Power as a Measure of National and Imperial Strength," *National and English Review*, XIV.

Mackinder, H. J.(1907), *Our own islands, an elementary study in geography*, London: G. Philips.

Mackinder, H. J.(1908), *The Rhine: its valley & history*, New York: Dodd, Mead.

Mackinder, H. J.(1910), *Eight Lectures on India*, London: Waterlow.

Mackinder, H. J.(1914), *The modern British state: an introduction to the study of civics*, London: G. Philip.

Mackinder, H. J.(1919), *Democratic Ideals and Reality: A Study in the Politics of Reconstruction*, New York: Holt.

Mackinder, H. J.(1943), "The round world and the winning of the peace," *Foreign Affairs*, 21.

Ⅲ. 맥킨더의 「역사의 지리적 중심축」(1904)

재론하지만 맥킨더가 러일전쟁 발발 직전에 발표한 「역사의 지리적 중심축」은 세계사의 정치적 균형에 적합한 지리적인 공식을 만들려고 한 것으로서, 유라시아를 기점으로 한 국제관계의 역학을 지리적으로 분석했다. 그는 자신의 주장을 지정학이라고 칭한 적은 없지만, 오늘날의 지정학이라는 학문체계는 거의 맥킨더의 이론을 단초로 하며, 사실상 현대 지정학과 지전략의 시조(始祖)들 중의 한 명(one of the founding fathers of both geopolitics and geostrategy)이라고도 할 수 있다. 그의 주장을 개략해보면, 세계는 폐쇄된 공간이 되며, 인류의 역사는 랜드파워와 시파워의 투쟁의 역사라는 것이다. 그리고 미래는 랜드파워의 시대가 될 것이며, 동유럽을 지배하는 자는 세계를 제압할 것이라는 것이다.

그에 따르면, 세계에서 가장 중요한 전략적 위치는 주축지역(pivot area), 즉 유라시아 대륙의 북부와 내지(內地) 부분이다. 주축지역은 대양교역(ocean commerce)과 시파워에 접근할 수 없었으나 철도가 건설되고 자원이 개발됨에 따라 압도적으로 중요한 랜드파워가 될 수 있었다. 이 주축지역을 둘러싼 주위는 대륙국가(continental states)의 내부 초승달(inner or marginal crescent)이었다. 이 지역을 넘어서 유라시아에 인접한 섬들과 다른 대륙들은 해양력을 소유하고 있고, 주축지역으로 접근할 수 있는 도서국(insular states)의 바깥쪽 외부 초승달이었다.[6] 러시아는 대부분의 주축지역을 소유한 운좋은 국가였다. 당시 러시아는 내·외부의 초승달국가들에게는 어울리지 않았다. 그러나 독일과 같은 다른 강한 세력이 동맹을 맺는다면 세력균형(balance of power)은 뒤집힐 것이라고 보았다. 그러면 주축국가는 내부 초승달의 땅을 넘어서 해안을 향해 확산하고 거대한 함대가 건설될 것이고, 이에 도서국의 해상세력은 도전받게 될 것이었다. 그러면 '세계의 제국(the "empire of the world")'은 목전에 부닥치게 될 것이고, 그 같은 사태는 초승달 지역의 나라들을 도서국에 가입하게끔 할 것이었다. 그러면 "프랑스, 이탈리아, 이집트, 인도와 한국은 그만큼의 교두보가 될 것이며, 여기에서 외부의 해군들은 주축 동맹들(the pivot allies)을 강제하기 위하여 육군을 지지하여 지상군(land forces)을 배치하고 함대에 그들의 총력을 집중하는 것을 저지케 할 것이었다."[7] 그런데 주축지역을 지배하고 있는 그 어떤 국가도 잠재적으로 거대해졌기 때문에 변화하는 동맹들과 힘의 결합은 주축국 주위에서 회전하는 경향이 있을 것이고 그 지역에서 러시아에 대한 어떤 새로운 세력의 대체는 주축지역의 중요성을 변경하지는 않을 것이라는 것이었다. 예를 들자면, 만약에 "일본인에 의해 조직된" 중국인이 그 지역의 러시아 부분을 정복하게 된다면 그들은 세계의 자유에 대한 위험이 될 것이었다. 왜냐하면 그들은 방대한 대륙내지에 필요한 해안 인접지를 첨가하려 할 것이기 때문이었다.

맥킨더가 인용한 바에 따르면, 기록된 역사를 통틀어 주기적으로 주변의 문명들에 갑자기 쳐들어간 유라시아 스텝지역의 유목기마민족(normadic horseman)과 낙타맨(camelman)들은 주축지역의 역사적 중요성을 분명히 보여주는 것으로 설명되고 있다. 13, 14세기에 몽골의 지배는 남중국에서 폴란드까지 확장

6 H. J. Mackinder(1951).

7 H. J. Mackinder(1904), "The geographical pivot of history," *The Geographical Journal*, 23, p. 436.

되고 있는데, 그것은 주축지역에 대한 그의 가상제국(his hypothetical empire)의 원형(prototype)이었다. 러시아는 스텝지역으로 농업정착을 확대하고 스텝회랑 지역을 통과하는 시베리아철도를 건설함으로써 유목민들을 대신하였고, 말과 낙타의 기동력은 철도 기동력으로 대체되고 있었다. 러시아 대륙세력의 팽창은 서부유럽 국가들의 해양세력 팽창의 대응관계로서 상대적인 것이었다. 동시에 진행되고 있는 두 가지 형태의 팽창은 전 행성을 지배하에 두게 하였고, 따라서 미래에 전 세계를 포용하는 오직 하나의 패쇄된 정치 시스템이 결과할 수도 있을 것이라는 것이었다. 즉 주축지역의 이동식 해양력(mobile sea power)은 도서국의 이동식 해양세력에 대항하게 될 것이었다.[8]

그가 주축지역세력의 팽창에 대항하기 위해서 도서세력들의 합류를 논하였을 때, 발표장에 있던 사람들은 그가 가상의 경우를 다루고 있는 것이 아니라는 사실을 충분히 인식하고 있었다. 실제로 영국은 19세기 전반에 걸쳐 터키 해협과 이란 지역에서, 그리고 인도와 중국의 중앙아시아 접경지대에서 러시아의 팽창 기도를 저지하고 대항하였다. 그리고 지속적인 러시아의 위협을 감지하고 있던 영국과 일본은 마침내 1902년에 영일동맹을 체결하였다. 러일전쟁은 왕립지리학회 발표가 있은 직후인 1904년 2월 초에 발발하였는데 영국은 1902년 영일동맹조약의 조항에 따라 만약에 다른 열강이 러시아 측에 개입한다면, 러일전쟁에서 일본에 참가할 의무가 있었다. 이에 대해 맥킨더는 청중의 의견을 수렴하여 피력하기를, 영국의 군사전선은 케이프타운의 희망봉부터 인도를 경유하여 일본까지 펼쳐져 있기 때문에 만약에 영국이 전쟁에 들어간다면 만주가 일본의 공격을 위한 교두보가 될 것과 마찬가지로, 유라시아 남쪽 주변을 위시한 영국의 세력 범위 지역들은 실제로 영국의 공격을 위

8 H. J. Mackinder(1904), pp. 433~435.

한 교두보가 되어야만 할 것이라고 하였다.[9] 하지만 러일전쟁은 슬라브 세력이 결코 세계적인 위협(a universal menace)이 되지 못하였음을 드러내었다. 러시아는 지역과 인구에서 자이언트가 되고 있었으나 봉건적 사회조직과 지체된 경제적·기술적 발전 때문에 지역적 팽창은 그들의 힘을 능가했다. 맥킨더의 견해에 따르면, 러시아의 수도와 태평양을 연결하는 대륙횡단철도의 단일 노선은 이동대륙세력의 위대한 시대의 선구적인 것이었지만, 러시아에게는 재앙을 저지하기에는 너무나도 보잘것없음이 판명되었다는 것이다. 하지만 그렇다고 해서 1904년 당시에 맥킨더가 러시아의 힘에 대해 잘못 판단한 것은 아니며, 그의 언급은 주로 미래적인 관점에서 주축지역의 성장을 생각하였다는 점을 분명히 인식해야만 한다.

하지만 그럼에도 문제의 여지는 남아 있다. 그것은 만약에 맥킨더의 지리적인 공식이 일반화될 수 있었다면, 그리고 주축지역의 소유가 소유자에게 거대한 힘을 준다고 한다면, 왜 그러한 사실들이 1904~1905년의 러일전쟁에서 보다 분명해지지 않았는가 하는 의문이다. 이에 대해 맥킨더는 명확하게 지적하기를, 유럽의 팽창은 전 세계를 하나의 정치 시스템으로 포함하는 데 있었으나 그러한 발전 자체는 수세기 동안 주축지역의 중요성을 감소하는 경향이 있었다는 것이다.[10] 18세기 초반에 유라시아의 정치세력은 발칸부터 태평양까지 확장하고 있는 거대 유럽 제국들 사이에서 분산되었고, 이후 유럽의 팽창은 거대 제국들의 쇠약과 쇠퇴와 일치하여 발생하였다. 스텝의 유목민, 인도의 무굴인, 오스만제국, 중국 및 다른 아시아 국가들에 의해 확립된 국가들에서 변화를 초래한 동일한 이야기가 반복되었다. 19세기 후반에는 아시아

9 H. J. Mackinder(1951).
10 H. J. Mackinder(1904), pp. 434~436.

의 거대 제국들이 유럽 국가의 식민지가 되거나 착취 대상이 되었다. 일본만이 유일한 예외였다. 왜냐하면 일본은 내재적 발전과 유럽 기술의 수렴을 통해서 유럽의 제국화·세계화에서 자국을 구했기 때문이었다. 스텝의 땅은 거의 동일한 강도의 국가들에 의해 삼면(三面)으로 경계(境界)되고 스텝 유목민이 이들 국가들에게 삼면에서 공격할 수 있는 한, 유라시아의 거대한 중심지역은 여러 면에서 주축지역으로 간주될 수 있었다. 그러나 맥킨더의 시대에는 거대한 중심지역 그 자체뿐만 아니라 남서부, 남부와 남동부에서 그곳과 경계하는 아시아의 지역은 거의 유럽의 팽창을 위한 수많은 경계가 되었다. 중요한 문제는 그 땅에 사는 사람들이 더 이상 자신들의 정치적 운명을 결정할 수 없다는 것이었다. 왜냐하면 실질적인 힘이 유럽 국가들에게로 이동해버렸기 때문이었다. 비록 미국, 일본과 다른 소국가들이 특정 지역에서 영향력을 결정하기 위해 움직인다고 하더라도 세계 전체에서 몇몇 유럽 열강만이 진정한 중재자(arbitor)였다. 20세기 여명기의 폐쇄된 정치 시스템 내에서 유럽은 중심이었고 나머지 대륙은 주변이었던 것이다.[11]

거대한 유럽 국가들 중에서 주축이라고 불릴 만한 유일한 국가는 독일이었다. 유럽의 중앙에 위치하고 있는 독일은 대륙적이면서 해양적이고, 농업적이면서 산업적이었다. 독일은 급격히 인구가 팽창하고 산업은 대륙에서 선두에 위치하고, 해외 교역은 세계 전역에서 영국과 경쟁하고 있었다. 일반적으로 말하자면, 1871~1945년의 시기에 동맹(alliance)과 정렬(alignment)의 이합집산은 맥킨더의 주축세력인 러시아보다는 독일을 중심으로 움직였다. 독일의 주요 이웃들은 어느 국가도 러시아와 단독으로 경쟁을 할 수가 없었다. 그들은 1880년대, 1922년, 1939년에 러시아의 경우에서나, 1878~1918년까지 오

11 H. J. Mackinder(1951).

스트리아-헝가리의 경우에서처럼 우호적인 이해로 러시아와 관계하거나, 또는 1895년 프랑스-러시아 앙탕트, 제2차 세계대전의 반주축국 정렬(anti-Axis alignment)의 경우처럼, 세력균형을 위한 이합집산에서 대러동맹으로 결합하였고, 그 대부분이 독일에 협조하거나 대항하는 위치에 편서기를 강요받았다.

기실 세기전환기에 영국 정치가들에게 외교분야의 독일 문제는 가장 기본적인 것이었다. 독일은 비스마르크의 재임기간까지는 본질적으로 대륙세력으로 남아 있었고 해외식민활동은 별로 활발한 편은 아니었지만, 독일 무역업자와 선교사들은 해외 각 지역에서 활동적이었다. 그래서 20세기 초까지 독일은 약간의 식민지를 획득하였다. 비스마르크의 사임 이후 독일은 야심찬 빌헬름 황제가 통치하였는데, 그는 유럽 밖으로의 팽창에 보다 많은 관심을 가지고 있었다. 독일 해군의 규모를 배가(倍加)키 위한 1900년의 결정은 1세기 이상 해군력의 우위를 점하고 있던 영국에게는 하나의 도전이었다. 영국에게는 독일이 새로운 세력범위를 획득하고 기존의 영국 시장을 넘보는 것은 불안 요인이었다. 더구나 독일 함대의 군사력 증대는 공독의식(恐獨意識)을 가시화하는 것이었다. 따라서 가까운 미래의 충돌(conflict)에서, 독일 함대는 영국 앞바다를 관할하게 될지도 모르며, 영국을 굶겨서 항복하게 만들지도 모르는 것이었다.

맥킨더는 독일이 잠정적으로 영국에게는 위험하다고 확신하고 있었는데, 그 이유는 독일이 러시아에 참여하여 유라시아를 지배하게 될 것이기 때문이라는 것이었다. 독일, 러시아와 오스트리아-헝가리는 1880년대에 삼제동맹에 참가하였고, 그 후 비스마르크가 러시아와 재보장조약을 교섭하였다. 이 같은 합의들은 유럽의 현상유지를 유지할 목적에서였지만 단명하였다. 그 후에 차르 니콜라이를 통해서 러시아와 앙탕트를 구하려 했던 카이저 빌헬름의 성공하지 못한 시도들이 있었다. 그때까지 동유럽의 세 제국들은 상호이해에 도달하기가 어려웠다. 독일은 오직 오스트리아-헝가리와 동맹을 유지할 것을 강요받았고, 러시아와 합의를 선행할 것을 강요받았다. 따라서 독일은 주축지역 세력과의 접속 때문에 영국에게 위협이 되지는 않았지만, 조만간 거대 해군의 건설 능력을 가진 대륙세력에게 위협받을 것이며, 그 열강이 오직 독일뿐이라는 것은 사실이었다.[12] 독일은 러시아가 없이도 충분히 강했다. 그래서 독일의 식민지정책과 해군정책은 머나먼 주축지역보다는 좀 더 영국에게 치명적인 지역들에서 잠정적인 위협으로 나타났다.

하지만 맥킨더에 따르면, 영국과 러시아 사이에 전통적인 경쟁과 영국의 세계규모의 개입과 관련된 다양한 다른 요소들 때문에 독일 문제는 그렇게 분명하게는 드러나지 않았다. 독일의 궁극적인 역할에 대한 맥킨더의 불확실성은 그가 제의한 바에 따르면, 독일이 남미에서 그들 에너지의 출구를 찾으려 할 것이며, 주축지역을 향한 팽창에서 방향 전환할 것이라고 하였다. 당시 영국과 독일 관료들은 상호이해를 위한 회합을 개최하였지만 아무런 결실이 없었다. 다른 한편, 영국과 프랑스 간의 구(舊)식민지 경쟁은 세기 초에 해결의 실마리가 풀리고 있었다. 맥킨더의 왕립지리학회 독회(讀會)와 러일전쟁이 발발한 1904년, 동년에는 영국과 프랑스 간에 영불협상(Entente Cordiale)이 체결되었다. 그리고 3년 후인 1907년에 이러한 합의는 삼국협상(Triple Entente)으로 확대되었는데, 이때 영국은 프랑스의 파트너 러시아와 중앙아시아에서의 오랜 갈등과 차이에 대해 타협에 이르고 있었다. 다른 열강들의 성장하는 힘이 자국이 소유한 안전의 여지를 좁히고 있는 세계에서 더 이상은 홀로 갈 수 없다고 판단한 영국은 유럽 중앙의 상승하는 세력의 도전에 직면하여 아프리카와

12 H. J. Mackinder(1951).

중앙아시아의 경계지역에 관하여 구경쟁국 프랑스와 러시아와 타협할 것을 선택하였다. 따라서 역사적 관점에서 보면 맥킨더의 1904년 진술은 한편으로는 시의에 적합치 않은 시기상조한 면이 있었다. 왜냐하면 그는 20세기 초에 유럽의 위험보다는 유라시아 중앙의 거대한 텅 빈 공간의 먼 위험(rather remote danger)에 대한 관심을 환기하고 있었기 때문이다. 하지만 당시 영국의 정책 결정자들이 이를 통해 인식하게 된 것은 그 공간의 소유자들에 대한 전통적인 대응이나 저항이 더 이상 세계정세에 적합하지 않다는 것이었다. 따라서 영국이나 중앙유라시아의 세력, 양자가 독일의 위험에 직면하여 협조해야 할 이유가 증가하고 있음을 알게 되었다는 것이다.

이상에서 해양국가 영국에서 태어난 맥킨더가 랜드파워론을 제기한 것은 대륙국가의 세력 확대의 위협에서 영국을 어떻게 방어, 유지하느냐는 전략의 기본 방향에 대해 연구의 중점을 둔 것에서 연유한다고 볼 수 있다. 맥킨더의 1904년 발표에서는 대륙국가와 해양국가가 상반된 특성을 가지고 있기 때문에 상생, 공존할 수 없다는 것이 기본 원리가 되고 있었다. 즉 해양국가는 공격성이 강한 것은 아니지만, 인접국가의 세력이 강해지는 것은 원치 않는다. 대륙국가가 외양(外洋)으로 나가 새로운 해상 교통로와 권익의 확대를 하려고 하면 해양국가는 그것을 막기 위해 봉쇄를 꾀하려는 경향을 가진다. 그러한 상태에서 대륙국가와 해양국가의 교차지역에서의 분쟁 위기는 보다 높아진다는 것이다. 그는 1900년대 초의 세계지도를 유라시아 내륙부 심장지대 안쪽의 초승달 지대, 바깥쪽의 초승달 지대로 나누어, "동유럽을 지배하는 것이 하트랜드를 지배하고, 심장지대를 지배하는 것이 세계 섬을 지배하고, 세계 섬을 지배하는 것이 세계를 지배한다"고 하며, 영국을 중심으로 한 해군 강국이 육군 강국의 세계 섬 지배를 저지해야 한다고 주장하였다. 나아가 맥킨더는 독일, 소련의 패권투쟁을 예견하고, 영국 등의 해양국가의 위협이 된다고 말하고, 독일과 소련의 팽창을 우려하여, 독소 간에 완충지대를 마련하자고 주장하고, 해양국가에 의한 미들랜드 오션 연합을 제창했다.[13] 이후 그의 심장지대론은 세계문제에서 지배적인 위치를 점하고 있었기 때문에 논리의 명확성이 증명된 것처럼 보였다. 그 이론은 대함거포주의(大艦巨砲主義)의 사고에 머무르는 것이며, 점차로 주목된 항공기 전력 등에 의한 공군력의 해양력에 대한 영향을 경시하고 있었기 때문에 맥킨더의 심장지대론은 구시대적이라는 비판을 받았다. 특히 제1차 세계대전 이후, 강력한 함대를 두고 제해권의 유지를 지향하는 해군 국가의 전함 위주의 전략론은 큰 전환기를 맞았다.

그렇다면 「역사의 지리적 중심축」이 발표된 1904년을 전후한 국제관계의 맥락과 영국 외교의 위상을 러일전쟁의 전후 정황과 연계하여 살펴보기로 하자.

Ⅳ. 20세기 초 영국의 지정학적 위상과 국제관계

19세기 말부터 20세기 초에 걸쳐 유럽에서는 삼국동맹과 러불동맹의 두 블록이 서로 대치하고 있었다. 하지만 이 체제는 양극성보다는 다극성(multipolarity)에 기초하고 있었고, 영국은 두 시스템과는 거리를 두고 있었다.[14] 이 같은 유럽적 정황의 표상은 한마디로 '유럽의 패권을 위한 투쟁(struggle for mastery in Europe)'이었다. 하지만 실제로 이 시기에 유럽 내의 패권투쟁이 없었다. 이에

13 H. J. Mackinder(1951).

14 B. Schmitt(1924), "Triple Alliance and Triple Entente, 1902~1914," *The American Historical Review*, Vol. 29, No. 3, p. 451.

대해 폴 슈뢰더(Paul Schroeder)는 지적하기를, 1890~1900년까지 걸출한 위상과 지배적인 힘을 얻기 위한 패권을 위한 투쟁은 없었다고 논하고 있다. 실제로 20세기 초에 유럽의 두 위험지대, 알자스-로렌(Alsace-Lorraine)과 근동(近東, the Near East)은 비교적 조용하였다.[15] 하지만 유럽 내의 안정과는 반대로 해외에서 제국주의 경쟁은 가열되고 있었다. 유럽 열강의 해외 식민지 경쟁에는 영국, 러시아, 프랑스에 이어 독일이 참가하였고, 여기에 비유럽 국가인 미국과 일본이 세계 패권을 놓고 경쟁하였다. 이른바 신제국주의와 힘의 정치(power politics), 세계정책(Weltpolitik)의 원리가 이 시기의 세계질서를 지배하였는데, 여기에서 극동은 국제관계의 중심 무대가 되고 있었다. 그 발단은 1897년 11월, 독일의 교주만 점령에서 비롯되었다. 그것은 카이저의 '동방으로의 진출(drang nach osten)'에 기저한 세계정책이 가시화된 것이었다.[16] 독일의 행동은 중국 침투를 꾀하는 구미 제국주의 열강에게 연쇄적인 파급효과를 초래하였는데, 러시아의 여순·대련조차, 미국의 필리핀 점령 및 대러 견제라는 전략적 차원에서 영국의 위해위 할양 등이 바로 그것이다.[17] 교주만 조차로 확산된 동북아시아의 위기는 중국 분할의 계기를 마련하였지만 더 이상 확대되지는 못하였다. 그러나 1900년의 의화단사건을 계기로 재차 위기를 맞게 되었다. 북경 주재 구미공사관이 점령당하자, 열강 간의 협조로 구조원정대가 파견되

15 P. Schroeder(1986), "The Nineteenth Century International System: Changes in the Structure," *World Politics*, Vol. 39, No. 1, p. 9.

16 J. E. Schrecker(1971), *Impenalism and Chinese Nationalism*, Havard University Press.

17 J. A. S. Grenville(1964), *Lord Salisbury and Foreign Policy*, The Athlone Press, pp. 128~130. 외상 솔즈베리는 러시아의 여순·대련 조차 사실 그 자체보다는 오히려 이곳에 독점적인 러시아의 경제적 이해가 이룩됨에 따라 북중국에서의 정치적 지배가 달성될 것을 매우 우려하였다.

었고 그 과정에서 러시아가 남만주를 점령하는 사태가 발생함에 따라 이에 대처하여 영국, 일본과 미국이 공조가능성을 모색하였다.[18]

이미 19세기 90년대에 들어서 내치외교(內治外交)가 한계에 달한 영국은 1898~1902년에 걸쳐 약 4년간, 네 가지의 국제정치상의 위기에 직면하고 있었다. 그 첫 번째 위기는 1898년 아프리카로부터 초래하였다. 그것은 사하라 지방을 영유한 프랑스가 홍해(紅海)의 지부티(Djibouti)를 향한 아프리카 횡단정책을 채택하고 나일강 상류지역을 탈취하고, 파쇼다에 삼색기를 꽂은 일이었다. 두 번째 위기는, 1898년 동년에 독일로부터 초래하였다. 빌헤름 2세가 '신항로정책'이라고 칭한 새로운 정책을 추진하기 시작하였는데, 마침내 영국해군을 가상적(假想敵)으로 하는 제1차 함대법을 1998년 의회에서 통과시켰다. 독일은 이어 1900년에 제2차 함대법을 성립시켜 군함 건조를 개시하여, 영국 해군에 도전하였다. 세 번째 위기는 1899년에 아프리카의 남단에서 발발하였다. 보어(Boer)인의 트란스발 공화국, 오렌지자유국에서 영국에 반감을 가지고 있던 독일과 프랑스 등이 보어인에게 무기와 식량을 비밀히 원조함으로써 보어전쟁은 영국 정부의 단기 종결 예상과는 달리 2년 반 이상 계속되어 1902년 5월에야 종결되었는데 영국은 그동안 외교적 고립에 처해 있었다. 이처럼 유럽 열강이 영국에 냉소적이었을 때에, 이번에는 극동방면에서 네 번째 위기가 영국에 초래하였다. 이것은 1900년의 '의화단사건'이었다.

20세기 초, 극동에서 발화된 네 번째 위기는 중국에서 일어난 지역적 차원의 사건이었지만 이전의 위기와는 차원이 달랐다. 어느 열강보다도 중국에 막대한 이권을 가지고 있던 영국은 의화단사건을 기화로 취해진 러시아의 노골

18 C. C. Tan(1955), *The Boxer Catastrophe*, Colombia University Press; V. C. Purcell(1963), *The Boxer Uprising*, Cambridge.

적인 만주 점령을 중대한 위기로 인식하였다. 그 같은 우려는 단지 러시아가 만주 지역뿐만이 아니라, 외몽골, 신강 지역부터 티베트 방면까지 진출하고, 인도의 인접지인 아프가니스탄 지방에서도 영국과 충돌하고 있었기 때문이었다. 해외식민지 중에서 최대 이익을 낳고 있는 인도와 중국을 러시아가 탈취한다면, 경제적인 타격은 말할 것도 없고, 팍스 브리태니커는 곧바로 붕괴되고 말기 때문이었다. 따라서 영국으로서는 지역적 차원의 위기를 넘어선 총체적인 차원의 위기관리가 필요하였다. 그것은 지역적 차원의 세력균형을 기저로 한 세계정책의 모색이라고 할 수 있다. 이같이 세기 초 지역적 차원의 국가이해 및 외부의 위협에 대한 전략적 구상을 주도한 집단들 중에 한 그룹이 해롤드 맥킨더를 위시한 왕립지리학회의 정치지리학자들이었다. 그들은 정치적 세력균형에 적합한 지리적인 공식을 만들기 위해 지정학적인 코드를 전략적 가정체로 정의하였다. 맥킨더의 심장지대론은 특히 중앙아시아를 중심한 전략적 가정이었고, 이 같은 가상 논리들은 동시대인 에드워드 7세 시대의 국가이해 및 외부의 위협에 대한 국가 전략구상과 연계되고 있었다고 판단된다.

주지하다시피 이 시기에 영국의 국가이해는 해외교역과 직결되고 있었기 때문에 해상로(sea routes)의 안전과 방어는 필수적이었으며, 그것은 영국의 대외정책 결정 및 수행에서 주요 관심사였다. 특히 중국의 문호개방 정책에 대한 영국의 관심은 절대적이었다. 다른 한편, 영국 제도(諸島)와 대영제국의 안전도 중요하였다. 외적(外敵)의 영국 본토에 대한 침입에 대한 방어와 대영제국 변경의 안전이 바로 그것이었다. 왜냐하면 이는 영국이 세계의 모든 통치의 영토 국경의 가장 큰 범위까지를 지배하고 있기 때문이었다. 아프리카에서 12,000마일 이상의 국경, 캐나다에서 미국과의 3,000마일 이상의 국경, 인도의 모든 국경선 및 페르시아, 러시아, 아프가니스탄, 티베트, 중국, 시암, 프랑스와 거의 6,000마일의 긴 국경이 그것이다.[19] 마지막으로 유럽 본토에서 세력균형을 유지하는 것이 필수적인 영국의 이해였다. 고로 영국은 특정 국가나 국가연합에 의한 유럽적 헤게모니를 우려하였다. 유럽적 헤게모니를 가진 적은 영국에 대항하는 해양력의 개발을 위해 서유럽을 근거지로 사용하려 하기 때문이었다.[20] 그 주된 위협 대상은 영국과 그레이트 게임의 경쟁국인 러시아였다. 특히 러시아의 팽창주의는 극동에서 더욱 공격적인 정책을 추구하고 있었다. 러시아는 만주 점령 이후 철병을 거부하고 있을 뿐만 아니라, 다른 한편, 중앙아시아 진출과 페르시아에서 영향력 증대로 인도의 안전을 위협하고 있었다. 오렌부르크(Orenburg)부터 사마르칸트(Samarkand)까지의 철도 건설은 국경기지로부터 군사적 원정을 행할 경우, 러시아로부터 서부 투루케스탄(Turukestan)으로 잠재적인 수송 능력을 배가하는 것이었다. 아울러 극동에서 러시아 해군력의 성장은 영국 해군성의 우려를 낳고 있었다. 영국에게 러시아와의 경쟁은 대영제국의 방위에서 가장 어렵고 복잡한 문제였다.[21] 더구나 러시아와 경쟁은 잠정적으로 러시아의 동맹국인 프랑스에 대항하여 글로벌한 경쟁으로 확산될 우려가 예상되기 때문이었다. 영국이 러시아, 프랑스와 독일로 구성된 적대적인 대륙연합(coalition of continental powers)에 직면하게 될 것이라는 위험부담은 여전히 존재하고 있었다.

이와 같은 총체적인 위협에 직면하여 영국이 구상한 군사적 조치는 우선적으로 세계규모의 해군력과 해양력을 유지하려는 계획이었다. 1899년 이래로 2개국표준주의는 해군의 상대적 강도(强度)의 적절성을 측정하는 훌륭한 지표

---

19 N. Curzon(1907), *Frontiers*, Oxford: Clarendon Press, p. 9.

20 C. Gray(1988), *The Geopolitics of Superpower*, Lexington: UP Kentucky, p. 15.

21 C. Bartlett(1993), *Defence and Diplomacy: Britain and the Great Powers, 1815~1914*, Manchester: MUP, p. 96; J. Siegel(2002), *Endgame: Britain, Russia and the Final Struggle for Central Asia*, London: IBTauris, p. 4; R. Mackay(1985), *Balfour: Intellectual Statesman*, Oxford: OUP, pp. 115~116.

를 제공하였다. 하지만 남아프리카 전쟁(1899~1902)에서 그 취약성이 폭로되었다. 그럼에도 예산의 제약과 군대 관료제의 관행들은 인도 국경에서 러시아를 통제하는 데 필요한 군사력 증대를 가로막고 있었다. 다른 한편, 영국의 외교적 조치들은 실제로 감지된 주요 위협들에 대처할 수 있는 가능한 방책이었다. 외상 솔즈베리(Salisbury)의 '영광스러운 고립'정책은 프리핸드(free hand)의 외교적 패러다임에 근거한 것이었다.[22] 이것은 가능한 한 평화 시기에 동맹에 참여하는 것을 피하고 연루되는 것에서 영국의 자유행동을 보장하는 것이었다. 하지만 솔즈베리의 계승자 랜스다운(Lansdowne)과 에드워드 그레이(Edward Grey)가 추구한 외교노선은 전통적인 고립정책에 종말을 고하는 것이었다.[23] 1902년의 영일동맹, 1905년과 1911년의 영일동맹 갱신에 걸친 일련의 외교조치는 동맹의 범위가 극동으로 한정된 것이지만, 고립청산외교의 대표적인 사례였다.

하지만 지역적 관점을 넘어서 보다 글로벌한 지전략적 관점에서 영국의 외교정책을 살펴보면 나름대로의 일관성과 연속성을 가지고 있는 것이 드러난다. 즉 20세기 들어서 제1차 세계대전 이전까지의 영국의 외교는 프리핸드의 패러다임을 고수한 것처럼 보인다는 점이다. 이는 랜스다운의 외교정책이 가능한 한 영국에게 어떤 분쟁의 위험도 제거하려는 목표를 가졌기 때문이었다. 그것은 유화적인 것이기보다는 적극적인 외교조치라고 평가할 수 있는 것으로서, 영국에게 위협이 감지되는 열강들과 각각의 쌍무적인 관계(bilateral relation)를 개선하는 데 초점을 맞추고 있었다. 그것은 또한 에드워드 시기의

22 J. P. Gooch(1974), *The plans of War: the General Staff and British Military Strategy, 1900~1916*, London: Routledge and Kegan Paul, p. 181.

23 G. Monger(1963), *The End of Isolation: British Foreign Policy, 1900~1907*, London: Nelson; C. Howard(1967), *Splendid isolation*, Macmillan.

외교노선의 특징이라고도 할 수 있는데, 가능하다면 언제나 지역적 차원에서 집단안전의 형태(a form of collective security)를 시도하려는 것이었다.[24] 그렇다면 영국의 글로벌 파워로서 지역 전략은 20세기 초 어떻게 글로벌화로 구체화되었을까. 그 단적인 사례는 에드워드 7세 시기에 다변화된 외교정책의 추이를 고구해볼 수 있다.

V. 에드워드 7세 시대의 영국 외교정책의 다변화

20세기 초 영국의 지정학적인 위상을 검토해보기 위해서는 에드워드 7세 시대의 외교정책의 주요 원동력을 분석하는 것이 유용하다. 이러한 관점에서 첫 번째로 주목되는 것은 미국과의 관계개선 조치였다. 이미 1898년에 미국은 글로벌한 차원에서 카리브 해와 태평양에서 제국열강(impreial power)으로서의 위상을 주장하였다. 그것은 대립관계로부터 우호적인 관계로의 전환을 의미하는 것이었으며, 비공식적인 차원에서 영미화해의 제스처로 평가되었다. 이후 점차적으로 미국은 1823년에 선언한 먼로독트린(Monroe Doctrine)에 대한 폭넓은 해석을 강요하였는데, 그것은 미 대륙에 대한 유럽의 간섭을 방지하려는 것이었다. 런던 정부는 오랫동안 고의적으로 먼로독트린을 무시하였으나 더 이상은 불가능하다는 사실을 알아차렸고, 그것은 1903년의 베네수엘라 위기에서 영국·독일·이탈리아의 봉쇄로 명확히 인식하게 되었다.[25] 또한 영국은

---

24 M. Howard(1972), *The Continental Commitment*, London: Maurice Temple Smith, pp. 29~30; N. Ferguson(1999), *The Pity of War*, London: Penguin.

25 P. Kennedy(1981), *The Realities Behind Diplomacy: Background Influences on British External Policy, 1865~1980*, London: Fontana, p. 118; H. Herwig(1976),

1901년에 파나마 이스미안 운하 건설에 대한 몫을 주장할 권리를 공식적으로 포기하였고, 2년 후에는 알래스카 경계 분쟁을 미국과 우호적으로 해결하였다. 이 같은 변화는 서반구 세계에서 영국의 전략적 후퇴를 의미하는 것이었다.

한편 극동에서는 중국에서 영국 단독으로 자국의 이해와 문호개방을 유지하는 정책은 러시아의 팽창주의 때문에 점차로 어렵게 되었다. 따라서 독일과 일본 사이에서 외교적 이해의 가능성을 주도적으로 모색하고 있었던 랜스다운은 일본과 동맹을 체결하였다. 당시 그는 러일 간의 우호적 접근이 선취될까봐 심한 압박을 받고 있었는데, 그 이유는 러일 접근이 극동지역에서 영국을 고립시키게 되기 때문이었다.[26] 1902년 1월 30일에 체결된 영일동맹은 실제로는 군사동맹으로서, 이는 동맹국과 어떤 다른 두 열강 사이에 전쟁에서 교전할 의무를 규정하고, 그 범위를 엄격하게 극동으로 한정하였다. 이와 같은 영국의 극동에 대한 개입 의무는 전통적인 영국의 외교정책 관습에서 본다면 파격적인 일탈이었다. 그것이 영국에게는 극동지역에서 고립을 저지하고 대영제국 해군의 총체적인 개입에 대한 압력을 완화하는 데 기여하였다. 그러나 영일동맹은 러시아와 일본 사이에 긴장과 충돌을 방지할 수 없었다. 그것은 국제법의 조약 해당사유의 위험이 발생함으로써 영국이 전쟁에 빠지게 될 위험이 실제가 될 수도 있음이 곧바로 확증되었다. 즉 만약에 프랑스와 같은 제3의 열강이 러시아의 지원 하에 일본에 대항해서 개입하게 된다면, 단순히 지역전쟁(local war)이 아니라 글로벌 전쟁(global war)에 빠지게 될 우려가 있었던 것이다.

Politics of Frustration: The United States in German Strategic Planning, 1888~1941, Boston, Mass: Little, Brown, p. 75.

26 G. Monger(1963), p. 56.

그런데 재론하지만, 1905년 이전에 유럽에서 열강 간의 관계는 적대적인 것과는 거리가 멀었다. 실제로 영국은 1898~1901년 사이에 독일과 동맹을 시도하였으나 아무런 결과도 얻지 못하였지만, 베를린과 정상적인 관계를 유지하는 것은 런던 정부에게는 최우선 사항이었다. 수상 아서 밸푸어(Arthur Balfour)는 여전히 영독 간의 이해일치(the identity of interests)를 확신하였다. 카이저의 예측 불허의 돌발행동은 경계대상이었지만 독일과의 협조가능성을 배제하는 것은 영국의 프리핸드를 제한하는 것이기 때문에 그것을 분명히 하지는 않았다.[27] 실제로 영독 양국은 이탈리아와 함께 1902년에 베네수엘라에서 공동 봉쇄작전을 수행하였을 뿐만 아니라, 1903년에는 바그다드 철도계획의 확장을 위해 공동으로 자금조달의 가능성을 탐색하기도 하였다. 랜스다운의 관점에 따르면, 이 같은 조치는 중동에서 러시아의 침투를 방지키 위한 스마트한 방법(smart way)이었다.[28] 한편 20세기 초 독일 함대의 성장은 영국에게는 장차 위협 요소가 될 수는 있었지만, 당시 독일의 목표는 세계에서 두 번째 해군력을 가지려는 것이었다. 실제로 유아기 수준의 독일 해군을 넘어서는 영국 해군의 우세는 1902~1904년 기간뿐만 아니라 1905년 이후 수년간 압도적이었다. 1902년에 해군성 셀본(Selborne) 경이 독일 해군의 발전에 대해서 관심을 표명하였을 때, 밸푸어는 다소 회의적이었다. 하지만 장차 영국의 위협 대상으로서 독일을 감지하고는 있었다. 이에 대한 대책으로 1902년에 해군본부는 2개국표준주의(Two Power Standard)를 공표하였다.[29]

---

27 P. Kennedy(1980), *The rise of the Anglo-German antagonism 1860~1914*, London: Allen and Unwin, p. 256.

28 A. Morris(1984), *The scaremongers. The advocacy of war and rearmament 1896~1914*, London: Routledge & Kegan Paul, p. 55.

29 L. Sondhaus(2000), *Naval Warfare, 1815~1914*, London: Routledge, p. 181; N. Lambert(1999), *Sir John Fisher's Naval Revolution*, Columbia, SC.: University of

다른 한편, 동시기에 영국의 러불동맹국을 향한 정책은 매우 결정적이었다. 아직까지 러시아는 영국의 전통적인 그레이트 게임의 적대세력이었고, 인도 방위문제는 런던 정부에게는 매우 민감한 현안으로 남아 있었다. 1901년 후반기에 일본과의 동맹 체결에 앞서, 랜스다운은 러시아와의 이해의 가능성을 탐색하였다. 그럼에도 밸푸어 내각은 극도로 예민해져 있었고, 당시 미해결된 아시아의 문제들에 대해 러시아와 이해에 도달하는 데 필사적이었다.[30] 하지만 이와는 달리 러시아에서는 1903년 여름, 베조브라조프(Bezobrazv A.N.)의 한국파(Koreans)로 불리는 팽창주의자 집단이 차르에 대한 영향력을 강화하였다. 극동 총독직이 동년 8월 13일 창설되었고, 재상 비테는 2주 만에 해임되었다. 런던 정부는 극동에서 러일의 긴장이 고조됨에 따라 재차 러시아와의 합의점을 찾으려 하였으나 소용이 없었다. 랜스다운은 프랑스와의 관계 개선이 영러 관계에 직접적인 영향을 줄 수 있을 것이라고 생각하고 1903년 9월에는 공개적으로 프랑스와의 우호적 관계를 모색하였다. 프랑스 외상 델카세(Theophile Delcasse) 또한 프랑스, 영국과 러시아 사이에 연합을 적극적으로 구상하고 있었다. 하지만 프랑스의 어려움은 러불동맹과 영불협약의 가능성을 조정하는 데 있었다.[31]

1902~1904년 사이에 영국과 프랑스의 관계는 발전하였는데 외상 에드워드 그레이는 그것을 "빙하시대(glacial epoch)에서 온난시대(genial epoch)"로 들어

South Carolina Press, p. 8; P. Kennedy(1980). p. 255; C. Bartlett(1993), p. 99.

30 P. Kennedy(1980).

31 K. Neilson(1995), *Britain and the Last Tsar, British Policy and Russia, 1894~1917*, Oxford: Clarendon Press; C. Andrew(1968), *Theophile Delcasse and the Making of the Entente Cordiale. A Reappraisal of French Foreign Policy, 1898~1905*, London: Macmillan, p. 228; G. Monger(1963), p. 133.

갔다고 1904년 6월 1일, 하원에서 스피치를 통해 적절히 표현하였다.[32] 프랑스와 영국의 이해는 합의되는 듯 보였고 재정적 유대는 두 열강을 더욱 가깝게 하는 데 기여하였다. 전략적인 전망에서 보면 영일동맹은 프랑스 인도차이나의 안전을 위협하는 것이었지만, 해군력의 전체적인 균형에서 보면 영국에 유리하게 진척된 한편에, 지중해에 집중한 프랑스의 해군정책은 지중해에서 평형을 결정적으로 변경하였다. 1903년의 친교회복(rapprochment)은 동년 5월과 7월의 에드워드 7세와 루베(Loubet) 대통령의 상호 방문을 통해 계기가 마련되었고, 그러한 행보는 곧바로 두 제국주의 열강 간에 주요 현안인 식민지 경쟁에 대한 교섭으로 귀결되었다.

맥킨더가 역사의 지리적 중심축을 착상한 1903~1904년 겨울, 당시 영국의 지정학적 위상에 대한 전진적인 조치가 취해졌다. 그것은 영국의 방어정책에 대한 재평가와 영국 외교에서 발전하는 극동위기에 관한 조치가 바로 그것이었다. 먼저, 방어정책에 대한 재평가가 이루어졌다. 군대운용(army performance)의 평가는 남아프리카에 대한 영국 조사심의회와 엘진 위원회(Elgin Commission)에서 행해졌는데, 이 위원회는 군부를 재조직할 필요를 강조하였다.[33] 그러나 군부재조직은 과제의 복합성 때문에 더디게 진행되었고, 거기에는 관료제도의 중요성과 정치적 민감성이 포함되어 있었다. 군부재조직 위원회는 에셔 경(Lord Esher)이 의장이었는데, 그는 1903년 9월에 밸푸어가 임명하였다. 1904년 1월에 이 위원회는 군부 전체의 재조직을 주도할 보고서의 3분의 1을 끝내고 있었다. 당시 국방장관(War Secretary) 아널드 포스터(Arnold Forster)

32 E. Grey(1931), *Speeches on foreign affairs, 1904~1914*, London: G. Allen and Unwin, pp. 21~22.

33 P. Kennedy(1981), *The Realities Behind Diplomacy: Background Influences on British External Policy, 1865~1980*, London: Fontana, p. 63.

는 1904년 2월 초에 군부개혁을 위한 계획을 제안하였지만 영국 정부가 직면한 심각한 예산상의 위기와 차기년도의 예상되는 결손 전망 때문에 방위비 지출은 삭감되었다.[34]

밸푸어 수상이 1903년 10월에 설립한 제국방위위원회(The Committee of Imperial Defence)는 제국방위 조건에 대한 체계적인 분석에 착수하였다. 적군의 침공 이슈에 대한 조사가 착수되었는데, 1903년 11월에 위원회는 영국 도서(島嶼)들에 대한 대규모 침공의 가능성이 거의 없을 것으로 간주하였다. 이 같은 평가는 매우 중요하였다. 왜냐하면 그것은 이어서 제국방위 조건들에 대한 연구와 대양학파(Blue-water School)의 승리를 전해주었기 때문이었다. 아널드 포스터는 1904년 3월 7일, 군대 세출세입예산에 대한 연설에서 대영제국은 인도에서 공격받기 쉬운 취약성이 있는데, 그곳은 거대한 유럽 군대와 조우할 가능성이 있는 유일한 장소임을 지적하였다. 즉 주요 전략문제는 북서부 국경의 방어에 관한 것이었다.[35] 수상 밸푸어는 1903년 12월 14일에 에드워드 7세에게 보낸 편지에서 군사정책을 대략 다음과 같이 요약하였다. 즉 인도 방어에 즉각적인 필요를 위해 충분한 군대가 필요하다. 그리고 예비 군대는 국내 방어(home defence)를 위해서 필요하다. 어느 쪽이 국가 비상시에 팽창 가능할 것인지 …… 그리고 납세자에게 작은 부담이 될 것인지. 이 마지막 사항은 매우 중요한데 그것은 단지 재정의 현재 조건 때문에서가 아니라, 해군의 요구들이 너무 크고 필수 불가결하기 때문에 제국 방어의 총비용을 심각하게 위협

---

34 R. Williams(1991), *Defending the empire, the Conservative Party and British defence policy, 1899~1915*, London: Yale University Press, p. 45; J. Dunlop (1938), *The Development of the British Army, 1899~1914. From the eve of the South African War to the eve of the Great War*, London: Methuen, pp. 168~169.

35 B. Bond(1972), *The Victorian Army and the Staff College, 1854~1914*, London: Eyre Methuen, p. 198; J. P. Gooch(1974), p. 177.

하기 때문이었다.[36]

한편 극동에서 러일전쟁에로의 사태 발전은 영국을 난처한 상황으로 빠뜨렸다. 1901년 12월, 일본과의 동맹가능성이 내각에서 논의되었을 때, 밸푸어가 가장 두려워한 것은 소위 "우리는 지구의 모든 부분에서 우리 자신이 닥친 현실을 위해 투쟁하고 있음을 발견하게 될 것이라는 것이었다. 왜냐하면 프랑스는 한국에서의 모호한 러일충돌에 대해 러불동맹과 함께 참여하게 될 것이기 때문이다"라고 한 언급이 분명한 현실이 되어가고 있었다.[37] 영일동맹의 불충분한 점은 구속력뿐만 아니라 그것이 단순한 방어동맹이 아니라 공격적인 동맹에 해당한다는 사실에 있었다. 더구나 일본의 제국의회는 러시아가 도발정책을 감행하고 있는지를 결정하기 위한 판단의 자유를 가지고 있다는 데 상황의 심각성이 있었다. 그러한 위기의 사태 발전은 영국 정부로 하여금 프랑스와 실질적인 외교협조에 연루된 분쟁에 빠지는 것을 피하도록 외교적인 예비조치들을 취하게끔 유도하였다. 이에 대한 의견 수렴은 프랑스 외상 델카세가 비슷한 관심을 공유하고 있었기 때문에 가능하였다. 양자는 얼마나 쉽사리 자신들의 개별적인 현존하는 동맹국 러시아와 일본이 영·불을 다가오는 전쟁으로 끌어들이게 될지를 잘 인식하고 있었다. 하지만 중재(mediation)하려는 프랑스와 영국의 시도는 일본이 1904년 2월 8일 여순을 공격함으로써 무위로 끝났다. 전쟁 발발 후에 영국과 프랑스 두 열강은 엄정중립(strictly neutral)을 유지함으로써 분쟁을 지역화하려고 긴밀하게 외교적으로 협조하였다. 러일전쟁은 프랑스와 영국의 접근 계기를 마련해주었고, 양측은 전쟁이 일어난

---

36 R. Williams(1991), *Defending the empire, the Conservative Party and British defence policy, 1899~1915*, London: Yale University Press, p. 44.

37 G. Monger(1963), p. 62.

지 두 달 후인, 4월 8일에 제국화 논쟁의 해결에 시의적절한 시간이 되었음을 확신하였다. 이것이 바로 영불협상의 시발점이었다.

VI. 맺음말

이상에서 러일전쟁이 발발한 1904년 초에 처음으로 제기된 맥킨더의 심장지대론을 중심한 테제는 동시대의 에드워드 7세 시기의 대외정책 및 대영제국을 위한 세계정책 구상과도 연계될 수 있다는 점에서 주목할 필요가 있다. 실제로 20세기 초 영국은 외교사상의 중요한 변화를 겪고 있었는데, 그것은 극동정세의 불균형과 불안정성에서 기인된 것이었다. 특히 독일, 미국과 신흥 일본의 동아시아에서의 새로운 도전과 더불어 러시아의 적극적인 극동 진출은 급기야 영러 대결의 그레이트 게임을 동아시아에까지 공간적으로 확산하였으며, 이 때문에 영국은 전통적인 영광스러운 고립정책을 수정케 되었다. 영일동맹과 영불협상의 체결에 따른 영국의 변화, 그리고 이에 따른 유럽 협조체제의 변화는 바로 러일 개전 전 극동 및 유럽의 정세를 반영한 국제정세의 단적인 예였다.

제국주의 시대의 영국 외교의 특징을 분석해보면, 주목적은 영국의 세계패권에 대하여 도전을 시도하는 국가를 타도하는 것에 있었다. 1870년대부터 20세기까지의 주적(主敵)은 러시아였고, 부적은 프랑스였지만, 1900년 이래로 주적은 독일이 되고, 부적은 러시아와 프랑스가 되었다. 그러나 러·불 양국과는 독일을 포위하기 위해서 1904년 이후 손을 맞잡았다. 한편, 대영제국의 유지와 세계시장의 확보를 위해, 본국과 식민지를 연결하는 엠파이어 루트를 호위하기 위해, 2개국표준주의를 기저로 대해군력을 유지하고, 그 외교도 항상 해군력을 배경으로 한 힘의 정치를 구현하고 있었다. 아울러 유럽 대륙에서 영국보다 앞선 열강이 출현하는 것을 경계하여 세력 균형을 채택하고, 항상 균형자로서의 외교를 심중에 두고 구사하였다. 하지만 20세기 초, 영국의 외교는 전통적인 고립외교에서 전환을 모색하였다. 그 같은 변화는 유럽 협조체제의 중심이 아닌 변경으로 간주된 동아시아의 힘의 불균형에 따라서 기인된 것이었다는 점을 간과할 수 없다.

맥킨더의 진술과 러일전쟁이 개시된 1904년에 체결된 영불협상은 3년 후에 삼국협상과 4국앙탕트로 확대되었는데, 이때 영국은 프랑스의 파트너 러시아와 중앙아시아에서의 그레이트 게임에 대해서 타협에 이르렀다. 다른 열강들의 파워 폴리틱스가 영국이 소유한 안전의 여지를 좁히고 있는 세계에서 더 이상은 홀로 갈 수 없다고 판단한 영국은 유럽의 중앙에 있는 상승하는 세력의 도전에 직면하기 위하여 아프리카와 중앙아시아의 경계지역에 관하여 러시아와의 협정을 선택하였다. 물론 역사적 관점에서 보면 맥킨더의 1904년의 진술은 시의에 적합지 않은 시기상조인 면도 있었다. 그는 20세기 초, 영국 대외정책의 변혁기에 중앙유라시아의 거대한 텅 빈 공간에서의 보다 먼 위험에 대한 관심을 환기하고 있었다. 하지만 당시 영국 정책결정자들이 인식하게 된 것은 그 공간의 소유자들에 대한 전통적인 대응이나 저항이 더 이상 세계정세에 적합하지 않다는 것이었다. 그래서 영국이나 중앙유라시아의 세력, 양자가 독일로부터의 위험에 직면하여 협조해야 할 이유가 증가하고 있음을 알고 있었던 것이다.

이처럼 맥킨더의 「역사의 지리적 중심축」은 1904년과 1914년 사이에 영국 외교정책과 관련되어 연계되고 있는 수많은 사례를 보여줄 수 있다고 판단된다. 하지만 아직까지도 지정학적인 아이디어가 정책이나 활동에 어느 정도 직접적으로 영향을 주는지, 또는 그것들이 단순히 주변의 태도를 나타내는 이론이나 활동들을 모두 섭렵하는 시대정신을 반영하는 것인지를 구체적으로 확인하기는 어렵다. 기실 맥킨더의 전략적 사고는 20세기 초의 국제관계의 현실에 근거한 것임을 보여주는 한편, 심장지대론 자체는 현재까지도 서구의 전략적 사고에서 영향력 있는 이론 중의 하나로 남아 있다. 하지만 그것은 다른 한편, 추가 연구의 여지를 남겨주고 있다. 즉 어떻게 맥킨더가 중심축 가설을 세우게 되었는지, 그리고 그 같은 가설에서 발생하는 방법적인 이슈들은 무엇인가. 나아가 어떻게 그는 세계사의 원칙을 확립하는 데 지리적 진리(geographical truth)를 활용하려 하였는가 하는 이슈들은 재고의 여지를 남겨놓고 있다.

참고문헌

한국사연구협의회(1984), 『한영수교100년사』, 한국사연구협의회.

曾村保信 譯(2008), 『マッキンダーの地政學-デモクラシーの理想と現實』, 原書房.

크리스토퍼 하워드 저, 김상수·김원수 역(1995), 『대영제국의 영광스런 고립』, 한양대학교출판원.

Halford J. Mackinder 저, 이병희 역(2004), 『민주주의의 이상과 현실』, 공주대학교 출판부.

김원수(1989), 「러일전쟁과 국제관계의 변화」, 『수선사회』 4.

김원수(2001), 「구미열강의 동아시아정책과 한국, 1898~1903」, 『동양학』 31, 단국대학교 동양학연구소.

김원수(2009), 「4국협조체제와 간도협약의 국제관계, 1907~1909」, 『동북아역사논총』 26, 동북아역사재단.

김원수(2010), 「4국협조체제와 한일병합의 국제관계, 1907~1912」, 『동북아역사논총』 29, 동북아역사재단.

김원수(2010), 「영일동맹과 한일병합의 글로벌히스토리, 1905~1911」, 『사회과교육연구』 49-4, 한국사회과교육연구학회.

김원수(2013), 「영국의 외교정책과 글로벌전략의 형성」, 『서양사학연구』 28, 한국서양문화사학회.

김현수(1994), 「19세기 영국의 외교정책: 위대한 고립책(Splendid Isolation Policy)」, 『서양사론』 43, 한국서양사학회.

Andrew, C.(1968), *Theophile Delcasse and the Making of the Entente Cordiale. A Reappraisal of French Foreign Policy, 1898~1905*, London: Macmillan.

Bartlett, C.(1993), *Defence and Diplomacy: Britain and the Great Powers, 1815~1914*, Manchester: MUP.

Blouet, B.(1987), *Halford Mackinder: a biography*, Texas: A & M Press, College Station.

Blouet, B.(2004), *The Geographical Pivot of History: Halford Mackinder and the Defence of the West*, London: Frank Cass.

Bond, B.(1972), *The Victorian Army and the Staff College, 1854~1914*, London: Eyre Methuen.

Colley, L.(1992), *Britons: forging the nation 1707~1837*, New Haven: Yale University Press.

Curzon, N.(1907), *Frontiers*, Oxford: Clarendon Press.

Dijink, G.(1996), *National Identity and Geoolitical visions: Maps of Pride and Pain*, London: Routledge.

Dodd, Klaus(2007), *Geopolitics – a very short introduction*, New York.

Dunlop, J.(1938), *The Development of the British Army, 1899~1914. From the eve of the South African War to the eve of the Great War*, London: Methuen.

Ferguson, N.(1999), *The Pity of War*, London: Penguin.

Gillard, D.(1977), *The Struggle for Asia 1828~1914-A Study in British and Russian imperialism*, Methuen & Co. Ltd.

Gooch, J. P.(1974), *The plans of War: the General Staff and British Military Strategy, c. 1900~1916*, London: Routledge and Kegan Paul.

Gray, C.(1988), *The Geopolitics of Superpower*, Lexington: UP Kentucky.

Gray, C. S. and Sloan, G. R.(1999), *Geopolitics, geography and strategy*, London: Frank Cass.

Grey, E.(1931), *Speeches on foreign affairs, 1904~1914*, London: G. Allen and Unwin.

Harlow, Dunlop J.(1938), *The development of the British Army, 1899–1914. From the eve of the South African War to the eve of the Great War*, London: Methuen.

Heffernan, M.(1998), *The meaning of Europe: geography and geopolitics*, London: Arnold.

Herwig, H.(1976), *Politics of Frustration: The United States in German Strategic Planning, 1888~1941*, Boston, Mass: Little, Brown.

Hopkirk, Peter(1994), *The great game: the struggle for empire in central Asia*, New York: Kodansha International.

Howard, C.(1967), *Splendid isolation*, Macmillan.

Howard, M.(1972), *The Continental Commitment*, London: Maurice Temple Smith.

Judd, D.(1968), *Balfour and the British empire: a study in imperial evolution, 1874~1932* , London: Macmillan.

Keiger, J.(2001), *France and the World Since 1870*, New York: OUP.

Kennan, G.(1984), *The Fateful alliance: France, Russia, and the coming of the First World War*, Manchester: MUP.

Kennedy, P.(1980), *The rise of the Anglo-German antagonism 1860~1914*, London: Allen and Unwin.

Kennedy, P.(1981), *The Realities Behind Diplomacy: Background Influences on British External Policy, 1865~1980*, London: Fontana.

Lambert, N.(1999), *Sir John Fisher's Naval Revolution*, Columbia, SC: University of South Carolina Press.

Livingstone, D.(1992), *The geographical tradition. Episodes in the history of a contested enterprise*, Oxford: Blackwell.

Mackay, R.(1985), *Balfour: Intellectual Statesman*, Oxford: OUP.

Mackinder, H. J.(1919), *Democratic ideals and reality: a study in the politics of reconstruction*, London: Constable.

McLean, R.(2001), *Royalty and diplomacy in Europe, 1890~1914*, Cambridge: CUP.

Monger, G.(1963), *The End of Isolation: British Foreign Policy, 1900~1907*, London: Nelson.

Morris, A.(1984), *The scaremongers. The advocacy of war and rearmament 1896~1914*, London: Routledge & Kegan Paul.

Neilson, K.(1995), *Britain and the Last Tsar, British Policy and Russia,*

1894~1917, Oxford: Clarendon Press.

Nish, I.(1966), *The Anglo-Japanese Alliance: the Diplomacy of Two Island Empires, 1894~1907*, London: Athlone Press.

O Tuathail, G.(1996), *Critical Geopolitics: the politics of writing global space*, London: Routledge.

O Tuathail, G.(1998), *The geopolitics reader*, London: Routledge.

Parker, G.(1985), *Western geopolitical thought in the twentieth century*, London: Croom Helm.

Parker, W. H.(1982), *Mackinder: geography as an aid to statecraft*, Oxford: Clarendon Press.

Polelle, M(1999), *Raising cartographic consciousness, the social and foreign policy vision of geopolitics in the twentieth century*, Oxford: Lexington Books.

Siegel, J.(2002), *Endgame: Britain, Russia and the Final Struggle for Central Asia*, London: IB Tauris.

Sondhaus, L.(2000), *Naval Warfare, 1815~1914*, London: Routledge.

Steiner, Z. S.(1969), *The Foreign Office and foreign policy, 1898~1914*, Cambrige: CUP.

Steiner, Z. S.(1977), *Britain and the origins of the First World War*, London: Macmillan.

Strauz-Hupe, R.(1942), *Geopolitics: the struggle for space and power*, New York: Putman.

Taylor, P.(1993), *Political Geography, World Economy, Nation-State and Locality*, Harlow: Longman.

Thompson, Willie(1999), *Global Expansion-Britain and its Empire, 1870~1914*, Pluto Press.

White, John A.(1995), *Transition to Global Rivalry-Alliance Diplomacy and the Quadruple Entente, 1895~1907*, Cambridge.

Williams, R.(1991), *Defending the empire, the Conservative Party and British defence policy, 1899~1915*, London: Yale University Press.

Williamson, S. R.(1969), *The politics of grand strategy: Britain and France prepare for war, 1904–1914*, London: Ashfield.

Wilson, K.(1985), *The policy of the Entente: essays on the determinants of British foreign policy, 1904–1914*, Cambridge: CUP.

Wilson, K.(1995), *Decisions for war, 1914*, London: UCL Press.

Wilson, K.(2003), *Problems and Possibilities, Exercises in Statesmanship 1814~1918*, Stroud: Tempus.

Woodward, E.(1935), *Great Britain and the German Navy*, Oxford: Clarendon Press.

Corp, E. T.(1979), "Sir Charles Hardinge and the question of intervention in the Boer War: an episode in the rise of anti-German feeling in the British Foreign Office," *Journal of Modern History*, 51 (Suppl), D1071–84.

Davis, Christia L.(2009), "Linkage Diplomacy-Economic and Security Bargaing in the Anglo-Japanese Alliance, 1902-23," *International Security*, 33-1.

Deudney, D.(2001), "Greater Britain or greater synthesis? Seeley, Mackinder, and Wells on Britain in the global industrial era," *Review of International Studies*, 27.

Hotta-Lister, Ayako(2002), "The Anglo-Japanese Alliance of 1911," *Discussion Paper No. IS/02/432*.

Hunter, Janet., "The Anglo-Japanese Alliance and the Development of the International Economy," *Discussion Paper No. IS/03/443*.

Kearns, G.(1985), "Halford John Mackinder, 1861~1947," *Geographers: Biobibliographical Studies*, 9.

Mackinder, H. J.(1904), "The geographical pivot of history," *The Geographical Journal*, 23.

Mackinder, H. J.(1905), "Man-power as a measure of national and imperial strength," *National and English Review*, 45.

O Tuathail, G.(1992), "Putting Mackinder in his place: material transformations and myth," *Political Geography*, 11.

Schroeder, P.(1986), "The Nineteenth Century International System: Changes in the Structure," *World Politics*, Vol. 39, No. 1(Oct.).

Schmitt, B.(1924), "Triple Alliance and Triple Entente, 1902~1914," *The American Historical Review*, Vol. 29, No. 3(Apr.).

Sloan, G.(1999), "Sir Halford Mackinder: The Heartland Theory Then and Now," in C.S. Gray and G. Sloan, *Geopolitics, Geography and Strategy*, London: Frank Cass.

Sontag, R. J.(1928), "German foreign policy, 1904~1906," *The American Historical Review*, 33.

Steed, David(2003), "Anglo-Japanese Alliance and America Hegemony," *Discussion Paper No. IS/03/443*.

Steinberg, J.(1970), "Germany and the Russo-Japanese War," *The American Historical Review*, 75.

Towle, P.(1980), "The Russo-Japanese War and the defence of India," *Military Affairs*, 44.

독일제국 빌헬름 2세의 식민지 정책과 동아시아

이영관(李英官)

근현대외교사, 문화교류사, 기술사 / 순천향대학교 국제문화학과 교수
『조선과 독일』(2002, 국학자료원), 『상식으로 보는 이야기 서양사』(2008, 신서원), 「뉴욕타임즈를 통해 본 1919년 한국: 3·1 독립운동의 문화적 의의와 미국 여론」(2011, 『한국사상과문화』 57집), 「South Korea's Economic Miracle and Its Reflections in *Los Angeles Times* and *New York Times*, 1975–1979」(2012, 『Asian Social Science』, vol. 8, no. 7) 등.

이영관 | 순천향대학교

독일제국 빌헬름 2세의 식민지 정책과 동아시아*

I. 머리말: 식민지 경쟁의 배경과 독일제국의 탄생

15세기부터 포르투갈을 필두로 지리상의 대발견 시대가 열리면서 중세의 유럽 중심 경제는 글로벌 경제체제로의 재편을 예고했다. 이후 스페인은 세계 전체를 대상으로 무역의 발판을 확장해나갔고 미주대륙을 중심으로 막대한 양의 금과 은을 수입해 부를 축적했다. 지속적으로 수익성 높은 물품의 교역을 통해 최초로 시장 규모를 전 세계로 확대한 스페인은 강대국(super power)이라는 개념을 만들며 최초의 강대국이 되었다. 다른 유럽 국가들도 스페인의 성공한 전례를 따르며 빠르게 식민지를 중심으로 한 교역을 확대하면서 강대국 반열에 오르기 위한 치열한 경쟁을 펼치기 시작했다.

이는 유럽의 경제체제가 더 이상 유럽의 한정된 자원과 시장을 바탕으로 경쟁해 국가의 경쟁력을 극대화하고 유지할 수 있었던 시대가 마무리되고 있

---

* 이 글은 『중앙사론』 39집에 수록 확정된 글을 바탕으로 중앙사학연구소의 승인을 받아 재구성했음.

음을 의미했다. 이 과정에서 지속가능한 시스템(sustainable system)을 만들고 유지하기 위한 노력으로 국가의 역량을 총동원해 타국과의 경쟁에서 우위를 차지하기 위해 스페인의 무적함대와 같은 군사력의 필요성도 대두되었다. 국가가 경제중심에 섰던 중상주의가 정착했던 것이다. 이런 새로운 양상은 표면적으로는 유럽 국가 간의 경쟁으로 보이나 사실상 그 무대는 전 세계를 대상으로 하고 있었다는 점에서 역사적 의의를 갖고 있으며 이 과정에서 식민지는 핵심 요소로 자리 잡는다.

당시에 유럽 국가들이 이런 변화를 인식하고 계획적으로 추진한 것은 아직 아니었고 변화하는 상황에 대처해나가는 가장 합리적인 과정이 상식적으로 진행된 결과였다. 이렇게 경제 규모가 거대해지고 새로운 운영체제인 중상주의가 확대되면서 베스트팔렌체제 이후 새로운 패러다임이 필요했다. 그러나 혁신적인 시스템이 제시되지는 못하고 여전히 중세 상업혁명이 제공했던 경제체계 내에서 가장 수월한 수익 창출의 창구로 식민지를 인식했고 식민지 경영의 개념이 구축되고 발전했다.

근본적으로 17세기와 18세기까지 유럽 강국은 식민지를 통해 무역확장의 교두보를 확보하고 금과 은 등 수익성 높은 재물을 안정적으로 유입하는 상업과 금융업의 개념을 근본으로 발전했다. 이를 바탕으로 식민지 확장의 정당성이 제시되었고 서구 열강들 간의 식민지 확보 경쟁은 중상중의를 통해 빠르게 확대되었다. 당시로서는 변화에 대한 가장 합리적이고 적절한 대처가 식민지 확장을 통한 교역의 확대였던 것이다.

그러나 19세기 후반 유럽에서 산업혁명이 시작되면서 서서히 식민지에 대한 인식과 확장에 대한 정당성에 새로운 패러다임이 요구되었다. 다양한 이론과 주장이 제기되었고 이를 바탕으로 정책이 구성되면서 새로운 양상의 정치경제체제가 펼쳐지고 있었다. 이는 영국에서 산업혁명이 시작하면서 식민지는 더 이상 단순히 수익성 높은 재물을 값싸게 유입하는 유통개념의 재원이 아닌 산업발전 전반에 필수적인 요소로 인식되기 시작했다. 산업화에 필요한 값싼 원자재 확보는 물론 대량생산을 통해 만들어진 생산품에 대한 유통 및 판매에 이르는 경제활동 전 과정에서 식민지의 역할은 기존의 개념을 탈피해 산업혁명으로 시작된 새 체제의 효율성 높은 유지를 위한 필수적 요소로 인식되었다. 이렇게 국가의 산업경제 발전에서 필수불가결한 식민지를 확보하고 확장하는 것은 이제 국가 경제정책의 근간으로 자리 잡게 되었다.

유럽 중심국가 전역으로 확산되었던 산업혁명의 여파는 국가의 경쟁력을 강화하고 국가경제를 발전시키기 위해 식민지 확보에 총력을 기울여야 하는 국가정책의 중심으로 산업화를 시작하는 국가들이 영국의 선례를 따르게 되었다. 국가의 경제가 국력으로 인식되면서 경제적 이익을 극대화할 수 있는 가장 확실한 방법으로 식민지 확보를 목표로 한 국가 간의 무한경쟁 체제가 진행되었다. 즉, 산업혁명에 따라 진행된 새로운 시스템 구축 과정에서 가장 효율적으로 전개할 수 있는 전략이 식민지 확보 및 확장이었던 것이다.

물론 이런 변화를 주도했던 영국은 국가보다는 공인회사 중심으로 무역의 규모를 확장하고 식민지를 확보해나갔다. 영국적 자유경제체제의 전통을 바탕으로 서서히 발전한 영국적 모델이었다. 그러나 산업화 후발 주자들에게는 국가가 중심이 되어 식민지 확보 및 확장에 나서는 총력전 양상으로 펼치게 된다. 이렇게 국가 간에 유사한 정책을 수립하고 진행하는 과정에서 식민지 확보를 위한 경쟁은 군사적 마찰까지 포함한 전면적인 외교적 대결국면으로 발전했다. 이 과정에서 자신들의 행위를 정당화하기 위한 이념적 논쟁도 함께 진행된다.

경제적 목적에서 시작된 식민지 확장 경쟁은 이 당시 새로운 시대 이념으로 확산되고 있던 국가민족주의(nationalism)가 더욱 치열한 국가 간 경쟁체제를 부추겼다. 상호 연결된 글로벌 경제체제를 구축하고 운영하려는 노력을 하기보다는 국가민족주의는 국가 간의 무한경쟁을 바탕으로 식민지가 국가의 위상을 가늠하는 잣대로 여겨졌다. 국가민족주의 이념을 바탕으로 한 감정적 요소라는 맥락에서 자국의 이익을 위해 타국을 희생의 대상으로 간주하는 갈등과 경쟁을 바탕으로 한 식민지 정책이 수립되었고 유럽 중심국가들은 전 세계를 대상으로 공격적인 정책을 전개해나갔다.

이뿐만 아니라 18세기 농업개혁의 성공으로 인한 유럽의 인구폭발 현상 역시 주거공간 확보라는 개념을 근거로 국가 간의 식민지 확장 경쟁을 부추겼다. 외국으로 이주한 자국민이 국가적·민족적 긍지를 갖고 생활하며 자연스럽게 이들이 국익에 도움이 될 수 있도록 하는 것이 필요하다고 간주하면서 식민지 확장의 필요성에 대한 당위성이 확대되었다. 즉 경제적 이유는 물론 인구증가로 인한 주거공간 확보라는 주장이 국가민족주의와 연계되면서 유럽의 전반적인 변화가 세계를 대상으로 한 식민지 확장을 위한 경쟁체제로 발전했던 것이다. 총체적으로 유럽의 체제가 새로 정립되는 과정에서 식민지 확보만이 자국의 발전과 경쟁력을 높이는 가장 효율적인 해법으로 제시되고 추진되었다.

이런 전반전인 유럽의 변화가 큰 갈등으로 표출되지 않았던 것은 나폴레옹 전쟁 후 형성된 빈체제(Vienna Conference)가 불안하나마 아직은 작동하고 있었기 때문이다. 힘의 균형체제(balance of power)가 유지되면서 유럽 강대국 간의 외교적 균형과 견제체제가 유지되면서 표면적으로는 평화를 유지하고 있었다. 그러나 이런 위태로운 힘의 균형을 뒤흔드는 사건이 대륙 중심에서 일어났다. 1871년 독일제국의 탄생은 식민지를 바탕으로 한 무한경쟁체제에서 새로운 국제관계의 필요성이 대두되는 시점과 맞물려 빈체제를 흔들기에 충분했다.

독일제국의 탄생은 유럽 내 국가적 경쟁체제에 새로운 시대를 여는 사건이었다. 독일의 통일과정은 유럽 내에서 힘의 균형체제를 근본적으로 뒤흔들었다. 이탈리아 통일이 국가 내부적인 사건으로 진행되었던 것에 비해 독일은 통일과정에서 기존의 유럽 판도를 충격적으로 바꾸면서 진행되었다. 1866년 프러시아는 유럽의 전통적 강대국이었던 합스브르크(Habsburg)의 오스트리아-헝가리(Austro-Hungary)제국을 단숨에 물리쳐 충격을 주었다. 1871년 보불전쟁(Franco-Prussian War)에서 예상을 뒤집고 프랑스도 쉽게 격퇴했다. 독일제국은 통일과 동시에 유럽의 새로운 강대국이 되었다. 이로 인해 기득권을 유지하려는 세력과 기득권을 인정받고자 했던 독일제국 간의 갈등은 피할 수 없었고 이 과정에서 유럽의 힘의 균형이 재편되는 과정을 겪었던 것이다.

독일제국은 통일과정에서 이미 정치외교적으로 기득권을 인정받았다. 그러나 진정한 강대국으로 인정받기 위해서는 당시의 패러다임 내에서의 경제력 또한 인정을 받아야 했다. 즉 산업화를 통한 국가경제 경쟁력에서도 유럽의 강대국으로 인정받아야 했다. 독일제국은 산업화에 빠르게 성공했다. 산업화 성공은 독일인에게 통일과 함께 엄청난 자부심을 제공했다. 이제 독일이 식민지 경쟁에 적극적으로 참여해 글로벌 규모의 경제적 경쟁력을 통해 명실상부한 강대국으로 인정받아야 한다는 필요성과 요구가 나타났다. 글로벌화한 경제체제에서 더 이상 독일제국의 탄생이 유럽만의 상황으로 끝날 수는 없었고 국제적 현상으로 발전할 수밖에 없는 상황으로 진행되었던 것이다. 이렇듯 독일제국의 탄생은 세계를 무대로 한 유럽의 식민지 경쟁구도에도 새로운 변화를 예고하면서 기존 체제의 구조조정을 의미했던 것이다.

Ⅱ. 독일 식민지 역사와 독일제국 탄생

독일인들은 통일 오래전부터 정부형태의 지원 없이도 활발한 식민지 활동을 전개하고 있었다. 즉, 국가적 지원 없이 성공적인 상업 활동을 통해 독일인의 존재를 증명하고 있었다. 한자동맹의 활동에서 보듯 독일인들은 국제교역에서 성공적인 전통을 갖고 있었다. 그러나 국가의 지원을 바탕으로 한 새로운 양상의 국제교역이 진행되면서 독일인들도 국가가 주도하는 식민지 정책의 필요성을 인식하기 시작했다. 이는 통일을 주도하고자 하는 세력에게 중요한 이슈가 되기도 했다. 그럼에도 통일된 국가를 형성하지 못한 현실에서 독일은 국가중심이라는 시대적 패라다임과는 다르게 민간에 의한 여론을 중심으로 통일 이슈와 함께 식민지 정책의 필요성이 확산되었던 특징을 갖게 되었다.

1650년 이후 대선제후 프레드릭 빌헬름(Frederick Wilhelm)이 국가 주요정책에 식민지 정책을 최초로 포함한 데에는 이런 배경이 있었다.[1] 물론 분열된 독일의 현실에서 프러시아만의 식민지 정책이 타 유럽 열강에 비교할 만한 성과를 만들어내는 데는 한계가 있었지만 국가적 이슈로 인식될 만큼 여론이 형성되어 있었음을 볼 수 있다.[2] 30년전쟁 후에도 통일된 근대적 국가를 만드는 데 실패한 독일에게 일관된 식민지 정책은 여전히 기대하기 불가능한 상태였다. 그러나 이렇게 중요한 과제가 지연되고 있었기에 독일 전체를 대표하는 정부적 차원의 일관성 있는 정책적 지원을 바탕으로 한 식민지 확보가 필요하다는 인식을 제공하고 확산시키기에는 충분했다. 상식적으로 시대의 필요성

---

1 William Otto Henderson(1962), *Studies in German Colonial History*, Chicago: Quadrangle Books, p. 1.

2 Mary E. Townsend(1966), *The Rise and Fall of Germany's Colonial Empire, 1884~1918*, New York: Howard Fertig, p. 17.

을 충족하지 못한 상태를 유지하면서 통일이 이루어질 경우 매우 빠르고 파격적인 변화가 있을 것이라는 것을 예상할 수 있다.

1815년 이후 독일의 경제와 정치가 안정되지 못한 상황에서 새로운 삶의 터전을 찾아 독일을 떠나는 사람들이 늘어나면서 식민지에 대한 필요성이 다시 관심을 끌기 시작했다. 독일인 사이에서 국가민족주의적 인식이 확산되면서 타국의 식민지에 거주하는 독일인들에 대한 보호가 필요하다는 주장이 나오고 있었던 것이다. 1848년 독일 지역에서 국가민족주의의 영향으로 독일인을 위해 확보해야 할 이주지역 문제 및 이주 독일인들 처우에 대한 논의가 프랑크푸르트 민족회의(Frankfurt National Assembly)에서 공론화되기 시작했다. 식민지 보유의 필요성에 대한 논의가 주요 주제 중 하나로 채택될 정도로 여론을 중심으로 식민지 정책의 필요성에 대한 분위기는 더욱 확산되었다.

식민지 건설에 대한 필요성이 국가적 과제로 인식되었던 것이고 근대적 통일정부 없이 국민대표를 통해 여론이 형성되어 진행되었다는 점에서 다른 국가와는 다른 매우 의미가 있는 전개였다. 통일된 국가가 없는 상태에서 여론을 통한 식민지 확보 공론화는 정책이 아닌 문화적으로 진행된 것이었고 이는 통일 후에도 지속된다는 점에서 의의가 있다. 어떤 정부나 지도자도 이 문제에 대해 무관심할 수는 없을 뿐 아니라 어떤 정책도 여론수렴 과정을 겪어야 한다는 독일만의 특수성을 보여주고 있는 것이다.

1867년 오스트리아와의 전쟁에서 승리한 후 북독일연방(North German Confederation)이 결성되면서 식민지 확장에 대한 관심이 국가민족주의와 함께 더욱 고조되었다. 오스트리아 축출로 통일이 가시화되고 있었던 시점에서 식민지 확장을 요구하는 세력들은 통일 독일이 국제사회에서 강대국으로 인정받기 위해서는 반드시 식민지를 보유해야 한다고 주장했다. 이는 국제무대에서 통일 독일의 위상을 확고하게 해줄 가장 중요한 요소 중 하나라고 주장했다. 프러시아 군부 역시 보불전쟁 이후 해외 해군기지 건설의 필요성과 독일의 경제적 독립을 내세우며 식민지 보유와 확장의 당위성을 강력하게 주장하고 나섰다.[3] 이렇듯 독일의 통일과정은 독일이 식민지 경쟁에 뛰어들어 유럽은 물론 국제정세를 변화시킬 가능성을 예고하고 있었고 통일 전부터 광범위한 여론과 요구가 존재하고 있었다.

1860년대와 1870년대에 들어서면서 식민지 보유 및 확장에 대한 여론은 이전에 비해 상당히 구체적인 양상으로 전개되었다. '상업지리학과 독일의 해외이익을 위한 중앙회(Central-Verein Handels-Geographie und Deutsch Interesse in Ausland)'가 결성된 이후 라이프치히 지역에서도 '상업지리학협회(Verein für Handels-Geographie)' 같은 이익집단이 만들어져 식민지 확장에 대한 여론을 체계적으로 주도했다.[4] '서부 독일지역 식민지와 수출을 위한 협회(West-deutsch Verein für Kolonisation und Export)'도 국가민족주의적 색채를 강하게 표출하면서 공식적인 활동을 시작했고 식민지 확장에 대한 여론을 조성하고 주도하는 데 큰 성과를 올렸다.

1882년 12월 '서부 독일지역 식민지와 수출을 위한 협회'는 '식민지협회(Kolonialverein)'로 발전했고 3년 만에 만 명이 넘는 회원이 가입할 정도로 급성장했다.[5] 1884년 만들어진 '독일 식민지협의회(Gesellschaft für Deutsche Kolonisation)'와 다음해 '독일 식민지협회(Deutsche Kolonialgesellschaft)'로 통합되면서 시너지 효과를 얻어 적극적인 식민지 경쟁 참여를 주장하며 여론 형성을

---

3 William Otto Henderson(1962), p. 3.

4 Woodruff D. Smith(1978), *The German Colonial Empire*, Chapel Hill: University of North Carolina Press, p. 20.

5 Woodruff D. Smith(1978), p. 21.

주도했다.[6] 통일과정과 함께 진행된 식민지 경쟁에 대한 여론 형성은 통일 독일의 미래에 지대한 영향을 미칠 수밖에 없었던 것이다.

이런 역사적 배경에도 불구하고 독일제국을 탄생시켜 독일인들의 오랜 염원인 통일을 이룩한 비스마르크(Otto von Bismarck)는 식민지에 대한 여론을 따르지 않았다. 비스마르크는 통일 이후 유럽 강대국들의 신생 독일제국에 대한 견제를 예상했고 통일과정의 후폭풍을 피하기 위해 정부가 공식적으로 식민지 경쟁에 적극적으로 참여하는 것을 자제했다. 비스마르크는 외교적 안정을 바탕으로 통일된 독일제국의 체제를 확고히 안착시키기 위해 내부적인 갈등을 해소하는 데 정책의 우선순위를 두었다.

이런 면에서 현실적이고 실용주의자인 비스마르크에게 식민지 경쟁이 초래할 수 있는 유럽 국가와의 외교적 갈등관계는 큰 부담이었다. 동시에 이로 인해 야기될 수 있는 국내적 갈등 역시 피하려 했다. 그는 내부적으로 식민지 문제는 보수주의자와 사회주의자들을 포함한 진보주의자 간에 정치·사회적 갈등을 초래할 수 있다고 인식하고 있었다. 이는 통일 초기 독일제국에는 큰 시련이 될 것이라고 여기고 오히려 이런 상황을 이용해 국내정치를 주도할 수 있는 하나의 레버리지로 식민지 문제를 활용하고자 했다. 그래서 비스마르크는 독일제국의 공식적인 식민지 정책은 재정적 부담은 물론 정치적 부담도 심각하고 안보적 위험을 부를 수 있어 조심스럽게 접근해야 한다는 입장을 표명했다.[7]

그러나 이미 식민지 활동이 정부의 지원 없이도 상당히 진행되고 있었고

---

6 William Otto Henderson(1962), p. 5.

7 Hans-Ulrich Wehler(1970), "Bismarck's Imperialism, 1862~1890," *Past and Present*, 48: 125.

국가민족주의와 함께 형성된 여론이 존재하고 있던 현실을 잘 알고 있던 비스마르크는 매우 정치적인 선택을 했다. 식민지 정책에 대한 정부의 직접적인 간여보다는 개인을 중심으로 한 진보주의적 자유무역주의를 바탕으로 한 상업 확대를 정부가 간접적으로 지원하는 정책을 통해 융통성 있고 관리가 수월한 소극적인 정책을 추진했다. 이런 입장표명을 통해 비스마르크는 자신이 원했던 식민지를 활용한 국내정치 관리라는 목적을 달성할 수 있는 정책적 유연성을 갖게 되었다고 믿었다. 동시에 정부차원의 식민지 확장정책은 영국과의 갈등을 초래할 것이라는 우려도 피할 수 있었다. 영국 왕실과의 결혼을 통해 다져논 외교적 성과를 유지해 프랑스 고립이라는 자신의 외교정책 핵심을 유지하고 싶어 했던 비스마르크로서는 매우 효과적인 정치적 선택이었다. 이렇듯 비스마르크에게 식민지 정책은 국가 주요 과제가 아닌 이차적인 문제로 간주되었다.

이미 비스마르크는 1871년 프랑스와 맺은 프랑크푸르트 평화조약에서 전쟁배상금으로 프랑스가 제시한 식민지의 이양을 거부해 공식적으로 독일제국이 식민지 경쟁에 참여할 의사가 없다는 점을 표명한 바가 있었다. 이뿐만 아니라 1876년에도 식민지 지지모임이 공동 제의한 '남서부 아프리카 식민지건설안'도 반대해 자신의 정책노선을 확실하게 보여주었다. 1880년 '뉴기니 식민지건설계획안' 역시 공식적인 정부의 참여를 거부했고, 1882년 식민지협회가 창립에 즈음해 요청한 정부의 공식적인 지지 제의도 거절했다.[8] 비스마르크에게는 식민지보다는 독일제국의 안정과 유럽 내에서 프랑스 고립정책을 바탕으로 한 외교적 안정이 더 중요했던 것이다.

친영주의자는 아니었지만 비스마르크는 이런 이유에서 영국과의 친밀한

8 Mary E. Townsend(1966), p. 61.

외교관계 유지가 필요했고 식민지 확장으로 인해 영국과 일어날 수도 있는 갈등을 사전에 제거하려 했던 것이다. 강력한 통일 독일에 대한 프랑스의 반감과 타 유럽 국가의 우려가 존재하는 상황에서 구태여 식민지 경쟁으로 야기될 수 있는 외교적 갈등을 만들 필요가 없다고 그는 믿었던 것이다. 그 결과 여론의 눈에 비친 비스마르크는 식민지 문제를 국가적 정책으로 진행하려는 의도가 없는 지도자로 보였다.

통일 후 국가 주도의 산업화가 빠르게 진행되었고 통일의 시너지 효과로 인해 독일제국의 경제가 급성장했다. 비스마르크는 이런 경제발전이 정치적·사회적 안정을 제공해줄 것이라 생각해 문제의 소지가 많은 식민지를 확보하려고 국제적 갈등을 초래할 이유가 없다는 자신의 입장을 재확인했다. 그러나 산업화와 급속한 경제성장은 과잉생산과 빈부격차라는 문제를 불러왔고 서서히 심각한 사회문제로 발전하는 요인이 되었다. 또한 경제가 글로벌 규모로 확장되고 있던 당시의 현실과 산업화 경제체제의 영향으로 독일제국의 경제는 주기적인 호황과 불황을 반복했다. 예측이 힘든 심각한 경제상황은 비스마르크에게 국내정치를 불안정하게 하는 원인으로 간주되었고 이를 해결할 방법을 모색하게 된다.

주기적 경제공황을 극복하기 위한 방편으로 유럽 강대국은 식민지를 적극적으로 활용하는 정책을 개발하고 발전시켰다. 반면 독일은 지속되는 농업위기와 프랑스로부터의 전쟁배상금이 고갈되면서 경제적 대안이 사라지기 시작했다. 초기 비스마르크의 믿음과는 다르게 경제적 문제가 사회·정치문제로 빠르게 전개되면서 독일제국의 안전을 내부적으로 위협하는 요소로 발전했다. 위기감이 퍼지자 경제적 문제를 해결하기 위한 경기부양책으로 식민지를 확보해야 한다는 주장이 보수주의자들에게서조차 나오기 시작했다. 그럼에도 비스마르크는 유럽 내 독일제국의 안정이라는 자신의 정책 최고 과제를 가능한 한 유지하려 노력해 식민지에 대한 정책의 급진적인 변화를 자제했다.

그러나 현실을 직시한 실리주의자 비스마르크는 자신의 정책기조를 유지하면서도 당면한 과제를 해결하기 위한 타협안을 내놓게 된다. 우선 기존의 자유방임주의적 경제정책을 버리고 국가가 경제에 적극 간여하는 중상주의적 정책으로의 전환을 시도했다. 정부가 주체가 되어 지속적인 경제성장을 유도하는 것을 국가의 중점 과제로 선정해 추진하려 했다. 그러나 경제가 글로벌화하는 시대에 정부가 중심이 된 국내중심 경제정책은 현실적으로 한계에 도달할 수밖에 없었다.

이런 상황을 극복하기 위해 비스마르크는 보수주의의 보호주의적 관세정책을 발표해 국내 보수세력의 지지를 유지하려 했다. 동시에 제국의회(Reichstag)에서 전격적으로 정부의 식민지 지원정책을 제시했다.[9] 1880년 의회에서 '사모아보조금 입법안'의 인준을 요구해 자신의 정책적 변화를 보여주려 했다. 그러나 예상과는 다르게 이 법안이 의회에서 부결되면서 비스마르크의 새로운 시도는 난관에 봉착했다. 여전히 보수주의의 반대가 비스마르크의 변화를 견제했다. 비스마르크는 조심스럽고 점진적인 식민지 활동을 제시하는 것이 독일제국으로 인해 발생할 수도 있는 유럽 국가 간의 갈등을 최소화할 수 있고 보수주의자들의 반대를 극복할 수 있을 것이라고 믿었던 예상이 빗나간 것이었다. 이런 소극적인 대응으로는 보수, 진보 어느 쪽도 만족시킬 수 없었다. 또한 지나치게 자신의 능력을 믿고 어느 면에서는 상반되는 다양한 정책을 동시에 펼쳐 지나치게 많은 이익을 취하려 했다. 여기에 비스마르크의 한계가 나타난다. 합리적 정책을 수립해 추진하는 것보다 여러 정책을 기술적으로 운영해 문제를 해결할 수 있다는 자신의 능력을 지나치게 활용하고 있었

9 Mary E. Townsend(1966), p. 74.

던 것이다.

여전히 비스마르크는 문제점 해결에 정부의 정책적 시스템에 의한 접근이 아닌 자신의 능력을 바탕으로 해결하려 했다. 같은 해 그는 프러시아 경제협의회를 구성해 정부의 직접적인 개입이 아닌 간접적인 지원을 통한 식민지 확장으로 정책의 패러다임을 바꾸었다. 정부가 이 협의회에 1억 마르크를 지원해 식민지 구매 사업을 지원해 독일의 식민지를 확장한다는 것을 목표로 한 정책이었다. 이 우회적 식민지 확장 정책이 비스마르크 정책의 색채를 잘 보여주고 있다. 비록 성공은 거두지 못했지만 비스마르크는 협의회를 전국적으로 확대 조직해 자신의 목적을 달성하려 했다. 점진적이고 조심스런 비스마르크의 정책이 난관에 봉착하게 된 이유는 식민지의 필요성을 강조하는 진영에서는 강력한 정책차원의 지지를 요구하고 있었고 이를 반대하는 보수진영에서는 외교적 마찰에 대한 우려와 진보주의의 확산에 대한 두려움을 아직 떨치지 못하고 있었다. 비스마르크의 존재감이 여전했기에 그에 대한 반발이 표면화하지는 않았지만 모두를 만족시키는 정책은 결국 모두를 만족시키지 못하는 정책임을 인식하지 못하고 있었던 것이다.

그러나 1880년대 중반 독일의 상황은 크게 변화했다. 1885년 1년 만에 식민지협회 회원수가 300% 증가했다. 이들은 강력한 제국주의적 식민지 정책 채택만이 독일의 모든 문제를 해결할 수 있다는 여론이 확산되고 있음을 증명하고 있었다. 1882년에 불어닥친 경제공황은 식민지 확장에 대한 여론에 더욱 힘을 실어주었다. 식민지를 국내정치 안정의 도구로 충분히 사용할 수 있는 기반이 비스마르크에게 주어졌다.

그러면서도 비스마르크는 여전히 조심스런 식민지 확장 정책을 추진했다. 그는 독일의 식민지 정책은 외국의 영토를 정복하기 위해 전함을 파견하지 않을 것을 확고히 표명했다. 여전히 정부가 주도하지도 않겠다는 입장을 강조했던 것이다. 그는 독일제국의 식민지 정책은 독일 상인들이 주축이 되어 진행할 것이고 정부는 외교적 보호만을 제공할 것이라는 절충된 정책을 제시했다. 즉 영국이 유지하던 공인회사제도 형태를 근간으로 식민지 확장을 진행하겠다는 것이 비스마르크의 복안이었다.[10] 1884년 초 국내경제의 전망이 부정적이라는 보고를 접한 비스마르크는 자신의 새로운 정책기조를 바탕으로 식민지 정책을 진행하게 된다.

비록 당시의 경쟁체제에 비해 적극성이 떨어지나 독일의 경제력을 토대로 식민지 확장은 빠르게 진행되었다. 독일제국은 비스마르크의 다소 애매한 표현을 통해 열강과의 마찰도 최소화하면서 목표를 달성할 수 있는 정책을 펼치면서 큰 어려움 없이 식민지를 확장해나갔다. 이를 통해 아프리카는 물론 남태평양 지역에서 민간차원으로 활동 중이던 독일 회사들은 큰 힘을 받기 시작했다.

비스마르크는 탐험가였던 구스타프 나흐티갈(Gustav Nachtigal)을 서아프리카 지역 전권영사로 임명해 이 지역에서 독일제국의 보호령을 지정하고 확대하도록 명령했다.[11] 이로 인해 세네갈의 루스군도(Loos Islands)와 두브레카(Dubreka)를 독일 보호령으로 흡수했다. 이뿐만 아니라 토고랜드의 리틀포포(Little Popo)와 비아프라 만의 페르난드포(Fernand Po) 섬 지역도 독일제국의 보호령으로 확보했다.[12] 1884년 10월 13일 루스군도와 두브레카를 영국과 프랑스에 반환해 반발을 무마하면서 나머지 지역에 대한 보호령을 확정 발표했다.

1885년에는 게하드 롤프스(Gerhard Rohlfs)를 동아프리카 지역 영사로 임명

---

10 Mary E. Townsend(1966), 119.

11 Imanuel Geiss(1976), *German Foreign Policy, 1871~1914*, London: Routledge & Kegan Paul, p. 48.

12 Mary E. Townsend(1966), p. 99.

해 독일 식민지협회가 확보한 모든 지역을 독일 보호령으로 지정했다. 독일제국은 남서부 아프리카의 카메룬과 토고랜드를 포함해 동아프리카까지 식민지를 확장했다. 정부의 직접적 간여를 배제하고 현지 독일 민간인을 영사로 임명해 식민지를 확장하면서 타 강대국과의 갈등을 최소화하고 국내 반대세력의 반발 역시 최소화하려 했던 비스마르크의 뛰어남이 보이는 상황 전개였다.

비스마르크는 남태평양 지역에서도 같은 형태로 식민지를 확장했다. 이 지역에서 활발히 활동하고 있던 독일 뉴기니회사(German New Guinea Company)를 지원하기 위해 해외은행을 설립했고 과학적인 목적이라 포장하고 오토 핀슈(Otto Finsch)를 북뉴기니에 파견해 보호령을 확장했다. 1885년 영국과 합의를 거쳐 솔로몬군도를 포함해 뉴기니의 1/4을 독일 보호령으로 확정했다. 다소 소극적인 정책노선을 통해 갈등을 최소화하는 정책을 진행했으나 1884년 8월 비스마르크가 유럽 열강들에게 영국의 식민지 패권에 대한 견제가 필요하다는 의견을 제시한 것으로 보아 식민지 확장은 비스마르크에게 매우 중요한 정책의 일환이 되었음을 볼 수 있다. 비스마르크에게 식민지 정책은 이제 국내정치뿐만 아니라 국제정치를 관리할 수 있는 확실한 정책적 레버리지가 되었던 것이다.

국내정세를 장악한 비스마르크는 1884년 10월 프랑스의 지원에 힘입어 콩고회의를 소집했다. 이 회의에서 콩고결의문 채택을 주도해 영국을 적절히 견제했다. 이 결의문은 추후 서아프리카 지역에서 야기될 수 있는 열강 간의 마찰을 해결할 수 있는 국제적 규범을 처음으로 제시했다는 의의가 있으나 사실상 독일제국의 아프리카 식민지 확장을 합법화하는 역할을 했다. 유럽 내에서 프랑스의 고립을 최고의 외교정책 근간으로 삼았던 비스마르크의 입장을 보았을 때 비스마르크는 식민지 확장이 독일제국의 안정에 중요하다고 인식하고 있었고 식민지를 통해 영국을 포함해 유럽 외교를 독일이 중심이 되어 관리하겠다는 의도를 반증한다.

그럼에도 비스마르크는 식민지 보유가 제국의 안보보다 중요하지 않다는 전제를 잊지 않았다. 그는 독일제국의 유럽 내 안보를 위해 영국과의 친선관계는 동아프리카 전체를 내준다 해도 유지해야 한다는 입장을 고수했다. 이를 증명하듯 비스마르크는 1889년 영국과의 동맹을 제의하면서 아프리카 지역과 헬리고랜드를 교환할 것을 심각하게 고려했다.[13] 그는 다소 상충되는 정책을 다양하게 펼치면서 독일제국의 입지를 확고히 하는 동시에 식민지 확보를 통한 경제적 이익도 확보했다. 그러나 장기적으로 볼 때 정책 자체가 비스마르크의 뛰어난 능력에 의존해 복잡하고 유동적(flexible)으로 작용하면서 비스마르크 외에는 누구도 이 시스템을 이해하고 효율적으로 유지하기가 어려웠다. 독일제국은 비스마르크라는 개인의 능력에 지나치게 의존해 일관성 있는 식민지 정책을 만들어내지 못하고 점차 어려움을 겪을 수밖에 없었다.

많은 공인회사가 설립되었지만 동아프리카 공인회사와 뉴기니 공인회사만이 사실상 독일 정부를 대표해 주권행사를 했을 뿐이었다. 1890년에는 동아프리카 공인회사가 파산했다. 1898년에는 뉴기니 공인회사도 주권행사를 포기했고 5년 후 파산했다.[14] 그럼에도 비스마르크의 독일은 식민지 정책의 문제로 인해 국내정치나 외교적 입장에서 어려움을 겪지 않았다. 이는 비스마르크의 개인적 역량 때문이었다. 그러나 비스마크가 영원히 독일제국을 관리할 수는 없었다. 즉, 시스템 구축에 실패하고 개인의 능력에 의존하는 행태로 발전하면서 독일제국은 시작부터 심각한 한계를 갖고 있었다. 문제가 발생할 경우 정부의 정책 시스템이 작동하기보다는 개인의 능력에 의존해 다소 즉흥

13 Mary E. Townsend(1966), p. 115.
14 Mary E. Townsend(1966), p. 125.

적일 수밖에 없고 능력이 있는 인물이 관리한다면 해결이 되겠지만 그렇지 않은 경우에는 혼란을 초래할 수 있는 심각한 문제를 가진 것이 독일제국이었다.

동아시아에서는 중국, 일본과 외교관계를 수립하고 통상활동을 전개하고 있었으나 역시 타 국가에 비해 소극적인 모습을 보이고 있었다. 서구 국가들의 경쟁이 첨예하고 민감하게 진행되던 지역에서 독일제국의 역할은 제한적일 수밖에 없었다. 독일제국의 적극적인 경쟁참여는 영국과 프랑스는 물론 러시아와의 갈등도 불을 보듯 명확한 것이 현실이었다. 이 점을 우려했던 비스마르크는 동아시아 지역에서의 적극적인 정부 지원을 피하려 했다. 그럼에도 독일제국은 1884년 조선과도 통상조약도 맺고 세창양행을 내세워 이 지역에서 활동영역을 넓혔고, 동아시아 지역에서 독일의 존재를 유지하려 노력했다.

독일제국은 영국의 뒤를 잇는 제2위 식민지 보유국가로 빠르게 성장했다.[15] 비스마르크의 조심스럽고 점진적인 정책을 바탕으로 한 변화만으로도 독일제국의 경쟁력은 식민지 경쟁에서도 여실히 증명되었다. 이는 식민지 확장 대상 지역이 한계에 다다르면서 열강들 간의 갈등이 예고되고 있었던 상황에서 국제정세의 변화를 예고하기에 충분했다. 비스마르크의 정책적 변화는 이미 형성된 여론이 있었기에 수월하게 진행될 수 있었다. 동시에 강력한 지도력과 정확한 판단력으로 비스마르크는 국가를 관리할 수 있었다. 이런 상황에서 갈등을 최소화하면서 독일의 입지를 기술적으로 관리할 수 있었던 비스마르크가 실각하고 빌헬름 2세가 독일제국의 새 황제로 등극했다. 비스마르크가 국가의 정책 시스템을 확고하게 구축하지 않고 자신을 중심으로 운영하는 체제에서 비스마르크의 실각은 전체적인 변화를 예고하기에 충분했다.

---

15 이영관(2002), 『조선과 독일』, 국학자료원, 32쪽.

Ⅲ. 빌헬름 2세의 등극과 독일제국의 식민지 정책

빌헬름 2세(Kaiser Wilhelm II)의 카이저 등극은 독일제국에 새로운 역사를 여는 사건일 뿐만 아니라 국제정세의 판도를 바꾸는 사건이 되었다. 물론 한 개인이 역사를 바꾼다는 것은 쉬운 일이 아니지만 상식적으로 시스템이 존재하지 않고 개인의 능력에 좌우되는 상황에서는 매우 심각한 결과를 초래할 수 있다. 외교적으로 기존의 체제가 한계점에 도달하고 새로운 변화가 요구되는 시기에 빌헬름 2세가 등장했고 그의 역량과 관계없이 독일제국의 역량이 빠르게 확장된 상황에서 독일제국 지도자인 카이저의 결정과 행동은 개인적 차원이 아니라 최고 강대국의 결정으로 국제정세에 막대한 영향을 주기에 충분했다. 앞에서 거론한 것처럼 뛰어난 능력을 가진 인물 비스마르크가 자신의 능력을 바탕으로 한 복잡한 정책을 수행하고 국가차원의 정책적 시스템을 구축하지 못한 상태였기에 그 충격은 더욱 심각할 수밖에 없었다.

독일제국 초대 카이저의 손자인 빌헬름이 병약한 아버지로 인해 새로운 지도자로 주목받기 시작했다. 빌헬름은 왼팔에 장애를 갖고 태어났다. 그의 모친인 영국 빅토리아 여왕의 장녀 빅토리아는 아들의 신체장애를 치료하기 위한 지속적인 시도가 실패했으나 결코 포기하지 않았다. 이런 모친의 태도는 빌헬름에게 오히려 신체장애를 각인시키는 결과를 초래해 사회성이 모자란 청소년기를 보내는 원인이 되었다. 그러면서도 지속되는 실패는 빅토리아로 하여금 아들에 대한 실망으로 이어지는 모습을 보여 칭찬보다는 실망을 표현하는 경우가 잦았다. 반면 그의 부친인 프레드리히 3세(Frederick III)는 아들을 사랑으로 감쌌다. 사실상 어린 빌헬름에게 아버지는 사랑을 주었고 한동안 자신에 대한 인정에 인색했던 어머니는 선망의 대상이었다. 당시 상황으로는 다소 정상적이지 않은 집안 환경이 빌헬름의 인격 형성에 큰 영향을 미쳤다.

진보주의적 영국 체제를 신생 독일제국에 뿌리내리려 했던 빅토리아의 역할은 빌헬름에게 다양한 영향을 주었다. 빅토리아의 부친인 알버트 공(Archduke Albert)은 영국과 진보적 프러시아 간의 유대관계 구축을 원했고 빅토리아 역시 부친의 뜻을 강하게 믿고 이를 진행하려 했다. 그 과정에서 어린 빌헬름도 영국의 친척들과는 긴밀한 유대감을 느끼면서 자랐지만 가치관의 혼동이 있었다. 신체장애와 황태자로서의 중압감을 느끼면서 남성성의 대상이 집안에 없었던 빌헬름은 독일 통일을 이룩한 할아버지와 비스마르크를 선망의 대상으로 삼고 성장하면서 모친의 의도와는 상반된 이념적 배경을 갖게 된다.[16]

빅토리아는 자신의 장남이 신체장애로 인해 자신감이 없고 지적으로나 성품, 능력에서 탁월함이 없는 아이라고 생각해 실망감을 자주 나타냈다. 결국 강력한 모친의 존재와 그녀로부터 받는 실망감이 어린 빌헬름을 자신감 없는 청소년으로 자라게 했고 그 돌파구를 조부와 비스마르크로 삼았다. 이런 빌헬름에게 군대생활은 모친의 실망을 극복하고 자신감을 얻는 계기를 제공했다. 그러나 그 자신감은 자신만의 주관적 세계관을 갖게 했고 비스마르크와 할아버지 외에는 아무도 존경하지 않게 된다. 그럼에도 개인적으로는 여전히 영국의 친척에 대해 호감을 유지하고 있었다.

할아버지의 임종이 다가오자 빌헬름의 부친인 프레드리히 3세와 비스마르크 간의 갈등이 표출되었다. 프레드리히 3세와 그의 아내 빅토리아는 독일제국을 영국식 입헌군주정으로 개혁하려 했다. 반면 비스마르크는 독일의 통합을 위해서는 권위주의적(authoritarian) 정치체제가 유일한 선택이라고 믿었다. 빌헬름은 비스마르크의 견해를 지지했고 모친에 대해서는 영국의 입장을 대

16 Lawrence Wilson(1963), *The Imperial Kaiser: The Life of William II*, New York: Dorset Press, pp. 15~16.

변하는 독일의 배신자로 여기게까지 된다. 빌헬름에 대한 비스마르크의 지지 이유가 여기에 있었다. 부친의 병이 심각해지자 비스마르크의 지원에 힘입은 빌헬름은 독일제국의 카이저로 등극하게 된다.

큰 문제 없이 양위가 되었음에도 빌헬름이 카이저에 등극한 후 문제가 발생하게 된다. 현실은 카이저 빌헬름 2세가 아닌 비스마르크가 독일제국의 중심에 있었던 것이다. 제국 재상일 뿐만 아니라 프러시아 재상, 국무성 총리 그리고 상공부 장관 등을 겸직하며 비스마르크는 독일제국 그 자체였다. 초기 두 사람 간의 밀월관계는 1889년 5월 라인란트-베스트팔렌 지역 탄광노동자 파업으로 금이 가기 시작했다. 파업사태가 전국적 규모로 확산되는 과정에서 비스마르크는 군사적 개입을 원한 반면 빌헬름 2세는 이들도 자신의 국민이라고 주장하며 이를 반대했다.[17] 성장과정에서 반발하면서도 어쩔 수 없는 것이 빌헬름은 어머니를 통해 영국적 진보주의의 영향을 받았던 것이다. 영국의 진보주의를 그가 정확히 이해했는지는 알 수 없으나 사뭇 비스마르크와는 다른 모습을 보이며 자신의 존재를 증명하려 했다. 결국 빌헬름 2세는 비스마르크의 지나친 강력함에서의 해방이 필요했고 그를 해임하기에 이르렀다.

비스마르크의 해임은 힘의 균형체제를 유지하려 했던 강력한 전통적인 보수 정치인이 독일제국의 중심에서 퇴장했음을 의미했다. 이는 젊고 경험이 없을 뿐만 아니라 자신만의 편협한 세계관을 갖고 있던 카이저에 의한 새로운 독일제국을 예고했다. 부친의 무력감과 모친의 강력한 영향력에서 자라고, 선망의 대상이었던 모친에게서 인정을 받지 못하고 성장한 인물에게 독일제국의 미래가 맡겨진 것이다. 흥분으로 가득 찬 세상에서 흥분한 젊은 카이저의 손에 독일제국의 미래가 달려 있었고 유럽의 새로운 정세가 펼쳐지게 된

17 Lawrence Wilson(1963), p. 38.

것이다.

빌헬름은 카이저가 된 후에도 외할머니의 영국에 대해 친근감을 유지하고 있었다. 동시에 사촌인 니콜라스 2세의 러시아에 대해서는 좋은 감정을 갖지 못했다. 이런 개인적 취향은 비스마르크의 철저한 실리주의를 계승하는 데 어려움을 주게 된다.[18] 그럼에도 영국과의 갈등을 초래할 수 있는 강력한 해군을 창설해 영국의 불신과 견제를 초래했다. 이런 친척에 대한 개인적 취향과 자신의 개인적 세계관으로 인해 외교관계에서 빌헬름 2세는 초반부터 일관성을 잃고 있었다.

또한 빌헬름 2세는 1891년 외무성 산하에 식민지 활동을 담당할 특별부서를 만들어 정부가 적극적으로 식민지 활동에 간여할 수 있는 방법을 모색했다. 식민지위원회(Kolonialrat)가 재상 산하 특별 자문기구로 만들어졌고 식민지에 관련된 전문가는 물론 선교단체까지 포함해 식민지 정책을 정부가 구상하고 추진하도록 했다.[19] 식민지위원회는 9명의 위원으로 구성되었고 외무성 내에 위치하지만 독립성을 보장받았다. 1895년에는 구성원이 25명으로 늘어났고, 1906년 식민지 담당 부서장의 위치도 내각의 각료로 격상되어 비스마르크가 구상했던 국내정치 및 외교의 레버리지로 식민지 문제를 활용했던 정책은 사라지고 식민지 확장이라는 한 가지 목표만 추진하는 적극적인 정부 주도의 식민지 정책이 만들어졌다.

이는 식민지위원회를 앞세운 빌헬름 2세의 신노선(Der neue Kurs)의 시작이었다. 빌헬름 2세의 정부를 책임진 카프리비 재상(General von Caprivi)은 식민지

---

18 Lawrence Wilson(1963), p. 60.

19 William H. Dawson(1966), *The German Empire, 1871~1914 and the Unity Movement*, Vol. 2, Hamden: Archon Books, pp. 212~213.

정책 자체에 대해 그다지 큰 관심이 없었던 인물이었다. 겉으로는 비스마르크의 노선을 유지하고 있는 것처럼 보이나 실리적인 모습을 갖추지 못하고 있었다. 그뿐만 아니라 자신감 역시도 없었던 것이 사실이다. 카프리비 재상은 독일은 근본적으로 영국에 비해 식민지 문제에 대해 역량이 부족하다고 믿고 있었다.[20] 카프리비의 역할이 소극적일 수밖에 없어 빌헬름 2세의 입김이 작용할 여지가 다분했다는 것이 당시 상황이었다. 빌헬름 2세의 신노선은 자신의 개인적 세계관에 바탕을 두고 있었지만 사실상 비스마르크로부터 탈피해 자신의 존재를 증명하려 했다는 점 외에는 어떤 의의도 찾기 힘든 것이 사실이다.

뚜렷한 정책목표도 없이 진행된 신노선은 빠르게 비스마르크의 식민지 정책에서 탈피하는 모습을 보였다. 대표적으로 1890년 카프리비는 러시아와 재보장조약 연장에 실패한다. 이로 인해 러시아와의 유대관계로 프랑스를 고립화하려던 비스마르크의 구상은 무너지기 시작했다. 동시에 영국과의 협상과정에서 영국에서 헬리골랜드(Heligoland)를 이양받는 대가로 동아프리카의 위투(Witu)와 소말리연안(Somali Coast)에 대한 영국의 보호령을 인정했다. 여기에 우간다를 영국에 이양하는데도 합의했다. 잔지바르(Zanzibar) 대부분도 영국 영향권으로 인정했고 나일강 상류에서 이집트 국경까지의 지역에 대한 영국의 지배도 사실상 인정했다. 빌헬름 2세는 이 결과에 대해 매우 만족했고 마치 비스마르크가 주저했던 것을 자신은 이루어냈다고 생각했다.[21]

비스마르크가 유럽 내 독일제국의 안보 확보라는 목표를 달성하기 위해 식

20 Mary E. Townsend(1966), p. 161.

21 William II(1922), *The Kaiser's Memoirs*, trans. Thomas R. Ybarra, New York: Harper and Brothers Publishers, pp. 55~56.

민지 정책을 이용하려 했던 실리적 정책을 빌헬름 2세나 카프리비 재상이 이해하지 못했을 가능성도 있지만 실행할 수 있는 능력도 없었음을 볼 때 이들을 비난하기보다는 비스마르크가 정책적 시스템을 구축하지 못한 문제점이 표출된 것으로 볼 수 있다. 식민지 정책을 통해 영국, 프랑스, 러시아 등 유럽 강대국 간의 이해관계를 교묘하게 이용하려 했던 전임재상의 정책노선은 사라졌다.[22] 비스마르크 역시 헬리골랜드에 대한 영국과의 협상을 염두에 두고 있었지만 절대로 먼저 영국에 제의하지 말라고 했던 점을 보면[23] 그는 이를 독일의 이익을 극대화할 협상 카드로 간주했지 외교적 목표로 세우지 않았음을 알 수 있다. 이런 개인의 복잡한 역할과 속내가 유지될 수는 없었던 것이다.

앞에서 거론했던 것처럼 비스마르크는 식민지 정책을 국내정치를 관리하는 정책적 레버리지로도 간주하고 있었다. 그러나 빌헬름 2세의 독일제국은 이런 정책의 다각적 목표를 간과했던 것이다. 그 예로 영국의 아프리카 영향력 확대를 제공한 카프리비의 결정은 독일제국 내의 식민지 확장 지지자들의 반발을 사기에 충분했다. 이들은 1890년 7월 범독일연맹(Pan German League)을 출범해 식민지 확장이 독일의 민족적 자부심과 연계되어 있다는 프로파간다를 확산시켜 카프리비를 압박했다.[24] 당시 몇몇 불미한 사건으로 식민지 지지세력의 정치적 입지가 약화되고 있었으나[25] 국내 정치세력에 대한 관리를 통해 제국의 안정을 유지하려 했던 정책을 정확히 이해하지 못한 새로운 정부의

22 이영관(2002), 앞의 책, 104쪽.

23 Mary E. Townsend(1966), p. 164.

24 Mildred S. Wertheimer(1924), *The Pan-German League: Studies in History, Economics and Public Laws,* No. 251, New York: Columbia University Press, p. 37.

25 Mary E. Townsend(1966), p. 167.

문제가 표출되었다는 점에서 독일제국의 미래에 심각한 영향을 야기할 가능성이 다분했다.

일관성이 없이 진행된 빌헬름 2세의 식민지 정책을 여러 면에서 찾아볼 수 있다. 제국 정부는 식민지보호군(Schutztruppe)을 창설해 정부의 강력한 개입을 표방한 것으로 보여 영국을 포함한 유럽 국가들을 긴장시켰다. 반면 독일인들의 식민지 사업에 대해서는 정부차원의 강력한 지원보다는 개인 중심 투자를 활성화하는 정책을 채택했다. 이렇게 일관성 없는 정책 추진으로 인해 전반적인 외교정책의 문제점이 표출되고 있었음은 물론 국내 정치세력 간의 갈등 가능성도 초래해 대내외적으로 비스마르크의 섬세함을 상실하고 있었다.

이뿐만이 아니라 빌헬름 2세는 식민지 정책에서 경제적 관점만을 강조한다고 주장하면서도 오히려 실상은 행정적·관료적인 관점에서 관리했다. 보수파와 진보진영 인사들로 식민지의 행정요직을 독점하도록 해 식민지를 통한 경제적 발전보다는 식민지가 군사주의와 관료주의의 희생물이 되는 결과를 초래했다. 결국 일관성이 결여된 정책과 선임재상의 의도를 정확히 파악하지 못한 문제점으로 인해 빌헬름 2세의 독일제국은 식민지 정책에서 총체적인 문제를 안고 국제사회에서 우려의 대상이 된다.

이런 총체적 문제점에도 빌헬름 2세는 독일제국이 신노선의 중심으로 세계정책(Weltpolitik)을 채택하는 데 결정적인 역할을 한다. 이는 비스마르크의 점진적이고 조심스런 식민지 정책을 완전히 탈피해 적극적이고 도전적인 정책을 지향하는 급진적인 변화였다. 이런 급진적인 정책변화는 당연히 유럽의 정세는 물론 식민지 경쟁으로 갈등이 첨예화되고 있던 상황에서 세계정세에 심각한 영향을 주기에 충분했다.

독일제국은 정확한 목표의식도 없이 국제문제에 사사건건 간여하면서 독일제국의 국제적 입지를 강화하려 했다. 갈등을 초래해 독일제국의 이익을 극대화한다는 단순한 공식이 세계정책의 실체였다. 이는 타 강대국에게서 의심과 견제를 받기에 충분했을 뿐 아니라 실제로 심각한 국제문제를 야기하게 된다. 이로써 비스마르크의 융통성이 사라진 독일제국은 국제문제의 중심에 서서 갈등을 부추기게 된다. 이는 독일제국의 안보를 위협하는 결과를 초래해 비스마르크가 그토록 우려했던 상황을 만들게 된다. 비스마르크로부터의 탈출이 비스마르크의 안정된 독일제국의 위기로 이어졌던 것이다. 비스마르크는 빌헬름 2세가 편협한 자신만의 세계관을 시험할 무대를 제공했던 것이다.

IV. 독일제국의 세계정책과 동아시아

앞에서 거론했던 것처럼 빌헬름 2세의 세계정책(Weltpolitik)은 19세기 말 국제정세에 폭풍을 몰고 왔다. 빌헬름 2세는 한 개인이 아니라 신생 강대국 독일제국을 대표했고 그의 결정은 독일제국의 결정이 되어 엄청난 파장을 일으키기에 충분했다. 다소 결과론적인 견해로 볼 때 빌헬름 2세의 독일제국의 세계정책은 국제정세를 제1차 세계대전으로 몰아가는 비극적 형국을 만들었고 국제적 평화체제가 위협받는 결과를 초래했다.

세계정책의 근간은 힘의 균형체제로 안정을 유지하던 국제정세는 신생 독일제국에게 외교적 영향력을 확대할 기회를 제공하지 않는다는 전제에서 시작한다. 빌헬름 2세는 독일제국처럼 새로운 국가가 국가적 이익을 확대하기 위해서는 국제적 갈등을 외교적으로 해결하려는 빈 체제에 맞서 갈등을 조장해 힘의 균형체제에 균열을 조장하는 것이 필요하다고 보았다. 이 균열이 다시 균형을 이루는 과정에서 독일제국에게 기회를 제공할 것이라고 확신했던 것이 세계정책이다.

빌헬름 2세의 세계정책이 현실적으로 적용된 대상은 동아시아였다. 이는 당시 중국 시장을 중심으로 서구열강이 첨예한 대립양상을 펼치고 있었던 점을 상기할 때 이 지역에 빌헬름 2세의 관심이 집중된 것은 매우 당연한 결과라 볼 수 있다. 영국은 자국의 중국 시장 영향력을 유지하려 했고 프랑스는 인도차이나를 중심으로 자국의 영향력을 확대하려 했다. 러시아는 중국과 국경분쟁을 겪고 있었고 만주 철도 건설에 박차를 가하면서 동아시아 지역 교두보 확보에 국가의 역량을 집중하고 있었다. 미국까지도 중국에 진출하기 위해 개방정책(Open Door Policy)을 주장하고 있었다. 이렇듯 중국을 중심으로 동아시아에서 서구열강 간의 이권이 첨예하게 대립하고 있는 상황에서 독일제국이 세계정책을 바탕으로 변화를 유도하고자 했기에 작은 사건이 큰 파란을 일으킬 수 있는 소지가 충분했다.

불안정한 아시아에서 서구열강 간의 힘의 균형체제를 뒤흔드는 촉매제 역할을 빌헬름 2세의 독일제국이 세계정책을 통해 펼치려 했던 것이다. 빌헬름 2세의 세계정책 목표는 독일제국이 지역 내 갈등을 조장해 중국 내에 식민지를 확보하는 것이었다는 점을 상기해볼 때 또 다른 후발주자인 미국의 개방정책과 비교된다. 이를 위해서는 치열한 식민지 경쟁체제 속에서도 불안정하나 힘의 균형을 유지하고 있던 동아시아에서 변화가 필요했다. 이런 변화가 한반도에서 발생했다. 독일제국에게 동아시아 정세에 적극적으로 간여할 수 있는 계기가 조선의 쇠퇴과정에서 나타난 것이다.

1894년 동학농민봉기는 조선만의 국내 사태로 끝날 수 있었다. 그러나 조선을 놓고 긴장관계를 유지하던 청과 일본이 대치하면서 조선의 사건은 빠르게 청일전쟁이라는 아시아적 사건으로 발전했다. 청일전쟁이 일본의 승리로 귀결되면서 시모노세키에서 평화협상이 진행되게 된다. 이 과정에서 독일제국은 청일전쟁이 동아시아에서 힘의 균형체제가 흔들릴 수 있는 기회라 여기면서 적극 간여하기 시작했다. 독일제국은 자신의 목적을 이루기 위해 결국 삼국간섭이라는 국제적 사건으로 사태를 발전시켰다. 그 결과 중국의 산둥반도에 교주만을 확보하면서 최초의 독일 식민지를 아시아에서 확보하는 데 성공한다.

빌헬름 2세의 독일제국은 청일전쟁으로 인해 상당한 이익을 보던 독일 제조업자나 상인들과는 달리 독일은 제국의 해군기지를 중국에 만든다는 정책을 수립한다. 즉 전쟁상태로 인해 교역이 확대되는 기회를 잡은 독일의 관련 업자들과는 달리 전쟁의 빠른 종료와 함께 독일의 식민지를 확보하려 했던 것이다. 1895년 당시 독일은 중국 시장에서 이미 영국의 뒤를 잇는 제2위의 교역국으로 급부상했다.[26] 이 지역에서 제2위 교역국이라는 입장을 유지하기보다는 독일만의 이익을 확대하기 위해 해군기지를 중국에 건설할 수 있는 기회를 청일전쟁이 제공했다. 그러나 어떤 실질적인 이익이 있을 것이라는 계산에 바탕한 것이 아니라 중국 내에 식민지를 확보해야 한다는 것 자체가 중요했다. 그 예로 독일의 이익이 극대화되기 위해서는 1위 교역국인 영국과의 경쟁이라는 점은 고려하지 않고 있었음을 볼 수 있다. 이런 단순한 결과는 물론 연관된 복잡하고 다양한 파급효과에 대한 분석은 없이 독일제국만의 이익을 바탕으로 한 식민지 확보라는 단순한 목표를 위해 독일은 조선과 청의 희생을 바탕으로 사태에 적극적으로 간여했다.[27] 빌헬름 2세에게서 2위 독일의 목표는 1위 자리이며 이는 영국과의 갈등이라는 당연한 결과를 이해하지 못하고 있었던 단순함을 볼 수 있다. 동시에 독일제국의 이런 의도를 아무도 간파하

26 John E. Schrecker(1971), *Imperialism and Chinese Nationalism: Germany in Shantung*, Cambridge: Harvard University Press, p. 9.

27 Minge C. Bee(1937–38), "Origins of German Far Eastern Policy," *Chinese Social and Political Science Review*, 21: 67.

지 못할 것이라고 생각했다. 이렇게 위험천만한 세계정책이 동아시아에서 처음으로 진행되고 있었다.

독일제국의 목적을 달성하기 위해 우선 일본과의 우호적 관계를 유지한다는 외교노선을 수립했고 1894년 중순 청이 요청한 중재 요청을 베를린은 거절했다. 특히 조선은 독일에게 그다지 중요치 않다는 입장에서[28] 일본의 승리가 거듭하고 있는 상황은 오히려 독일에 도움이 된다고 여기고 있었다. 이 같은 이유로 같은 해 11월 미국이 제안한 공동파병 제의도 거절했다. 베를린은 청일전쟁으로 인해 동아시아 지역의 힘의 균형체제가 흔들려 재편성되는 과정에서 독일에게 기회가 올 것이라고 기대하고 있었다. 일본을 지지하는 것이 오히려 독일의 목적을 달성하는 데 유리하다고 믿고 있었다.[29] 같은 맥락에서 영국이 제의한 공동대응 제안에 대해서도 거절했다. 영국과 공조해 현 상황을 유지하는 것보다는 영국과 프랑스, 러시아 간의 외교적 갈등을 조장하는 것이 독일에 더 유리하다고 본 것이다.

그러나 승전을 눈앞에 둔 일본이 독일의 호의를 받아들이지 않았다. 일본의 협력으로 중국 내에서 식민지를 확보한다는 계획이 불가능하다고 판단한 베를린은 급격한 외교적 변화를 꾀할 수밖에 없는 상황에 직면했다. 특히 베를린은 시모노세키에서 상황이 완전히 종료되기 전에 빠른 결정을 내려야 독일의 식민지를 확보할 수 있다는 생각에 강력하게 외교적으로 간여할 것을 결정했다. 장기적인 이해타산이 아니라 단기적 이익을 위해 지금까지 유지해온

---

28 *Die Grosse Politik der Europäschen Kabinette, 1871~1914*, Sammlung der Diplomatishen Akten des Auswärtigen Amtes, ed. Johannes Lepsius, Albercht-Mendelssohn-Bartholdy, friedrich Thimme, Berlin, 1924, Vol. IX, No. 2213, p. 241.

29 Minge C. Bee(1937-38), p. 73.

정책노선을 전면적으로 바꾸려 했던 것이다. 물론 융통성 있는 대처로 볼 수도 있지만 초반에 이미 공동대처 제안 거부로 인해 외교적 가능성이 한정된 상태에서 급격한 변화는 상대국의 신뢰를 상실할 가능성이 매우 높다.

이미 영국의 제의를 거절해 영국과의 공조는 어렵게 되었고 영국도 독일의 의도를 의심하고 있어 독일의 선택은 한정되어 있었다. 베를린은 차선책으로 러시아와의 공조를 모색한다. 1895년 3월 23일 베를린은 상트페테르부르크에 동아시아 지역 문제에 대한 논의를 제의했다.[30] 같은 달 27일에는 일본에 청과의 평화협정 요구조건을 통보해달라고 정식 요청해 일본에 대한 견제입장을 표명하는 외교적 변신을 꾀했다.[31]

독일제국은 모든 역량을 중국 내 식민지 확보에 집중했다. 전직 북경 주재 독일 공사였던 브란트(Max von Brandt)는 일본에 대한 견제정책이 독일에게 이득이 될 것이라 주장했다. 일본에 대한 견제의 대가로 청이 감사의 표시를 할 것이며 독일에게 식민지를 건설할 수 있도록 영토를 임대해줄 것이라고 분석했다.[32] 이 보고서를 접한 빌헬름 2세는 보다 적극적인 외교적 간여를 지시했다.

영국과 갈등구조를 형성하고 있던 러시아는 독일의 제의를 받아들였다. 또한 한반도에서 일본과 대립하고 있는 상태에서 단독으로 사태에 간여해 영국의 직접적인 견제를 받는 것보다 독일과의 공조가 부담이 적다고 판단했다. 이후 프랑스가 동참하면서 독일이 제안한 러시아와의 공조는 삼국간섭으로 발전한 것은 이미 잘 알려져 있다. 청일전쟁이 아시아의 사태로 종결될 수 있

---

30 George A. Lensen(1982), *Balance of Intrigue: International Rivalry in Korea and Manchuria, 1884~1889*, Vol. 1, Tallahassee: University of Florida Press, p. 271.

31 *Die Grosse Politik*, Vol. IX, No. 2230, p. 260.

32 *Die Grosse Politik*, Vol. IX, No. 2238, pp. 256~266.

는 상황을 독일이 앞장서 국제적 사건으로 발전시킨 것이다. 그 결과 동아시아에서 국제관계가 견제라는 틀에서 복잡하게 전개되는 양상으로 발전했다.

삼국간섭을 통해 독일제국은 일본의 요동반도 점령을 성공적으로 견제했고 이를 바탕으로 청에 식민지를 요구하게 된다. 빌헬름 2세의 세계정책이 성공한 것이었다. 빌헬름 2세 자신도 이 결과에 대해 "와! 이 정책이 작동하네!"라며 놀라움과 만족감을 표현했을 정도로 예상을 뒤엎은 결과였다.[33] 이는 빌헬름 2세가 세계정책을 지속하게 되는 계기가 되고 국제정세를 갈등구조로 뒤흔드는 정책을 지속하는 시발점이 된다. 그러나 그가 얼마나 비현실적인지는 이후 자신의 감회를 표현하는 데서 읽을 수 있다. 그는 "삼국간섭은 대천사 미카엘의 힘 아래 유럽이 연합해 십자가로 불교도, 이교도 그리고 야만인들을 막은 결과다"라며 흥분을 감추지 못했다.[34] 이렇듯 외교에서 현실적인 감각이 부족한 인물의 손에 독일제국의 미래가 놓여 있었던 것이다. 유럽뿐만 아니라 동북아시아에서도 독일제국이 견제 대상이 된 심각한 상황을 인지하지 못하고 있음을 반증해 독일제국의 미래를 어둡게 했다. 특히 영국의 견제를 야기한 것은 비스마르크가 우려했던 상황으로 독일제국을 몰아간 것이었다.

독일의 산둥반도 교주만 식민지화는 러시아의 도움으로 가능했다. 1895년부터 청은 러시아에게 이 지역을 러시아 극동함대 겨울 정박지로 사용할 것을 허락했다. 그러나 러시아는 교주만보다 다른 곳을 선호했다.[35] 독일이 교주만을 확보하려는 의도를 알고는 러시아도 크게 반대하지 않았던 이유가 여기 있었다. 동시에 러시아는 영국이 산둥반도 지역까지 영향력을 확대하는 것을 독

---

33 Lawrence Wilson(1963), p. 64.

34 Lawrence Wilson(1963).

35 이영관(2002), 앞의 책, 181쪽.

일이 견제해줄 수도 있다는 계산도 하고 있었다.[36] 1897년 8월 7일 빌헬름 2세와 니콜라스 2세가 페터호프에서 만나 독일의 교주만 장기 조차에 대해 공식적으로 지지를 표명했다. 이로써 러시아의 지지에 힘입어 독일제국은 처음으로 아시아에 식민지를 건설하는 데 성공한다.

베를린은 이전부터 경제적으로도 교주만 조차를 원했다. 독일 상인들이 이전부터 산둥반도 지역의 광산에 많은 관심을 갖고 있었고 인구 밀집지역인 이곳에 시장을 확보한다는 것도 중요하게 생각했다. 다음해인 1898년 산둥지역에서 선교활동을 하던 독일 선교사 2명이 중국인들에게 살해당한 사건이 일어났다. 이를 빌미로 군대를 파견한 독일은 교주만 포구에 해군기지를 건설하기 시작했다. 이 사건을 계기로 청은 독일에게 교주만을 99년간 조차한다는 합의를 하게 된다.

이는 독일제국이 세웠던 초기 계획과는 다른 것이었다. 요동을 지켜준 감사의 표시로 식민지를 확보하려 했으나 청의 의도와는 상관없이 불법으로 이 지역을 점령하면서 식민지를 확보했다. 그럼에도 독일은 교주만을 성공적 식민지로 만들기 위해 많은 공을 들였고 세계정책의 성공사례로 삼았다. 그러나 아시아 국가들에 대한 독일의 태도는 적나라하게 표출되었다.

교주만 확보는 빌헬름 2세의 독일제국에게는 외교적 성공으로 간주되었고 세계정책의 우수성을 증명하는 증거라고 믿었다. 이런 환상은 독일제국 특히 비스마르크의 후광을 벗어나고자 했던 빌헬름 2세를 만족시키기에 충분했다. 그 결과 빌헬름 2세의 독일제국은 지속적으로 동아시아 정세에 적극적인 자세로 간여하고 갈등구조를 부추겨 독일제국의 이익을 극대화하는 방향으로

36 Minge E. Bee(1937), “The Peterhof Agreement,” *Chinese Social and Political Science Review*, 20: 246.

정책을 고착화시켰다. 미국의 개방정책처럼 국가 간 공조체제를 모색해 안정을 유도했다기보다는 독일의 이익에만 초점을 맞춰 아시아에서의 갈등구조를 야기했고 그 여진이 유럽과 전 세계로 퍼지는 결과를 초래했다.

1900년 의화단사건을 계기로 러시아가 만주 지역에 철도건설 보호를 위한 군대를 파견하자 일본과의 갈등이 시작되었다. 이런 상황에서 같은 해 10월 18일 독일은 영국과 양쯔협정을 조인하면서 러시아의 협력을 바탕으로 한 독일의 아시아 정책이 흔들리기 시작했다. 만주 파병으로 외교적 어려움을 겪고 있던 러시아를 소외시키면서까지 큰 소득이 없는 양쯔협정을 통해 영국과의 관계를 회복해보려 했다. 이렇게 일관성 없는 빌헬름 2세의 세계정책은 문제점을 노출하기 시작했다. 모두를 적으로 만들 수 있는 것이 빌헬름 2세의 세계정책이었다. 독일만의 단기적 이익을 위해 누구라도 고립시키고 희생양으로 삼을 준비가 되어 있는 베를린의 정책으로 국제정세는 안정보다는 갈등에 초점을 두어 평화적인 국제관계가 유지되기 힘든 한계점으로 이끌어가고 있었다. 물론 이런 국제정세의 전개가 독일제국만의 책임은 아니었지만 독일이 촉매제 역할을 한 것은 부인할 수 없다.

1901년 영국의 빅토리아 여왕이 서거한 후 영국의 입장이 변화할 것이 예측되었고 러시아와 프랑스 사이에 밀월관계가 다시 부활할 것이 예측되었으나 빌헬름 2세는 자만에 빠져 적절한 대처를 요구하는 조언을 무시했다. 그는 자신이 유럽의 힘의 균형 자체라고[37] 언급하며 자신의 독일제국은 다른 국가의 변화에 민감하게 대처할 필요가 없다고 주장했다. 오히려 독일제국이 유럽을 주도해야 한다는 입장을 표명한 것으로 국제정세에서 독일의 위치를 지나치게 과대평가하고 독일만의 이익을 위한 정책을 유지할 것을 암시했다.

37 Lawrence Wilson(1963), p. 91.

빌헬름 2세의 기대와는 다르게 1902년 영일동맹이 체결되면서 동아시아에서 독일의 입지는 좁아졌다. 영국과 일본이 동북아에서 러시아뿐만 아니라 독일의 영향력 확대도 견제하기 위해 영일동맹을 체결했다. 이에 대응하기 위해 러시아는 독일에게 프랑스와 함께 중국의 현상유지를 표명하는 데 합류할 것을 제의했다.[38] 그러나 독일은 러시아의 만주 점령이 고착화되면 독일에게 불이익을 줄 수 있다는 판단 아래 이 제안을 거절했다.[39]

독일은 만주와 조선을 놓고 러시아와 일본 간의 갈등을 고조시켜 또 한 번 동아시아에서 힘의 균형체제를 흔들려는 두 번째 세계정책을 기획하고 있었다. 또한 전쟁이 발발할 경우 러시아와 영국 간의 화해 가능성도 사라질 것이라고 여겼다. 동시에 프랑스가 영국과 군사협약을 맺은 상태에서 러일전쟁은 프랑스와 러시아 간의 갈등을 고조시킬 수 있는 기회라고 여겼다. 러시아와 일본 간의 갈등을 배경으로 지나치게 많은 성과를 이루려고 하고 있음을 볼 수 있고 독일만이 모든 이득을 취할 준비를 하고 있다는 자만심이 평화보다는 갈등을 조장하게 만든 것이다.

일본과 러시아 양국 간의 외교적 노력이 한계에 봉착한 시점에서 빌헬름 2세는 평화적 해결을 지원하는 대신 세계정책의 성공이라는 환상에서 갈등을 조장한다. 러시아의 니콜라스 2세를 종용해 일본과의 전쟁을 부추기면서 러일전쟁이 발발해 동아시아의 힘의 균형을 뒤흔들며 이 지역을 또다시 전쟁의 포화 속으로 내모는 데 중요한 역할을 하면서 조선이 독립을 상실하는 데 일조를 했다. 결과적으로 독일제국 역시 이 지역에서 고립되는 결과를 초래해

38 Imanuel Geiss(1976), p. 96.

39 E. T. S. Dugdale(1928), *German Diplomatic Documents, 1871~1914*, Vol. 3, New York: Harper and Brothers Publishers, p. 158.

세계정책의 문제점이 적나라하게 나타나고 삼국간섭을 통한 성공은 단순히 한 번만의 성공임을 증명해주었다.

독일은 영국이 수에즈운하 통과를 거부해 지친 러시아 발트함대에게 아프리카와 남태평양 지역을 항해해 대한해협으로 향할 때 독일 식민지에서 연료와 보급품을 제공해 전쟁을 지원했다. 독일은 러시아의 승리를 확신했고 러시아의 환심을 사 또 한번 아시아에서 영향력을 확대하려 했다.[40] 1904년 11월 독일은 러시아에 대한 지원을 통해 군사동맹까지 모색했다.[41] 이 당시 빌헬름 2세는 환상에 빠져 있었다. 독일과 러시아의 동맹은 역사적 중요성을 갖고 있다고 주장했다. 영국과의 양쯔협정을 통해 러시아를 곤경에 처하게 했던 점을 상기할 때 모든 상황을 지나치게 자신의 잣대로만 판단하고 독일제국을 모두가 원하고 있다고 생각하는 빌헬름 2세의 문제점을 볼 수 있다. 그는 이 동맹을 시작으로 프랑스, 오스트리아와 이탈리아가 참여하게 될 것이라고 믿었다. 더 나아가 일본도 참여를 원할 것이라고 주장했다. 이후 네덜란드, 벨기에, 덴마크, 스웨덴, 노르웨이 등 소국들도 참여하게 될 것이라는 망상 속에서 러시아의 참여를 종용했다.[42] 그러나 러시아가 군사적 동맹은 프랑스와 협상을 한 후에나 가능하다는 태도를 보이면서 빌헬름의 허황된 꿈은 무산되었다. 자신의 외무장관이었던 뷜로(Bernhard von Bülow)조차도 이 제안을 거부했음에도 자신만의 세계관에 사로잡힌 빌헬름 2세는 동요 없이 자신만의 생각을 관철시키려 해 외교적 망신을 초래했다.[43]

러일전쟁이 독일의 예상과는 다르게 일본에 유리한 상황으로 전개되면서

40 Lawrence Wilson(1963), p. 95.
41 Imanuel Geiss(1976), p. 100.
42 Lawrence Wilson(1963), p. 98.
43 Lawrence Wilson(1963), p. 99.

독일의 세계정책은 총체적 혼란에 빠져들게 된다. 독일제국의 기대와는 다르게 미국의 중재로 전쟁이 마무리되고 사실상 일본의 승리 끝나면서 독일제국의 동아시아 정책은 실패하고 이 지역에서 고립되는 결과를 초래했다. 이뿐만 아니라 러시아가 동아시아에서 밀려난 후 외교정책의 초점이 발칸 지역으로 변경되면서 독일의 동쪽 국경을 위협하기 시작했다.

빌헬름 2세에게 동아시아는 세계정책의 시험 무대에 불과했다. 물론 교주만에 식민지를 건설하는 데에는 성공했지만 이를 통해 장기적으로 독일이 어떤 목표를 갖고 동아시아 정책을 전개하겠다는 실체는 보이지 않는다. 영국을 물리치고 동아시아 지역에서 맹주의 자리를 차지하겠다는 장기적 목표 없이 단기적인 독일의 이익만을 추구했고 지나치게 많은 가능성을 독일에 유리한 입장에서만 예측하고 추구하면서 결과적으로 독일의 고립을 초래했다.

빌헬름 2세의 세계정책은 일관성도 없고 뚜렷한 목표 없이 독일만이 이익을 취할 수 있는 방법이 존재한다고 착각한 정책이었다. 청일전쟁을 통해 성공을 맛본 독일은 이 문제점 많은 정책을 지속했으나 러일전쟁으로 실패했다. 그럼에도 세계정책에 대한 미련을 버리지 못하고 아프리카와 발칸반도까지 정책을 확산하면서 독일제국의 멸망을 초래했다. 비스마르크의 우려가 현실로 나타난 것이다. 그러나 젊고 무모한 지도자가 독일제국의 운명을 좌지우지할 수 없도록 정부 정책 운영 시스템을 구축해 견제하지 못한 것은 비스마르크에게도 책임이 있다. 물론 충분한 시간이 없었던 점도 사실이나 비스마르크의 능력을 비추어볼 때 지나치게 자기중심적 국정운영을 해온 문제점을 지적하지 않을 수 없다.

독일제국은 식민지 정책에서 비스마르크와 빌헬름 2세라는 극히 상반된 인물에 지나치게 의존했음을 볼 수 있다. 통일로 인해 신생 강대국으로 자리잡은 독일제국에게 짧은 시간에 장기적인 국가정책의 수립을 기대하기는 어렵다. 결국 상반된 두 인물의 역할이 지나치게 큰 비중을 차지하면서 현대사에서 독일의 비극은 어느 정도 예견된 것이라 볼 수 있다.

V. 맺음말

독일제국의 탄생은 나폴레옹전쟁 이후 빈 체제로 100년간 대규모 전쟁 없이 힘의 균형체제를 유지하던 유럽에 변화를 예고했다. 변화는 유럽에서 시작되었으나 실질적인 갈등 양상의 발전은 동아시아를 무대로 한 식민지 경쟁에서 구체화되었다. 독일제국은 역사적 경험에 바탕을 두고 발전한 일관성 있는 정책을 마련하기에는 충분한 시간도 없었고 국제정세의 역동성이 독일제국에게 기회를 제공하지도 않았다.

산업혁명과 국가민족주의를 바탕으로 이기적인 국제관계를 대변하는 서구열강의 식민지 경쟁은 국제정세를 갈등구조로 이끌었다. 물론 근본적으로 식민지 경쟁이라는 국제관계의 그릇된 정책과 국가민족주의라는 시대적 이념의 산물로 인류 모두에게 책임이 있음을 부인할 수는 없다. 그러나 그런 갈등 구조 속에서 이기적으로 자국 이익만을 추구했던 불안정한 지도자로 인해 독일제국은 결과에 대한 책임을 회피할 수 없게 되었다. 같은 후발주자로 동아시아 시장에 뛰어든 미국의 경우 갈등보다는 협조를 통한 개방정책을 펼친 것과 비교하면 독일의 역할이 확연하게 부각된다.

비스마르크의 조심스럽고 계산된 식민지 확장 정책은 빌헬름 2세의 등극과 함께 문을 닫게 된다. 독일제국의 신노선인 세계정책은 갈등을 극대화해 힘의 균형체제가 흔들리는 틈을 타 후발국가인 독일제국의 입지를 마련하고자 했던 이기적 정책이었다. 동시에 빌헬름 2세의 비현실적이고 감정적인 행태로 인해 갈등구조가 확대되었다. 더욱 심각한 문제는 세계정책이 장기적 목표나 실체가 없었다는 것이다. 비스마르크는 빌헬름 2세 같은 인물의 역할을 견제할 수 있는 국가 정책운영 시스템을 구축하지 못한 책임에서 자유로울 수는 없다.

청일전쟁 후 독일은 삼국간섭을 통해 중국에서 교주만을 확보하면서 이 지역 식민지 경쟁에 적극적으로 참여했다. 그러나 첫 성공의 달콤한 독약은 독일을 문제점 많은 세계정책에서 벗어나지 못하고 지속적인 갈등을 촉발해 패망까지 이르게 하는 결과를 초래했다. 일관성도 없고 자국만의 이익이 가능한 외교체제가 존재할 수 있다는 빌헬름 2세의 세계정책은 식민지 경쟁의 문제점을 적나라하게 표출시켰다. 국가민족주의를 바탕으로 자국만의 이익을 추구하고 타국의 희생을 요구하던 식민지 경쟁 구조는 불씨 하나가 대규모 화재로 이어질 수 있는 매우 불안정한 상황이었다. 긴 식민지 역사를 가진 유럽 강대국 간에 위태롭게 유지되어온 힘의 균형체제를 바탕으로 한 국제관계는 신생 강대국 독일제국의 일관성 없고 개인에 의존한 정책으로 인해 더 이상 유지될 수 없었다. 비스마르크라는 외교의 귀재가 있어 불안전한 평화가 한동안 유지되었으나 한 인물에 의존한 체제는 오래갈 수가 없었다.

물론 독일제국 빌헬름 2세의 세계정책이 없었다면 식민지 경쟁체제가 지속되었을 것이냐는 의문을 제기할 수도 있다. 그러나 독일의 정책으로 인해 기존의 질서가 무너지고 국제관계가 새로운 도전을 맞게 된 것은 역사적 현실이고 독일이 그 책임을 면할 수 없다는 점도 엄연한 역사적 현실이다. 그 중심에 빌헬름 2세가 있었고 또한 비스마르크도 있었다. 식민지 경쟁은 인류사에 큰 희생을 치른 후 국제관계사에서 중요한 교훈으로 남게 되었다. 자국만의 이익을 보장하는 국제관계는 존재하지 않고 공조를 통해 평화가 유지될 수 있다는 진리를 보여주었음은 물론 정부가 개인이 아닌 시스템을 통해 운영되어야 한다는 교훈을 제공한 역사의 일부분이었다.

참고문헌

이영관(2002), 『조선과 독일』, 국학자료원.

Arendt, Hannah(1951), *Imperialism*, Harcourt, New York: Brace & World, Inc.

Brandenburg, Erich(1933), *From Bismarck to the World War: A History of German Foreign Policy, 1870~1914*, trans. A. E. Adams, London: Oxford Univ. Press.

Cecil, Lamar(1976), *The German Diplomatic Service, 1871~1914*, New Jersey: Princeton Univ. Press.

Cunliffe, Marcus(1974), *The Age of Expansion, 1848~1917*, Boston: G&C Merriam Co.

Dawson, William H.(1966), *The German Empire, 1871~1914 and the Unity Movement*, Hamden: Archon Books.

Dugdale E. T. S.(1928), *German Diplomatic Documents, 1871~1914*, Vol. 3, New York: Harper and Brothers Publishers.

Duff, Mountstuart E. Grant(1866), *Studies in European Politics*, New York: Kennikat Press.

Geiss, Imanuel(1976), *German Foreign Policy, 1871~1914*, London: Routledge and Kegan Paul.

Hartmann, Frederick H. ed.(1951), *Basic Documents of International Relations*, Westport, Connecticut: Greenwood Press, Publishers.

Henderson, William Otto(1962), *Studies in German Colonial History*, London: F. Cass.

Hobsbawm, Eric J.(1987), *The Age of Empire, 1875~1914*, New York: Pantheon Books.

Kohn, Hans(1960), *The Mind of Germany: The Education of a Nation*, New York: Harper Torchbooks.

Lee, Dwight E. ed.(1958), *The Outbreak of the First World War: Who or What was Responsible*, Lexington: D.C. Heath and Com.

Lensen, George A.(1982), *Balance of Intrigue: International Rivalry in Korea and Manchuria, 1884~1889*, Tallahassee: Univ. of Florida Press.

Lichtheim, George(1971), *Imperialism*, New York: Praeger Publishers.

Pflanze, Otto. ed.(1968), *The Unification of Germany, 1848~1871*, New York: Holt, Rinehart and Winston.

Rich, Norman(1992), *Great Power Diplomacy, 1814~1914*, New York: McGraw-Hill, Inc.

Rosenberg, Arthur(1964), *Imperial Germany: The Birth of the German Republic, 1871~1918*, Boston: Beacon Press.

Schrecker, John E.(1971), *Imperialism and Chinese Nationalism: Germany in Shantung*, Cambridge: Harvard Univ. Press.

Schumpeter, Joseph(1951), *Imperialism: Social Classes*, trans. Heinz Norden, New York: New American Library.

Smith, Woodruff D.(1978), *The German Colonial Empire*, Chapel Hill: Univ. of North Carolina Press.

Taylor, A. J. P.(1954), *The Struggle for Mastery in Europe, 1848~1918*, Oxford: Oxford Univ. Press.

Townsend, Mary Evelyn(1966), *The Rise and Fall of Germany's Colonial Empire, 1884~1918*, Berkeley: Univ. of California.

Wertheimer, Mildred S.(1971), *The Pan-German League, 1890~1914*, New York: Octagon Books.

William II(1922), *The Kaiser's Memoirs*, trans. Thomas R. Ybarra, New York: Harper and Brothers Publishers.

Wilson, Lawrence(1963), *The Imperial Kaiser: A Portrait of William II*, New York: Dorset Press.

Wright, Harrison M.(1976), *The "New Imperialism": Analysis of Late-Nineteenth-Century Expansion*, Mass.: D.C. Heath and Co.

Bee, Minge C.(1937-38), "Origins of German Far Eastern Policy," *Chinese Social and Political Science Review*, Vol. 21.

Bee, Minge C.(1937), "The Peterhof Agreement," *Chinese Social and Political Science Review*, Vol. 20.

Wehler, Hans-Ulrich(1970), "Bismarck's Imperialism, 1862~1890," *Past and Present*, No. 48.

Die Grosse Politik der Europäschen Kabinette, 1871~1914, Sammlung der Diplomatishen Akten des Auswärtigen Amtes, Vol. 9, Berlin, 1924.

러시아의 해군정책과 한반도 남북변경 위기(1885~1887)

거문도사건과 조청감계를 중심으로

최덕규(崔悳圭)

국제관계사 / 동북아역사재단 연구위원

『제정러시아의 한반도정책 1891~1907』(2008, 경인문화사), 「중·러 국경문제 해결과정 연구」(2006, 『군사』 61, 국방부), 「러시아의 동아시아 정책과 고종의 연해주 망명정부 구상(1909~1910)」(2011, 『서양사학연구』 25, 한국서양문화사학회), 「고종황제의 독립운동과 러시아 상하이 정보국(1904~1909)」(2014, 『한국민족운동사연구』 81, 한국민족운동사학회) 등.

최덕규 | 동북아역사재단

러시아의 해군정책과 한반도 남북변경 위기(1885~1887)

거문도사건과 조청감계를 중심으로

I. 머리말

제국주의 시기, 러시아와 영국이 발칸반도, 중앙아시아, 한반도를 무대로 전개한 세계적 규모의 패권경쟁은 그 갈등이 심화될수록 무력충돌보다는 외교적 타협을 모색하는 윈윈게임의 논리가 지배했다는 특징이 있다. 이 점은 제국주의 시대의 변경문제를 고찰하는 데 주목할 만한 특징이다. 러시아와 영국은 양국 간의 대외팽창정책의 접점에서 발생하는 영토문제를 전쟁이나 무력충돌이 아닌 타협과 양보의 방식으로 문제를 처리해나갔기 때문이다. 따라서 한반도 남부의 거문도사건과 북부의 조청감계(朝淸勘界)를 통해 시도되었던 한반도 남북변경의 현상변경 시도가 조선 국경의 일체의 변화 없이 조선의 독립과 영토보전을 유지하는 것으로 막을 내린 것도 이러한 영러 대립구도의 속성과 관련이 깊다.[1]

1 1907년 체결된 영러협상(Anglo-Russian Entente)은 영러 간의 장기경쟁이 승자 없는 앙탕트체제의 수립으로 종식되는 전형을 보여주고 있다.

그렇다면 왜 영국과 러시아는 유라시아 대륙에서 장기간에 걸쳐 경쟁을 벌이면서도 무력충돌이나 전쟁으로 치닫지 않았는가? 이에 대한 해답으로 우리는 러시아의 국제법학자 마르텐스(Martens F. F.)[2]의 저작에 주목한다. 그는 문명론의 시각에서 영러 대결이 양국 간의 전쟁 혹은 무력충돌로 비화되지 않은 채 앙탕트의 수립으로 마무리되어야 한다는 매우 설득력 있는 이론정립에 기여했기 때문이다. 마르텐스는 자신의 저서 『중앙아시아에서의 러시아와 영국』[3]에서 당시의 국제법 학계에서 거의 다루지 않고 있는 문명과 야만족 간의 법적인 관계에 주목했다. 이에 그는 첫째, 유럽의 문명인과 중앙아시아인 같은 야만족들의 관계에 유럽 국제법의 적용은 불가하며 둘째, 중앙아시아에서 러시아와 영국은 유럽 문명의 대표자로서 그들에게 부여된 사명을 수행하기 위해서는 중앙아시아에서 평화적인 정책공조가 바람직하다는 논지를 전개했다. 결국 문명국인 러시아와 영국은 중앙아시아에서 유럽의 국제법에 따라 상호관계를 설정해야 하고 배타적인 이해를 추구하거나 상호불신을 초래해서는 안 된다는 결론을 내리고 있다.

이러한 결론은 마르텐스의 문명관과 관련이 깊다. 그는 유럽과 아시아인들 간의 관계를 문명의 시각에서 규정한다. 이는 유럽과 아시아의 관계가 빈번해지고 있는 상황에서 유럽의 법사상을 아시아에 이식해야 할 것인지 아니면 아

2 마르텐스(1845~1909): 러시아의 국제법학자이자 외교관. 에스토니아 생. 1854년 페테르부르크 이주. 1873년부터 페테르부르크대학 국제법 교수로 재직하면서 러시아 외무성의 국제법 관련 자문 담당. 1899년 헤이그평화회의에 러시아 대표로 참가하여 전쟁법의 지도적 이념으로 자리 잡고 있는 다음과 같은 소위 '마르텐스 조항(Martens Clause)'을 마련했고 그의 주도하에 중재재판제도가 마련되었다. 1905년 포츠머스강화회의에 러시아측 전권위원으로 참여하였고 제2차 헤이그평화회의(1907)에서는 해사법(maritime law) 위원회를 주관하였다.

3 Ф. Ф. Мартенса(1880), С.-Петербург, Россия и Англия в Средней Азии / [соч.]

시아에서 유럽인과 아시아인들을 구별하여 국제법을 적용할지에 대한 그의 고민에서 비롯되었다. 왜냐하면 당시의 학자들은 유럽과 아시아, 아프리카의 관계는 국제법에 기초하여 수립되어야 한다는 입장인바, 이는 국제법의 적용 지역이 전 세계이며 모든 인류의 법이라는 사상에 입각한 것이었다. 반면 마르텐스는 이러한 견해는 숭고하지만 비현실적이라 판단했다. 유럽의 국제법을 아시아에 적용하는 문제와 관련하여 유럽 문명인들의 도덕적·법률적 성과들을 그 유래에 대해 의식하지 못하고 있는 사람들에게 적용시키기 어렵다는 것이다. 왜냐하면 중앙아시아인들은 국제법에 따르는 의무에 대한 고민을 한 적이 없기 때문이다. 비문명인들은 국제법에 상충되는 그들의 행동에 대해 책임을 지지 않는바, 그들은 문명화된 유럽공동체가 수립된 토대에 대해 이해할 수 없기 때문이다. 따라서 마르텐스는 유럽과 아시아, 아프리카의 관계는 아시아, 아프리카인들의 문명기준이 향상되는 것에 상응하여 변모한다고 보았다.[4]

그렇다면 문명화되지 못한 지역을 둘러싸고 무력충돌을 회피하고자 했던 영러 양국은 한반도 남북변경위기에 어떤 입장이었고 그것이 향후 한국과 동아시아 국제정세에 끼친 영향은 무엇이었는가? 이 주제들은 본 연구를 이끌어가는 근본적인 문제제기가 될 것이다. 이를 위해 첫째, 1885년 한반도 남북변경에서 영국의 거문도(巨門島) 점령과 조청 두만강 감계(朝淸 豆滿江 勘界)가 동시에 이루어진 원인을 발칸 문제 및 중앙아시아 문제와 관련지어 검토하고자 한다. 왜냐하면 발칸문제는 러터전쟁(1877~1878)에서 승리한 러시아가 비스마

4 마르텐스는 세계를 문명과 야만으로 구분함으로써 식민주의를 옹호하고 부추겼다는 비난을 받았지만, 제1차 세계대전 이후 국제연맹의 활동 역시 당대에 마르텐스가 따랐던 문명과 야만의 구분원칙이었던 사실도 고려해야 한다.

르크 주도의 베를린회의(1878)에서 승전의 전리품을 발칸반도의 세력균형을 명분으로 상당부분 상실함으로써 발생한바, 러시아가 노정한 외교적 약세는 청국에게 오랜 숙원의 과제였던 서부국경의 일리[伊犁] 문제를 유리하게 마무리할 수 있는 단초를 제공했기 때문이다. 이는 청국에게 러청 동부국경의 재감계의 명분을 제공하였고 이를 계기로 청 정부는 만주 문제의 핵심이었던 동해로의 출구확보를 도모하기에 이르렀다. 이에 만주에서 동해로의 출해권을 얻기 위한 방책으로 조청 간의 두만강 감계가 시작되었다. 반면 러시아는 청국의 국경재감계 요구를 자국의 약세를 틈탄 책략으로 간주하고 청국을 압박하기 위해 태평양함대를 강화하였다. 이에 갑신정변 이후 한반도 유사시에 대비한 러시아의 함대 증강계획은 영국 정부의 거문도 점령으로 이어졌다.

둘째, 한반도 남북변경위기의 경위를 고찰하고자 한다. 이는 한반도 변경위기를 종합적이고 입체적으로 설명하기 위한 방법론인바, 종래의 연구는 거문도사건과 조청 감계협상을 별개의 사건으로 개별연구를 진행시켜왔기 때문이다. 따라서 거문도사건과 감계협상은 각론은 상당수준의 연구가 이루어졌으나 그 상관성이 지니는 세계사적 의의에 대한 고찰은 거의 이루어지지 못했다. 이에 발칸의 불가리아 위기의 전개과정, 아프가니스탄에서의 영러 대결과 거문도사건의 연동, 거문도사건 및 조청 감계협상에 대한 조선의 대응을 순서대로 정리하고자 한다. 특히 고종 정부가 거문도사건과 조청 감계협상에 어떻게 대응했는지를 밝히는 문제 역시 이 장의 핵심주제라 할 수 있다.

셋째, 한반도 남북변경위기의 해소와 영향을 살펴보고자 한다. 발칸반도의 불가리아 위기는 러시아에게 오스트리아와 독일의 삼제동맹체제에 대한 불신을 심화시키는 계기가 되었다. 특히 독일의 재상 비스마르크는 유럽에서 'free hand'를 유지하고 프랑스를 고립시키기 위해 발칸에서 오스트리아와 러시아의 대립을 조장하고 나아가 러시아와 영국 간의 전쟁위기를 부추겼다. 따라서 동맹국 독일에 대한 러시아의 실망은 삼제동맹의 불구화와 유럽의 세력재편 시도로 발전했다. 이는 러시아가 영국과의 타협을 모색하는 계기가 되었고 궁극적으로 프랑스에 접근함으로써 러불동맹체결의 단초가 되었다. 중앙아시아와 거문도의 연동은 영국의 거문도 점령시점부터 러시아 정부가 구상한 해법이었다. 영국이 한국과 일본의 항구를 점령하지 않는다는 조건으로 중앙아시아를 둘러싼 양국 간의 타협이 가능하다는 것이 러시아 외상 기르스(Н. К. Гирс)의 입장이었기 때문이다. 또한 영국 역시 거문도 철수조건으로 러시아가 한국 항구를 점령하지 않겠다는 약속을 해줄 것을 요구한바, 1886년 천진에서 이루어진 이홍장과 러시아 전권공사 라디젠스키 간의 구두협약은 그 산물이라 할 수 있다. 따라서 러청 양국 간의 한반도 현상유지와 영토보전에 대한 합의는 1887년 조청 정해감계(朝淸丁亥勘界)의 한계를 명확히 했다. 그 결과 한반도 남북변경위기 과정에서 보여준 러시아의 위기해결 능력은 고종 정부의 대러 접근의 지평을 넓히는 동시에 한러관계의 공고화를 위한 한러수륙통상장정(1888)의 체결로 이어졌다.

이에 이 글에서는 1880년대 한반도가 세계적 위기와 연동되어 세계사에 접속되는 과정을 거문도사건과 조청감계를 중심으로 살펴보고자 한다. 발칸의 위기와 연동됨으로써 아프가니스탄과 거문도로 이어지는 아시아 변경의 위기가 영러 간의 무력충돌보다는 현상유지의 평화협상으로 마무리되는 과정의 배경과 경위 그리고 그 결과를 글로벌 히스토리의 측면에서 검토하고자 한다.

Ⅱ. 영러 해군의 대결과 한반도와 발칸반도의 접속

1885년 한반도 남북변경에서 영국의 거문도 점령과 조청 두만강 감계가 동시에 이루어진 원인을 살피기 위해서는 동시대 발칸 문제와 중앙아시아 문제에 주목해야 한다. 왜냐하면 변경위기의 본질이 변경지역의 현상변경 시도라면, 그 기원은 러터전쟁을 전후하여 유라시아 대륙의 현상변경을 주도한 러시아의 세계정책에서 찾을 수 있기 때문이다. 발칸 문제의 출발점은 러터전쟁이다. 러시아가 오스만터키 제국의 지배하에 있던 발칸반도의 현상을 변경하고자 한 전쟁의 명분은 동방의 기독교인의 보호였다. 러시아 외상 고르차코프(A. M. Горчаков)의 1867년 12월 23일자 상주서 「1856~1867년의 러시아 대외정책」에 따르면, "터키 거주 기독교인들을 보호하는 것은 우리의 사명인바, 동방의 기독교인들을 해방시키는 일은 오직 러시아의 도움으로만 가능하다"고 진언하고 있다.[5] 이에 러시아는 발칸 민족의 운명을 결정짓는 중요한 계기였던 러터전쟁에서 승리함으로써 발칸반도의 현상변경을 도모할 수 있는 토대를 마련했다. 이는 러터전쟁의 결과, 러시아가 터키와 체결한 산스테파노조약(1878. 3. 3)으로 구체화되었는데, 세르비아, 체르노고리, 루마니아와 같은 독립국가들이 발칸반도에 부활하였으며 불가리아는 터키 술탄의 형식적인 종주권하에 놓인 자치공국의 형태로 등장했다. 그 결과 동남부 유럽의 새로운 정치지형은 향후 이 지역의 사태진전을 규정하게 되었다.[6]

러시아가 주도한 유럽 동남부의 새로운 정치지형에 문제를 제기한 국가는

5 Канцлер А.М.(1998), Горчаков: 200 лет со дня рождения. М., С. 319, 335.

6 Золотухин М. Ю.(1984), Болгарский кризис 1885~1886 гг. и крах австро-русско-германского союза // Вопросы истории, No. 4. С. 43~45.

다름 아닌 영국이었다. 영국은 발칸에서 러시아의 영향력 확대를 저지하기 위해 베를린회의를 소집하고 러터전쟁의 결과 체결된 산스테파노조약의 재검토를 시도한바, 중재자 역할로 나선 비스마르크(O.Bismark)는 러터전쟁으로 재정적 여력이 없어지고 군사력이 쇠약해진 러시아에게 영국의 요구조건 수용을 강제하기에 이르렀다. 베를린회의를 계기로 러시아는 산스테파노조약의 유리한 조항들을 포기하고 불가리아는 영토가 대폭 축소되었을 뿐만 아니라 동남부 지역에 오스만제국의 자치령인 동부 루멜리아(Eastern Rumelia)가 수립되었다. 반면 보스니아-헤르체고비나는 오스트리아의 지배하에 놓았고, 영국은 사이프러스를, 프랑스는 튀니지를 차지하게 되었다. 베를린회의의 이 같은 결정은 러시아에게 독일과의 관계악화뿐만 아니라 영국, 터키, 오스트리아를 적국으로 돌리는 결과를 초래한바, 차르 알렉산더 2세는 베를린회의를 "비스마르크를 두목으로 한 반러(反露) 유럽연맹"으로 규정하고 있었다.[7]

베를린회의 이후 러시아가 발칸반도에 깊숙이 개입한 나라는 터키의 통치에서 벗어난 불가리아였다. 주지하다시피 불가리아는 1393년 오스만 터키에게 정복당한 이래 1878년 러터전쟁의 결과 독립을 회복하기까지 약 500년간 터키제국의 지배를 받은 바 있다. 우리가 불가리아 국가부활 과정에 러시아가 개입하는 과정에 주목하는 이유는 1885년 러시아가 고종 정부의 청원에 따라 한국을 보호국화하기 위한 모델로서 바로 불가리아안(案)을 제안했기 때문이었다. 주지하다시피 고종은 영국, 청국, 러시아, 일본의 공동 보장하에 한국의 자주와 불가침을 인정하는 벨기에 모델을 구상했던 반면, 주청 러시아 무관 쉬네우르 대령은 불가리아 방식의 보호국화 모델을 주장한 이유도 바로 여기

7 ВоскресенскийА.Д.(1995), Дпломатическая история русско-китайского Санкт-Петербургского договора 1881 года, М., С. 72~73.

에 있었다.

산스테파노조약에 따라 국가재건에 착수한 불가리아는 조약의 제6조에서 상비군과 기독교 정부를 가진 자치적 공국으로서의 지위를 인정받았다. 인민들의 선거로 선출된 대공은 유럽 열강의 동의와 술탄의 인준을 받도록 되어 있었다. 터키는 불가리아에서 철병하는 조건으로 공국에서 조공을 받으며 조공의 규모는 러시아의 동의를 거쳐 결정하기로 합의되었다. 아울러 베를린협약에 따라 임명된 러시아 전권위원은 9개월 이내에 공국의 새로운 통치구조를 만들기로 합의한바, 민정기관, 군사 및 사법기관이 설립되었다. 산스테파노조약 체결에 참여한 러시아 외교관 이그나티예프의 평가에 따르면, 러시아는 터키의 일체의 내정간섭에서 불가리아를 보호하고 불가리아가 흔들림 없이 점진적으로 독립을 발전시키고 합법적으로 독립을 완성시키기 위해 최선의 노력을 다했다고 평가했다.[8]

그러나 러터전쟁 이후 러시아의 사실상의 보호국이었던 불가리아는 정부수립을 둘러싸고 반러적인 정서가 확산되기 시작했다. 정체를 둘러싼 불가리아 정치엘리트들의 불화가 격화되는 과정에서, 자유주의자들은 입헌주의 사상을 주장했던 반면, 보수파들은 대공이 권력을 장악해야 한다는 입장을 취함으로써 러시아는 불가리아와의 관계에서 극도의 신중함을 요구받았다. 고르차코프가 1878년 4월 10일자 훈령에서 소피아 주재 러시아 전권위원 단두코프-코르사코프(Александр Михайлович Дандуков-Корсаков)에게 "불가리아에서 러시아의 기본목표는 신생국가가 자국에 적합한 통치구조를 찾는 것을 돕는 데 있음"을 특별히 강조한 것도 바로 이 같은 이유였다. 이에 외상은 "이 나라에서

8 Игнатьев Н.П.(1915), Сан-Стефано // Исторический вестник, Т. 142, No. 10. С. 83.

러시아의 권력은 단지 일시적인 것이며 러시아 세력부식에 관한 구상 이외에도 각하의 모든 관심은 불가리아인들을 격려하여 가능한 한 빨리 독립을 확고히 하여 우리가 이 나라를 떠난 이후 이 나라의 기구들이 외부의 어떠한 불순한 기도에도 맞설 수 있도록 해야 한다"는 것이다.[9]

불가리아 국가수립과 러시아의 역할에 대한 외상 고르차코프의 입장은 합리적이라는 측면에서 주목되지만, 향후 러시아-불가리아 관계는 불가리아의 상황에 따라 달라질 수 있는 한계가 있었다. 특히 그 가운데서 불가리아 문제의 갈등의 핵은 베를린회의에서 불가리아를 남북으로 분할하여 남부 불가리아(동부 루멜리아)는 터키의 지배하에 두기로 한 결정이었다. 이는 불가리아로 하여금 기독교 국가인 동부 루멜리아와의 통일운동에 전념하도록 함으로써, 이는 또 하나의 발칸 위기의 단초가 되었다. 더욱이 러시아가 이를 배후조정하고 있다는 타열강의 의심은 불가리아 위기를 증폭시키고 있었다.[10]

불가리아 위기를 고조시킨 또 하나의 문제는 1879년 4월 17일 불가리아 대공으로 러시아의 황후 마리아 알렉산드로나의 조카였던 알렉산드르 바텐베르그(Александр Баттенберг)가 선출된 사실이다. 이는 러시아의 불가리아 정책에서 근본적인 문제를 야기했다. 왜냐하면 차르 가족과 혈연적인 유대는 러시아 외교의 직접적인 후견하에 러시아가 설정한 노선을 불가리아가 따를 것이라는 기대를 갖게 하였으나, 역사는 다르게 진행되었기 때문이었다. 대공은 기본적으로 러시아의 불가리아 정책을 신뢰하지 않았다. 양국관계가 상호비방의 흙탕물 속으로 빠져들게 된 원인도 러시아가 불가리아를 독립국가가 아닌 "도나우강 유역의 일개 지방"으로 만들려고 한다는 대공의 뿌리 깊은 불신에

9 Цит. по: Григораш И.В. Указ, статья С. 80.

10 Овсяный Н.Р.(2002), Болгария.-В сб.: История Болгарии, М., С. 45~46.

서 비롯되었다. 나아가 불가리아에 파견된 러시아 관리들은 러시아의 전제군주체제와 구별되는 입헌군주제에 대해 불신했던바, 국민대의기관을 가진 입헌군주국을 구상한 대공과 현격한 견해 차이를 드러내고 있었다.[11] 그 결과 불가리아 정부수립에 러시아의 이해를 반영시키고자 했던 러시아는 불가리아와 우호적인 관계수립이 난망해졌을 뿐만 아니라 경제적으로 불가리아 공국을 자국의 시장으로 편입시키려 한 영국과 오스트리아에 의해 불가리아에서 배제되는 상황에 봉착했다.[12]

이에 발칸반도에서 드러난 러시아의 약세는 러청 서부국경을 둘러싼 협상과정에 투영되었다. 그 계기는 1871년 러시아가 점령하고 있는 청국 서부 신강(新疆)의 일리 지역 반환협상이었다. 1879년 3월 4일 러시아는 '일리 문제 해결을 위한 특별위원회'를 개최하여 일리 지역 반환을 통해 중국 정부에 러시아의 신뢰를 심어주는 한편 반환이라는 손실을 보상할 요구조건을 제시하기로 결정했다.[13] 이에 1879년 10월 2일 흑해연안 리바디아에서 일리 지역 반환을 위한 러청조약이 체결된바, 그 주요내용은 다음과 같았다. 일리 지역 서부의 풍요로운 토지를 러시아에 할양하고 러시아인에게 중국 서부 여행의 자유와 무역특권을 허락하는 한편 일리 지역을 점령하여 치안을 유지한 러시아군의 점령비용 500만 루블의 지급을 조건으로 하고 있었다. 이는 사실상 전승국이 패전국에게 부과하는 조건으로서 굴욕적 조약체결 소식이 알려지자

11 Сазонов(1991), С.Д. Воспоминания, М., С. 58~59. 불가리아 독립승인에서 러시아의 역할은 중요했다. 1910년 불가리에서 새로운 훈장 '키릴과 메포디아'를 제정하였는데 이는 불가리아 독립선언에 기여한 공로를 치하하기 위한 것이었다. 그 첫 수상자는 러시아 차르 니콜라이 2세였다.

12 Золотухин М.Ю. Указ. соч., С. 345.

13 ВоскресенскийА.Д.(1995), Дпломатическая история русско-китайского Санкт-Петербургского договора 1881 года. М., С. 75~76.

청 정부 내부의 반대여론이 비등하기 시작했다. 주러 대사 숭후(崇厚)가 체결한 리바디아조약에 대해 좌종당(左宗棠)은 '폐약비전(廢約備戰)'을 주장하고, 장지동(張之洞) 역시 폐약(廢約)과 숭후의 처형까지 주장하기에 이르렀다.[14] 이 같은 청 정부의 입장은 국경문제에 대한 강경한 입장을 반영했을 뿐만 아니라 종래의 불평등한 러청 관계의 반전을 위한 대응이라고 할 수 있었다.

리바디아조약에 대한 청 정부의 강경입장은 '숭후조약(崇厚條約)'을 일단 접수한 다음 새로운 모색을 하자는 이홍장(李鴻章)의 '선윤후번론(先允后翻論)'에 봉착하면서 조정을 거치게 되었다. 조정의 초점은 청국의 주적이 러시아인지 아니면 일본인지에 맞춰졌다. 만일 러시아가 청국의 주적이라면 육군력을 증강하여 변방을 강화해야 하고, 일본이 주적이라면 해군력을 강화해야 한다는 이른바 '육방론(陸防論)'과 '해방론(海防論)'의 대립이었다. 좌종당이 '육방론'의 옹호자라면, 이홍장은 '해방론'의 지지자였다. 이에 청 정부는 양자 간의 논쟁의 타협책으로 리바디아조약 개정 협상에 착수하기로 결정하였다. 그 요지는 이 조약의 접수를 거절하고 숭후를 참형시킬 준비를 하는 동시에 증기택(曾紀澤)을 러시아 주재 이등공사로 임명하여 담판을 재개한다는 것이었다.[15]

증기택의 리바디아조약 개정 책략은 '비전촉화(備戰促和)'였다. 이는 러시아가 터키와의 전쟁을 끝낸 지 얼마 되지 않기 때문에 중국과의 전쟁준비가 부족하다는 점에 착목, 대러전쟁을 준비한 후에 러시아에게 강화를 촉구한다는 방책인바, 이를 통해 일리 지역을 회수하고 나아가 '숭후조약'을 폐기한다는 것이 그 골자였다. 그러나 청 정부의 전권을 위임받은 숭후와 체결한 러청 간

14 鄢洪峰(2010. 2), 「曾紀澤與中俄伊犁交涉」, 『華北水利水電學院學報(社科版)』, 第26卷 第1期.

15 鄢洪峰(2010. 2), 위의 글.

의 리바디아조약을 불과 1년 만에 이를 개정한다는 임무는 증기택에게 결코 쉬운 일이 아니었다.

이에 1880년 7월 30일 러시아 상트페테르부르크에 도착한 증기택은 주러 영국 및 프랑스 공사를 방문하여 유럽에서 러시아의 외교적 고립상황을 파악한 후, 1880년 9월 2일경 러시아 황제 알렉산드르 2세를 알현하고 러청 간의 우호관계 수립 필요성을 진언했다. 그리고 1880년 10월 2일부터 시작된 실질적인 협상에서 증기택은 일리 서부지역을 러시아에게 할양하기로 함으로써 문제해결의 성의를 보였다. 반면 배상문제의 경우, 러시아군의 일리 지역 점령 비용 지불은 거절하고 대신 일리 지역을 지켜준 비용의 지급은 약간 상향 조정했다. 이는 숭후조약보다 400만 호포가 많은 900만 호포로서 약 500만 은화에 해당했다. 이에 담판은 종결되고 상트페테르부르크에서 1881년 2월 24일 증기택과 기르스 외상 간에 러청 일리조약[伊犁條約]이 체결되었다.[16] 결국 1881년의 상트페테르부르크조약은 청국의 대러 조약개정 협상의 산물이었다. 이는 청국에게 1879년에 체결된 리바디아조약을 자국에 유리하게 개정한 조약이었던 반면 러시아에게는 러터전쟁 이후 발칸에서의 약세를 대청관계에서도 그대로 투영한 조약이 되고 말았다.[17]

따라서 1880년대 초반 극동 변경지역에서 러시아에 위협이 될 만한 상대로 러시아 참모부가 일본보다는 청국을 꼽은 이유도 전쟁이라는 배수의 진을 친 청국과의 국경협상과 관련이 있다. 왜냐하면 러시아 참모부는 1881년부터 중국의 과도한 반응에서 비롯된 전쟁 가능성을 상정하고 있었고 개전시 승전

16 郭曄旻(2010), 「左宗棠收復新疆始末」, 『文史天地』(10).

17 荊玲玲(2006. 12), 「論中俄伊犁交涉與中法越南交涉之成敗」, 『伊犁教育學院學報』, 第19卷 第4期.

가능성을 둘러싼 논쟁이 지속되고 있었기 때문이었다.[18] 주지하다시피 1879~1881년 러시아 참모부가 러청 간의 전쟁위기가 임박했다고 판단한 근거 역시 이제까지 러시아의 팽창에 대한 청 정부의 저항은 거의 없었기 때문이었다. 그러나 1878년 좌종당의 군대가 일리 지역의 반란군을 진압하면서 그러한 기대는 무산되고 말았다. 투르케스탄 군관구 사령관 카우프만(K. P. von Kaufman)이 병력이 5 : 1로 수적 열세임에도 승전을 자신했는데도 참모부가 러청 서부국경에 위치한 중국 군대에 대한 정보수집에 착수한 것은 승전에 대한 자신이 없었기 때문이었다. 그 결과, 러시아 참모부는 분쟁의 외교적 해결에 동의할 수밖에 없었다.

베를린회의와 불가리아 위기, 일리 지역 반환을 위한 러청 개전 위기와 상트페테르부르크조약 체결은 별개의 사건이 아니라 러시아제국 변방의 위기라는 공통점을 갖고 있었다. 이는 확산과 감소라는 양극단을 진자 운동하는 특징을 보이며 제1차 세계대전까지 지속되었다는 점은 주목할 만하다. 상트페테르부르크조약 체결 이후 러청 간의 서부국경문제가 해결되었음에도 러시아 측의 우려는 가라앉지 않았다. 이는 서북국경조정을 위한 조약갱신에 성공한 청국이 그 여세를 몰아 동부국경의 재감계를 계획하고 있었기 때문이었다. 청국은 러시아와의 경계문제에 매우 호전적인 입장을 취했고 만주에서 청국 군대는 필요이상으로 증강되고 있었다. 특히 청국군은 러시아의 수비 취약지구인 남우수리 지역에 집중 증강되고 있었는데 이곳은 태평양함대의 근거지인 블라디보스토크를 직접 타격할 수 있는 지역이었다. 동시에 중국은 북경조약 재개정으로 포시에트 반환을 요구한바, 이는 이미 시작되고 있는 만주의 식민

18 Edwin G. Bilof(1982), "China in Imperial Russian Military Planning, 1881–1887," *Military Affairs*, Vol. 46, No. 2 (April 1982), pp. 69~75.

화를 편리하게 할 수 있었다.

따라서 중앙아시아에서 청국에 열세를 노정했던 러시아는 동아시아 해역에서 청국 함대보다 우월한 해군력에 의존한 대청정책을 추진하게 되었다. 당시 영국 해군 무관의 보고에 따르면, 러시아의 태평양함대는 26척의 함정으로 구성된바, 순양함 2척(5720톤급, 5006톤급), 장갑전함 2척(4603톤급, 4602톤급), 코르베트 1척(2245톤급), 전함 4척, 클리퍼 9척, 수뢰정 4척, 스쿠너 2척과 1척의 무장 수송함이었다.[19] 청국보다 우위의 러시아 해군력은 1880년부터 태평양함대의 기지로서 역할이 부여된 블라디보스토크 항과 근거하여 동아시아 해역뿐만 아니라 한중일 삼국에 대해서도 영향력을 강화시킬 수 있게 되었다.

Ⅲ. 대한해협과 터키해협의 연동: 거문도와 불가리아 위기

영국 정부가 거문도 점령을 명령한 다음날인 1885년 4월 15일 러시아 해군상 쉐스타코프(И. А. Шестаков) 제독이 외무상 기르스에게 제안한 거문도 문제의 해법은 한반도 남부변경문제의 원인과 해법을 전망할 수 있는 단초를 제공해준다. 해군상은 영국의 거문도 점령을 "러시아 연안에 몰타(Malta)와 같은 것을 설정하는 데 있다"고 파악하고, 이는 악의적인 시도이기 때문에 어떠한 점령도 반대해야 한다는 목표를 설정하고 이를 실현시켜야 한다는 입장을 전달했다. 해군상은 그 방책으로 아프가니스탄과 한반도 문제를 결부시킬 책략을

19 Д. В. Дубровская. Судьба Синьцзяна. Обретение Китаем 《Новой границы》 в конце XIX в. С. 18.

제시한바, “카스피 해 동쪽 문제들의 해결을 영국이 조선과 일본의 항구들을 점령하지 않는다는 약속과 결부시켜야 한다”는 것이 그 요체였다.[20] 요컨대 아프가니스탄 문제를 거문도 문제와 연계시켜 해결한다는 구상이었다. 이로써 한반도 문제는 러시아의 세계정책 구도 속에서 해법이 모색되게 되었다.

그렇다면 왜 영국은 1885년 4월의 시점에 동아시아 해역에서 국제법을 위반해가며 거문도를 점령해야만 했는가? 이는 1885년 초부터 갑신정변으로 야기된 러시아 함대의 한반도 연안 집결상황과 관련이 깊다. 왜냐하면 거문도는 1880년부터 태평양함대의 모항으로 기능을 시작한 블라디보스토크에서 대양으로 향한 관문에 위치하고 있었기 때문에 거문도의 장악은 사실상 러시아의 유일한 태평양으로의 출구였던 대한해협에 대한 제해권을 보장해주고 있었기 때문이었다. 따라서 영국의 거문도 점령은 동해를 해양과 차단된 호수화(湖水化)함으로써 동해를 흑해화하려는 계획이었다. 이 경우, 흑해의 보스포러스해협과 같은 의미가 대한해협에 부여될 것이었다.

그러면 한반도 해역에 러시아의 전함이 집결되는 경위를 갑신정변의 사후처리를 중심으로 살펴보자. 1884년 12월 17일 외상 기르스가 해군상 쉐스타코프에게 보낸 기밀서신에서 갑신정변의 원인과 고종의 대러 보호국화 요청[21]에 대한 보고를 전달했다. 외상은 “국왕에 대한 조선인들의 불만이 정변의 원인인바, 국왕이 추진하는 개혁과 열강에 대한 접근정책이 외세의존적인 파당을 구성하는 데 기여했다는 것이 그 불만의 요체”라고 판단했다. 그 결과 고종의 고문역으로 있던 묄렌도르프가 나가사키 주재 러시아 영사를 방문하여 차르에게 고종의 부탁을 전달해줄 것을 요청했다는 것이다. 그 요지는 ① 즉

20 РГАВМФ. Ф.410. Оп.2. Д.4158 Л.10-10об.

21 РГАВМФ. Ф.410. Оп.2. Д.4122 Л.99-102ob.

각 러시아 전함 수척을 제물포로 급파하여 수병들이 고종을 호위하기 위해 서울로 파견될 수 있도록 하고 ② 조선을 러시아의 보호국으로 받아달라는 것이었다.

이에 기르스는 고종의 요청을 신중히 처리해야 한다는 입장이었다. 왜냐하면 갑신정변 후 조선의 대러 접근은 다음의 사항을 고려해야 했기 때문이다. 첫째, 조선 현지사정을 잘 알지 못하는 상황에서 수병의 파견과 조선의 보호국화는 무력충돌까지 감안해야 하는 복잡한 상황에 휘말릴 수 있는 가능성이 있고 둘째, 국경을 접하고 있는 조선에서의 정변에 대해 무관심하게 좌시할 수만은 없다는 점이 그것이다. 외상의 이러한 고민은 차르 알렉산드르 3세의 결정에 따라 다음과 같은 조치로 이어졌다. 전함 한 척을 제물포로 파견하여 한국에서의 정세변화를 예의주시하고 이 전함에 주일 공사관 서기 슈페이예르를 승선시켜 한국으로 파견한다는 것이었다. 후자에게는 현지상황을 자세하게 외무성에 보고한 후, 특별한 지시가 있을 때까지 내정에 직접적인 개입은 자제하고 도덕적으로 영향력을 행사하고 질서회복을 위한 조언을 하는 것으로 한정하도록 지시가 내려졌다. 따라서 당초 러시아 전함의 제물포 파견 계획은 한국의 정세파악을 위한 슈페이에르의 한국 파견과 맞물려 있었다.

그러나 러시아 전함이 당초의 계획에서 벗어나 한반도 연안의 항구를 조사하고 점령하는 임무가 부과된 것은 갑신정변 이후 청일 간의 대립이 주요원인이었다. 갑신정변 과정에서 발생한 청일 간의 무력충돌은 1884년 말의 상황에서 평화적인 해결 기미가 보이지 않았기 때문이다. 1884년 12월 28일 러시아 외상 기르스는 해군상 쉐스타코프에게 보낸 기밀서신에서 한반도 문제를 둘러싼 청일 간의 외교적 타협의 가능성이 불투명하다는 견해를 표명했다.[22]

---

22 РГАВМФ. Ф.410. Оп.2. Д.4122 Л.104-105а.

이는 주일 공사 다비도프가 일본 정부가 한국 연안으로 자국 함대를 파견하고 심지어 한국 항구의 점령도 불사할 것이라는 견해를 보고했기 때문이었다. 일본의 이 같은 강경입장은 청 정부가 프랑스와 전쟁을 수행하고 있었기 때문에 대일 타협을 약속했음에도, 일본의 협상대표 이노우에의 상대역인 청국 관리 오대징(吳大徵)은 협상전권을 부여받지 못했을 뿐만 아니라 심지어 1,000명의 무장호위대를 이끌고 온 사건에서 비롯되었다.[23] 한국 문제를 둘러싼 청일 간의 협상과정에 타 열강의 간섭 가능성이 높아진 상황은 러시아 정부로 하여금 결코 방관자로 남아 있을 수 없게 만들었다. 따라서 갑신정변을 둘러싼 청일 간의 사후처리 문제가 러시아의 대한반도 정책 적극화의 계기가 되었다.

이에 러시아는 한반도를 둘러싼 청일 협상을 대비한 두 가지 방침을 수립하였다. 하나는 양국 사이에서 엄정중립을 유지하고 청일 가운데 어느 일국과도 전쟁을 하지 않으며 나아가 가능하면 접경국인 한국의 영토보전에 전력을 기울인다는 것이었다. 다른 하나는 일본이 한국 연안의 일 항구의 점령을 결정한다면, 그곳이 결코 점령을 허용할 수 없는 한국 연안이라면 러시아 해군을 동원하여 같은 지역이라도 그곳을 점령하여 상쇄시켜야 한다는 것이었다. 이에 외상은 해군상에게 조심성 있고 현명한 해군제독에게 한국 해역에서 이 같은 임무수행을 지시할 것을 요청하고 이 계획을 차르에게 상주했다.

기르스 외상이 한국 해안의 특정지역 점령계획을 상주한 배경에는 자국의 극동 해군력에 대한 자신감이 자리잡고 있었다. 한국 연안의 특정지역을 점령하라는 지시를 즉각 이행할 수 있는 준비가 되어 있는 러시아 해군의 규모는, 1884년 12월 19일 해군상이 외상에게 발송한 기밀서신에 따르면, 세 가지 범

23 권혁수(2007), 『근대한중관계의 재조명』, 혜안, 273~276쪽; 田保橋潔(1940), 『近代日鮮關係の研究』, 경성, 1025쪽.

주의 총 14척에 달했다.[24] 제1범주는 4척인데 현재 중국 해역에 있는 전함들(기함 미닌호, 클리퍼 오프리치닉, 라즈보이닉, 수송선 블라디보스토크)이 해당된다. 제2범주는 현재 중국 해역으로 이동 중인 전함인 클리퍼 크레이세르와 쥐기트 호가 여기에 해당한다. 그리고 제3범주는 지중해와 흑해함대 소속 전함인바, 4척의 의용함대 소속 수송선을 포함하여 8척의 전함이 한국 해안으로 파견 가능하였다. 해상 쉐스타코프 제독은 지중해와 흑해함대의 전함들이 한국의 항구로 이동하는데 45~50일이 걸릴 것으로 예상하고 있었다. 따라서 1885년 3월 말이 되면 상술한 14척의 러시아 전함뿐만 아니라 블라디보스토크에서 출항한 4척의 전함(클리퍼 아브렉, 3척의 수뢰정)이 가담함으로써 한반도 해역에 총 18척의 러시아 연합함대가 집결할 예정이었다.

연합함대 사령관으로 해상이 기르스 외상에게 추천한 제독은 현재 태평양함대 사령관을 맡고 있는 해군소장 크로운(А. Е. Кроун)[25]이었다. 그는 푸차틴 공이 지휘한 일본 원정대에 중위로서 참가했고 크림전쟁 당시 극동의 항구에 군수품을 조달하는 비밀임무를 미국에서 수행하였을 뿐만 아니라 5년간 연해주 군무지사를 역임했기 때문에, 한국 문제와 관련하여 기르스 외상이 원하는 조심성 있고 유능한 인재상에 전적으로 부응하는 인물이었다.[26] 이에 기르스는 한국 문제에 잠재하고 있는 폭발력을 고려해 크로운 소장의 역할에 분명한 한계를 그었다. 한국의 영토보전 문제와 관련하여 러시아 함대를 강화시켰음에도 러시아는 일본 및 청국과 한국 문제를 둘러싸고 어떠한 무력충돌도 회피

24 РГАВМФ. Ф.410. Оп.2. Д.4122 Л.107-108.

25 크로운 제독(контр-адмирал А.Е.Кроун: 1823~1900): 1953년 푸차틴 제독의 극동원정 당시 올리부차 호를 타고 수행한 이후, 1870~1875년 연해주 군무지사와 1884~1885년 태평양함대 사령관 역임.

26 Там же.

하고 제3자적 개입으로 국한시켜야 한다는 것이 그 요체였다. 왜냐하면 청국 및 일본과의 무력충돌은 러시아 극동지역에 결코 도움이 되지 않는다는 판단을 하고 있었기 때문이었다. 이에 외상은 해상 쉐스타코프에게 크로운 제독에 대한 신뢰가 이러한 민감한 임무를 수행하는 데 필수적인 역할을 한다고 강조하고 이를 크로운에게 재차 강조해줄 것을 요청했다. 1885년 1월 1일 크로운 제독에게 제물포 입항을 명령한 해상의 전문은 제독의 임무를 재확인시켜주고 있었다. 한국에서의 사태전개를 중립적으로 관찰하고 오랜 경험을 활용하여 청일 간의 긴장상황에 러시아가 연루되지 않도록 한다는 것이 그의 제물포 입항의 목적이었다.[27]

이에 1885년 초반부터 한반도 연안에 대한 러시아 해군의 활동이 활발해지기 시작함에 따라 영국은 4월 14일 거문도를 불법점령하기에 이른다. 결국 영국의 거문도 점령은 러시아의 극동해군력 증강에 대한 고육책인바, 고종 정부는 영국의 거문도 점령에 대해 의연히 대처했다. 1885년 5월 16일(4.3) 고종은 의정부(議政府)의 유사당상(有司堂上) 엄세영(嚴世永)과 교섭통상사무협판(交涉通商事務協辦) 묄렌도르프(Möllendorf)에게 명하여 흥양(興陽)의 삼도(三島)에 가서 영국 해군대령 맥클리어(J. P. Maclear, 麥乞伊)와 담판할 것을 하명하였다. 이에 거문도를 방문한 엄세영과 묄렌도르프는 영국의 거문도 점령의 불법성을 조목조목 따져 물었고 이들의 대화록은 『조선왕조실록(朝鮮王朝實錄)』에 다음과 같이 기록되어 있다. 이를 정리하면 다음과 같다. "4월 3일 엄세영과 묄렌도르프가 흥양의 삼도에 가서 영국 선주(船主) 맥클리어를 만났다. 묄렌도르프는 "전에 들으니, 영국 군함이 이 섬에다가 깃발을 세워놓았다고 하므로 사람을 보내서 알아보려고 하던 차에 마침 중국 군함이 바다를 순찰하다가 마산포(馬

27 РГАВМФ. Ф.410. Оп.2. Д.4122 Л.111.

山浦)에 왔으므로 본국 임금이 정여창(丁汝昌)과 상의하여 윤선(輪船)을 붙여주어 왔다. 아까 보니 과연 귀국의 깃발을 세워놓았는데 무슨 의도인지 알지 못하겠다"고 힐문하였다. 곤란해진 맥클레어는 "이 깃발을 세운 것은 우리 수군 제독(水軍提督)의 명령을 수행한 것이다. 본국 정부에서 러시아가 이 섬을 차지하려고 한다는 말을 들었기 때문이다. 현재 영국이 러시아와 분쟁이 생길 기미가 있기 때문에, 먼저 와서 이 섬을 잠시 지킴으로써 보호하는 데 도움이 되게 하려는 것이다"라고 궁색한 변명을 늘어놓았다.

이에 묄렌도르프는 "조선은 영국과 원래 우호조약(友好條約)을 맺은 나라이며 러시아와도 우호조약을 맺은 나라인데, 지금 귀국의 군함이 조선 땅에 와서 국기를 세워놓는다는 것은 이치상 허락할 수 없으니, 귀 정부에 명백히 전달하여 이런 내용을 알게 한 다음 조선의 수도에 들어가서 각국 공사(公使)들에게 조회(照會)하여 이런 내용을 알게 하여야 할 것이다"라고 역설했다. 결국 궁지에 몰린 맥클레어는 "나 역시 조선에서 이 일을 처리하기가 곤란하리라는 것을 잘 알고 있다. 원래 정부에 빨리 통지해야 할 것이었으나 우리 정부의 의사도 귀하에게 명백히 알리지 못하였다. 나는 수군 제독의 명령을 받고 여기에 주둔하고 있으니 각하께서 장기도(長崎島)에 가서 수군 제독과 상의하면 될 것이다"라고 제의하였다.

따라서 묄렌도르프는 "귀국이 조선 땅에다가 깃발을 세워놓은 것은 사리에 맞지 않다. 우리들은 명령을 받고 여기에 왔으므로 조사한 것을 즉시 돌아가서 우리 임금에게 보고할 것이니, 각하도 이 내용을 가지고 귀 수군 제독과 상의한 다음 빨리 귀 정부에 알려서 속히 처리해야 할 것"을 요구했다. 이를 수긍한 맥클레어는 "모레 나도 나가사키에 가려고 한다. 이달 초하룻날에 영국에서 전보가 왔는데 영국 정부가 러시아 주재 영국 공사와 아프가니스탄 사건을 논의하고 해명하였다고 하였다. 우리 군함도 이제 분쟁한 일이 없었다는 것을 본국에 보고하겠다"고 자세를 낮췄다.

결국 6월 25일 서울 주재 열강의 외교대표들 앞으로 영국의 거문도 점령에 반대하는 조선 정부의 회람공문이 전달되었다. 회람문에는 영국의 거문도 점령, 조선 관리들의 거문도 및 나가사키 파견, 도웰 제독에게 항의서한 전달 및 김윤식과 주한 영국 총영사 애스턴(W. G. Aston)과 조선 외무대신 간의 대화에 대해 순서대로 기술되어 있었다. 이에 영국에 강력 대응하기로 한 조선 정부는 자국과 열강이 체결한 수호통상조약 제1조에 근거하여 열강의 협력과 지지를 요청하고 있었다.[28] 이는 주한 미국 공사 폴크(G. C. Foulk)에게 보낸 조선 정부의 회람문에서도 확인된다. 주청 영국 공사 오코너(N. O'conor)가 조선 외부에 통고하기를 영국은 거문도에 해군을 보내 예방의 차원에서 이를 실행했고 점령은 일시적이라고 했다. 그러나 조선 정부는 5월 19일 북경 주재 영국 공사에게 영러전쟁의 경우, 거기서 유래되는 복잡한 문제에서 한국은 회피하고자 하며 러시아, 영국 혹은 여타 열강에게 한국의 영토를 전쟁의 목적으로 활용하는 것에 결코 동의할 수 없다는 강경한 입장을 전달했다. 동시에 조선 정부는 주서울 외국대표들에게 영토보전을 위해 어떻게 해야 할지 자문과 조언을 구하는 회한을 전달하였다. 주일 러시아 공사 다비도프는 외상 기르스에게 "결국 문제는 영국의 거문도 점령이 조선 정부와 사전 협의 없이 이루어졌다는 점"임을 명확히 했다.[29]

조선 정부의 논리적 반박과 의연한 대처는 조청 국경협상 과정에서도 목격

---

28 АВПРИ. Главныйархив. У-Аз, 1885 год, Д.45. Л.279-80: Письмо А.Н.Шпейера-А.П.Давыдову. 슈페이예르는 주일 공사 다비도프에게 묄렌도르프가 번역한 회람문을 우선 첨부하여 발송하고 원본은 자신이 일본으로 돌아갈 때 가지고 가겠다고 보고하고 있다.

29 АВПРИ. Главныйархив. У-Аз, 1885 год, Д.45. Л.167-69а: Письмо Давыдова-Гирс(1885.6.5).

되었다. 한편 러청 간의 일리 지역 환부에 관한 상트페테르부르크조약 체결(1881) 이후, 청국은 러시아에게 동부국경 재감계를 요구하고 나섬으로써 러청 국경협상이 조청 국경협상으로 지속되었다. 청국이 동부국경 재감계를 요구한 원인이 출해권의 확보에 있었기 때문에 두만강 문제가 동해로의 출구확보의 중심으로 떠올랐다. 그 결과 1885~1887년까지 두 차례에 걸친 조청 국경감계가 이루어진바, 그 대상은 바로 두만강 지역이었다. 1885년 9~11월까지 진행된 제1차감계(을유감계)는 청국에서 토문(土們) 땅의 국경 때문에 관원을 파견한다는 연락을 받고 안변부사 이중하가 조선 측의 감계사로 선정되어 청국 관원을 맞이하게 되었다. 이에 을유감계 협상에서 논의의 쟁점은 백두산정계비(白頭山定界碑)의 '동위토문(東爲土門)'에 나오는 토문의 실체구명에 초점이 맞춰졌다. 왜냐하면 청국 측 파원들이 '도문강사계파원(圖們江查界派員)'과 '도문강감계관(圖們江勘界官)'이라는 직함으로 오직 도문강의 감계조사를 위주로 하면서 도문강은 두만강이라는 이른바 도문-두만 일강설(一江說)을 주장하고 나섰기 때문이다. 반면 이중하는 토문과 도문은 같지 않다는 이강설(二江說)을 주장함으로써 조청 간의 변계를 논의하는 일은 자연히 갈등에 이르게 되었다.[30]

이중하는 조청 변계회담을 기록한 『감계사등록(勘界使謄錄)』에서 조청 간의 변계논의가 갈등에 봉착한 원인을 "일찍이 변계를 밝히지 않아서 그 칭하는 바를 크게 분별하지 않았다"고 설명했다. 왜냐하면 "두만강의 이름은 예전부터 하나가 아니었고 중국과 왕래하는 공문서에 혹은 토문강이라고 칭하고 또는 도문강이라고 칭하였기" 때문이라는 것이었다. 따라서 이중하는 토문강 경계조사를 위한 토문감계사의 직함을 받았으나, 청측은 토문(土門)과 도문(圖們)은 본래 만주어로서 한 음이며 『청문감(清文鑑)』에 실려 있다고 주장함으로

30 『譯註 勘界使謄錄』(2008), 동북아역사재단, 278쪽.

써 실질적인 두만강 출해 문제에 대한 논의는 거론조차 되지 않게 되었다. 이는 양국의 관심사항이 근본적으로 달랐음을 의미했다. 조선 측이 토문강경계 조사를 원했다면 청국은 두만강 자체에 대한 공동감계를 요구했기 때문이었다. 따라서 1885년의 을유감계(乙酉勘界)는 성과 없이 끝나고 말았다.

Ⅳ. 영러 타협정책과 한반도 남북변경위기의 해소

한반도 변경위기는 발생 무렵부터 그 해법을 알고 있었다는 점이 특징이 있다. 상술한 바와 같이 러시아 해군성은 영국의 거문도 점령을 지중해의 '몰타(Malta)'와 비유하고 그 해법으로 영국이 조선과 일본의 항구들을 점령하지 않는다는 약속을 조건으로 중앙아시아에서의 양보안을 상정한 바 있었다. 그러나 1885년 9월 10일 영러 양국이 중앙아시아 문제를 둘러싼 합의를 이뤘음에도 영국의 거문도 철수가 이루어지지 않았다는 점이 딜레마였다. 그 원인은 영국의 거문도 철수가 다른 유럽 국가의 거문도 점령의 단초가 되지 않을까 하는 영국 정부의 우려 때문이었다. 주영 청국 공사 증기택에게 전달된 영국 정부의 각서(1886. 4. 14)는 영국 정부의 이러한 우려를 잘 보여주고 있다. 각서의 요지는 다음과 같다. "영국은 청국 정부의 희망에 반대하면서 점령을 계속하지 않는다. 다른 유럽 국가가 거문도를 점령하는 것은 중국과 영국에게 이익이 되는 것은 아니다. 중국이 그런 점령이 일어나지 않게 한다고 보장한다면 영국의 점령목적은 달성된 것이다. 중국이 그런 책임을 지지 않는다면 영국 정부는 중국이 러시아와 그 밖의 관련 국가들이 조선의 영토보전을 보장하는 국제합의를 이룩하도록 할 것을 제안한다. 그렇게 약속한다면 영국도 그런 합의의 일원이 될 것이고 즉시 철수할 것이다."[31] 요컨대 한반도의 영토보전에 대한 국제합의가 철수의 전제조건이 된다는 것이었다.

그렇다면 거문도 문제가 과연 러시아 해군성이 계획한 중앙아시아 문제와 연동시킴으로써 해결될 사안인가에 대한 의문이 든다. 왜냐하면 영국의 입장은 "한반도 영토보전을 위한 국제합의체 구성"이 선결과제이고 이를 통한 국제합의 도출만이 해법이라면, 이는 아프가니스탄과 러시아의 경계획정을 둘러싼 영러 간의 합의(1885. 9. 10)와는 무관한 것이 되기 때문이었다. 결국 영국의 거문도 철수 시나리오는 아프가니스탄보다는 발칸반도의 불가리아 문제의 해결과정과 맞물릴 가능성이 높아졌다.

이에 우리는 한반도 변경위기의 해소과정을 발칸 문제에 주목하여 그 상관성을 살펴야 할 것이다. 왜냐하면 거문도가 지중해의 몰타라면, 한반도는 지정학적으로 유럽의 발칸반도에 비견할 수 있기 때문이다. 더욱이 러시아가 한국 보호국화 모델로 간주했던 불가리아에서 1885년 동부 루멜리아(East Rumelia)와의 통합운동이 촉발되고 그 해결과정이 거문도사건의 발생과 해소과정에서 시간적 일치를 보여주고 있기 때문이다.

1885년 불가리아 위기는 베를린회의에서 열강의 이해에 따라 불가리아의 남부지역에 터키의 지배를 받는 동부 루멜리아를 수립함으로써 불가리아를 분할한 데서 그 기원을 찾을 수 있다. 1885년 9월 18일 동부 루멜리아에서 시작된 불가리아 통합운동은 발칸반도의 세력균형을 와해시키는 시도로 간주되어 열강의 간섭을 초래함으로써 그 위기가 증폭되었다.

이에 1881년 체결된 3제동맹조약에 따라 불가리아에 대한 기득권을 인정받았던 러시아는 불가리아 통일을 인정하고 친러성향의 새로운 대공을 임명하여 기득권을 강화하려는 정책을 입안하였다. 반면 동부 루멜리아에 대한 지

31 TNA.F.O. 405/36/23, Currie to Macartney, Foreign Office, Apr.14, 1886.

배권을 확보하고 있던 터키는 무력으로 통합운동을 진압하려 함으로써 1885년 러시아 정부는 불가리아 위기 해결을 위한 국제회의 소집을 제안했다. 1885년 11월 5일 콘스탄티노플에서 베를린회의에 참가한 열강과 터키가 참석한 불가리아 통일문제를 논의하기 위한 국제회의가 소집되었다. 그러나 회의 분위기는 영국과 터키가 반러 공동전선을 구축함에 따라 처음부터 러시아에게 불리하게 형성되기 시작했다. 영국은 터키 술탄에게 러시아가 불가리아의 반러성향의 알렉산드르 대공을 축출하고 자신의 앞잡이를 대공으로 앉힌 뒤, 병합을 인정함으로써 터키는 불가리아에 대한 권리를 상실한 것이라 충고함으로써 러터 간의 갈등을 부추기고 있었다. 또한 삼제동맹국(三帝同盟國, 독·오·러)의 일원이었던 오스트리아는 보스니아-헤르체고비나에 대한 지배권을 공고히 하기 위해 발칸반도에서 러시아의 세력 확장을 방해하기 시작했다. 더욱이 독일의 비스마르크는 사태의 해결보다는 러시아의 불가리아 점령을 부추김으로써 영러 대립을 심화시키려는 의도를 노골화함으로써 발칸의 외교무대에서 러시아의 고립은 심화되어갔다. 그 결과 콘스탄티노플 회의는 문제의 해법을 찾기보다는 이해당사국 간의 상이한 입장차를 재확인하는 자리가 됨으로써 무위로 끝나고 말았다.

이 같은 상황에서 불가리아에서 쿠데타가 발발하여 반러적인 알렉산드르 대공이 축출되고 1886년 9월 25일 러시아 군사고문 카울바르스(Н. В. Каульбарс)가 불가리아 입국함으로써 불가리아 위기는 재차 고조되었다. 러시아가 군사고문을 통해 불가리아에 대한 영향력을 강화함으로써 그것이 터키해협에 대한 지배로 이어질 것이라는 영국의 의구심은 이에 대한 즉각적인 대응을 야기함으로써 잠재되어 있던 영러대결이 첨예화되었다. 더욱이 러시아의 동맹국인 독일은 비스마르크를 통해 표면적으로는 유럽의 중재자 역할을 자임하였지만 러시아의 불가리아 무력점령을 지속적으로 부추김으로써, 오스트리아와 일촉즉발의 위기로 몰아가고 있었다. 이같은 비스마르크 외교의 목적은 다음의 두 가지로 압축된다. 첫째, 그는 독일의 안전을 담보하기 위해서는 구적(仇敵)인 프랑스를 국제적으로 고립시켜야 하는바, 러시아와 오스트리아의 전쟁은 러시아의 대프랑스 접근기회를 차단시킬 수 있었고 둘째, 독일은 영국과 러시아 간의 전쟁을 유도하는 것이 유럽에서의 패권확보의 첩경이라 판단했기 때문이다. 따라서 러시아 군사고문의 불가리아 파견은 발칸반도에서 러시아의 입지를 강화시켜주었지만, 동시에 영국과 오스트리아의 반러공조(反露共助)를 촉진시킬 수 있는 가능성도 매우 높았다.[32] 이제 러시아는 이제까지 대외정책의 기축이 되었던 삼제동맹(三帝同盟, Three Emperors' Alliance)의 지속가능성에 대해 심각한 고민에 빠지게 되었다. 그 결과 1886년 11월 독일과 오스트리아와의 동맹관계를 종식시키기로 한 외상 기르스의 결정은 이 같은 고민의 산물이었다.

이에 1886년 말 러시아의 대외정책 변화의 징후는 두 가지 측면에서 두드러졌다. 첫째, 1886년 11월 23일 외상 기르스는 향후 더 이상 '삼제동맹'은 존재하지 않는다고 선언했다. 발칸문제에서 보여준 독일과 오스트리아의 외교정책에 대한 불신은 러시아 대외정책 패러다임의 근본적인 수정의 계기가 되었다. 따라서 향후 러시아의 외교는 종래의 친독일 정책에서 친프랑스 정책으로의 방향전환을 추구하게 될 것이었다. 둘째, 러시아는 불가리아에 파견된 자국 군사고문에 대한 열강의 불신을 종식시키고자 하였다. 군사고문 카울바르스는 국제조약과 상충되는 어떠한 일도 하지 않을 것이며, 러시아는 불가리

32 Золотухин М. Ю.(1984), Болгарский кризис 1885~1886 гг. и крах австро-русско-германского союза // Вопросы истории, No. 4, С. 53~54. 11월 9일 영국 솔즈버리는 만일 러오전쟁이 발발하면 영국은 오스트리아를 지지할 것임을 천명했다.

아에 대해 더 이상의 간섭은 하지 않을 것임을 천명하는 회람문(1886. 11. 23)의 발송이 이를 입증하고 있었다. 이는 발칸 문제에서 러시아의 양보를 의미함으로써, 1886년 말에 이르러 '불가리아 위기'는 해소되기에 이르렀다.

따라서 발칸 위기의 해소과정을 분석해보면 현상변경의 주역이었던 러시아의 역할변화가 문제해결의 관전 포인트였음을 알 수 있다. 러시아는 한편으로, 불가리아에 대한 영향력 확대정책을 포기했고 다른 한편으로, 불가리아에 대한 내정개입 중단으로 불가리아의 현상유지를 확보해냈기 때문이다. 이에 불가리아 위기의 해소과정이 한반도를 둘러싼 변경위기의 해소과정과 연동되고 있었다는 점은 주목할 만하다. 왜냐하면 ① 러시아는 열강과 갈등을 심화시킬 수 있는 한국 보호국화 계획과 같은 한반도에 영향력을 강화하려는 정책을 포기했고 ② 영흥만 및 영일만을 포함한 일체의 한반도 항구 점령계획을 포기함으로써 한반도의 현상유지와 한국의 영토보전을 약속했기 때문이었다. 따라서 영국이 거문도 철수의 전제조건으로 제의한 국제회의의 개최와 국제합의가 불가능하다면, 상술한 한반도 현상유지에 대한 러시아의 약속이 문제해결의 핵심이 되었다. 왜냐하면 1886년 9월 7일 영국 하원에서 영국 해군의 거문도 철수 여부를 묻는 태너(Tanner) 의원의 질문에[33] 국무부상은 1885년 5월 12일 영국 해군이 점령한 이래로 거문도 철수에 대한 어떠한 결정도 내려

---

33 Official Report of debates in Parliament of UK.(Hansard), 07 September 1886, vol 308, cc1476-7 1476.
- DR. TANNER (Cork Co., Mid) asked the Secretary of State for the Colonies, Whether Port Hamilton is to be abandoned; whether it was seized and the British ensign hoisted eighteen months ago; and, what are the reasons advanced for its being abandoned?
- THE UNDER SECRETARY OF STATE (Sir JAMES FERGUSSON) (Manchester, N.E.) No decision has been taken to abandon Port Hamilton. It has 1477 been occupied by Her Majesty's Naval Forces since May 12, 1885.

진 바 없다고 답변했던바, 영국 정부는 당시까지 거문도에서 퇴각할 의사가 없었기 때문이었다.

그렇다면 한러 수교 이후 고종의 대러 접근과 연동된 러시아의 대한 보호국화 정책과 영흥만 혹은 영일만에서의 항구 획득정책으로 표출된 한반도 개입정책은 과연 포기될 수 있는가? 만일 러시아가 포기하였다면 이는 누구의 견해를 수용한 것인가? 이 문제는 거문도사건을 포함한 동아시아의 정세파악을 위해 극동으로 내도한 러시아 해군상 쉐스타코프의 역할과 깊은 관련이 있다. 그는 극동 내도 과정을 자세하게 서술한 일지를 남김으로써 그의 행적과 생각 그리고 그것이 '동아시아문제 특별회의'를 거쳐 러시아의 동아시아 정책에 어떻게 반영되는지를 알 수 있는 귀중한 사료를 제공하고 있다.[34] 일지에 따르면, 1886년 봄 발트 해를 출발하여 6월 24일 홍콩을 거쳐 6월 30일~7월 2일 아모이와 대만해협을 통과한 후, 7월 2일 제주도 인근에 정박했다. 쉐스타코프 제독의 항해일지에 따르면, 7월 3일 아침 거문도로 진입하여 보리밭이 펼쳐진 거문도의 항구에 정박했다. 그는 그곳에서 영국의 중국해 사령관 리처드 해밀턴(Richard Vesey Hamilton) 제독을 만나 거문도에 설치된 영국 해군의 막사를 비롯한 군비태세를 돌아볼 수 있었다. 그는 해밀턴 제독의 안내로 거문도의 가장 높은 곳에 설치된 관측소에서 영국 해군의 배치상황을 살펴볼 수 있었다. "영국 수병이 200명 가량이 주둔하고 있는 거문도에는 테니스 코트도 갖춰져 있었으나 …… 상하이와 연결되는 해저케이블은 상하이 인근의 새들 제도(Saddle Islands) 인근에서 끊어져 있고, 해밀턴 제독 역시 전임자와 마찬가지로 섬을 영유하는 것보다 그곳에서 떠나기를 희망했다"고 기록하고 있

34 РГАВМФ. Ф.26. Оп. 1. Д.4. Л.44-81.: Дневник адмирала Шестакова И.А.

다.[35] 쉐스타코프 제독은 1886년 7월 3일 오후 2시 30분경 거문도를 떠나면서 이곳에서 영국 해군을 쫓아내버릴까 생각했고 블라디보스토크로의 접근을 금지시킬 것도 고려했으나, 블라디보스토크를 방문하면 석탄을 제공하겠다고 친절하게 약속하고 다음 목적지로 이동했다.

러시아 해군상 쉐스타코프 제독의 항해일지를 분석해보면, 종래의 학설과는 달리 거문도에서 영러 제독들 간의 조우는 긴장감을 고조시키는 적대관계가 아니라 매우 우호적이었고 신사적이었다. 심지어 친절하기까지 했다. 이는 거문도 문제가 더 이상 양국 간의 갈등의 핵이 아니라 출구가 필요한 현안이 되었음을 의미했다. 이에 1886년 7월 5(6. 23)일 쉐스타코프 제독이 영흥만을 둘러보고 내린 결론은 거문도 문제 해결의 한 줄기 빛이 되었다. 그는 러시아가 점령할 것이라고 회자되고 있는 영흥만에 대해 다음과 같이 기록하고 있다. "나는 엄청난 지출과 대일 적대(對日敵對)를 제외하고는 영흥만이 우리에게 가져다줄 것은 아무것도 없다는 결론에 도달했다. 왜냐하면 전쟁이 발발하면 영흥만은 블라디보스토크보다 쓰시마와 거문도에서 오히려 쉽게 관측이 가능하며 게다가 유지하기도 힘들다. 라자레프(영흥만) 항구를 유지하려면 오직 한국 전역을 점령할 경우에만 가능하며, 그 경우 영흥만은 진주(珍珠)가 될 것이다." 결국 그는 한반도 전역을 점령하지 않고서는 영흥만 획득은 불가능하다는 판단을 굳히고 있었다. 따라서 "블라디보스토크를 유지하고 육로를 통해 시베리아 내부와 연결시키고 중국해에 강력한 함대를 유지하는 것이 훨씬 합리적"이라는 그의 평가는 상트페테르부르크로 귀환 후, 상주보고서로 작성되어 '동아시아에서 새로운 항구획득에 관한 해군상의 상주를 검토하기 위한 특

35 Там же. 쉐스타코프 제독은 "이곳은 훈련하기에 편한 장소이자 술과 유흥가가 없는 곳"이라고 거문도의 가치를 평가하고 있다.

별위원회(1886. 12. 12)'에서 각료들의 결의사항으로 공식화되었다.[36]

한편 1886년 여름 한반도의 항구 획득을 포기하기로 한 쉐스타코프 제독의 의견은 러시아 외무성에 전달되어 청국과 한반도의 영토보전과 현상유지에 관한 협약체결로 진전되었다. 당시 한반도를 둘러싼 국제정세는 영국 함대의 거문도 점령(1885. 4. 26)과 청국의 대조선 종주권 강화정책으로 특징되는바, 러시아의 북경 주재 전권공사 라디젠스키(Н. Ф. Ладыженский)는 청국의 대조선 정책을 반대하지 않음으로써 종래의 러청관계를 손상시키지 아니하고, 이를 통해 거문도에서 영국 함대를 철수시키는 데 양국 간의 공조를 이끌어내고자 하였다. 이를 위해 러시아 외무성은 만일 영국이 거문도에서 철수한다면, 영흥만 혹은 한국의 여타 부동항을 점령하지 않겠다는 협정을 청국과 체결할 계획이었다. 이에 청국의 북양대신 이홍장 역시 주청 러시아 전권공사 라디젠스키와 협상 착수 의사를 밝히고 영국이 거문도에서 철수할 경우, 러시아가 이 항구를 점령하지 않는다는 약속을 받고자 하였다. 그 결과 러시아로부터 이러한 확약을 받은 직후, 이홍장이 라디젠스키를 천진으로 초대함으로써 한국 문제를 둘러싼 양자 간의 협상이 시작되었다.

1886년 9월에 시작된 협상에서 라디젠스키와 이홍장은 양국의 대한 정책의 기본방침을 밝히고 있다. 라디젠스키는 한국의 대청 복속은 청국에게 방위부담을 가중시킴으로써 국고에 부담을 주는 대신 경제적인 이득이 없고 극동의 세력균형을 와해시킴으로써 심각한 결과가 야기될 수 있음을 이홍장에게

36 РГАВМФ. Ф.417.Оп.1.Д.136. Л. 477-486. 1886년 11월 30일, 동양에서 새로운 획득에 관한 해군상의 상주서를 검토하기 위한 특별회의록. 알렉세이 알렉산드로비치 대공의 주재로 개최됨(참석자 내무상 드미트리 톨스토이 공, 국가경제국 의장 아바자, 외상 기르스, 국가자산상 미하일 오스토롭스키, 육군상 표트르 반노프스키, 해군상 이반 쉐스타코프, 연흑룡강주 총독 안드레이 코르프 공).

설명했다.[37] 아울러 러시아는 한국을 점령하거나, 독립을 손상시키거나, 내정에 간섭할 의향이 없으나 동시에 타 열강이 한국에서 배타적인 우위를 확보하는 것을 바라지 않는다는 대한 정책의 기본입장을 밝혔다. 이홍장 역시 이를 서면협정 체결을 통해 보장받고 싶어했고 러시아 외무성도 서면협정 체결 가능성을 열어두었다. 그러나 "러시아와 청국은 한국에서의 평화를 확보하고 오해를 방지하기 위해 한국의 현상을 변경하지 않고 영토를 점령하지 않는다"는 내용의 서면협정서는 체결되지 않았다. 북경 정부는 이 협정서가 한국에 대한 청국의 종주권을 소멸시킬 수 있음을 우려하여 한국이 청국의 조공국임을 명시하고자 하였기 때문이었다. 러시아는 이미 수호통상조약을 체결한 조선을 독립국가가 아닌 조공국으로 명문화한 협정에 결코 서명할 수 없었다. 그 결과 한반도를 현상유지하고자 한 러시아의 입장과 조선에 대한 종주권을 강화하고자 한 청국의 입장은 양립 불가능해진바, 이를 명문화하는 대신 구두협약으로 재확인하는 방식으로 조선의 영토보전에 대한 양국 간의 합의가 이루어졌다.[38] 이로써 한국의 영토보전에 대한 양국의 합의는 이루어졌으나 청국에게 조선은 조공국에 불과했지만 러시아에게 조선은 독립국가여야만 했다.

한반도 문제를 둘러싼 이-라디젠스키 구두협약은 1886년 여름 러청 동부 국경 문제의 최대현안이었던 포시에트 지역의 국경문제를 양국이 평화롭게 해결함으로써 양국은 영국의 거문도 철수에 공조할 수 있는 토대를 마련했다.

---

37 라디젠스키의 목표는 청국의 조급하고 극단적인 대조선 정책을 자제시킴으로써 사태의 진전을 차단하는 데 있었다. 왜냐하면 청국의 종주권 강화정책은 러시아로 하여금 한국의 독립수호를 위해 적극적인 조치를 취할 것인지 아니면 한국이 완전하게 청국에게 복속되는 것을 관망해야 할지 선택의 기로에 놓이게 할 것이기 때문이었다.

38 РГАВМФ. Ф.417.Оп.1.Д.312. Л. 7-11об.

양국은 일리분쟁 해결직후 시작된 동부국경 재감계 작업을 마치고 1886년 7월 4일 노보키예프스크에서 동부국경문제를 확정한 바 있었다.[39] 그 결과 러시아는 영국의 거문도 철수를 위한 선결조건들을 모두 해결한바, 이를 계기로 일리분쟁으로 악화된 러청관계를 우호적으로 복원할 수 있었고, 한반도에 대한 우월한 지리적 여건을 유지할 수 있었다. 왜냐하면 1860년 북경조약을 통해 러시아는 남부국경을 두만강까지 확장함으로써, 만주는 바다로의 출구를 잃어버린 반면 러시아는 한국이라는 이웃국가를 얻었기 때문이다. 또한 러시아가 한국과 관련하여 그 어떤 유럽 국가도 갖지 못한 유리한 상황에 놓이게 된 것도 22베르스타라는 짧은 국경선을 접경했기 때문이었다.

이 같은 장점은 한러 간의 육로통상장정 체결에서 가장 핵심적인 사안 가운데 하나가 되었다. 이미 1885년 5월 19일 주한 공사 베베르에게 보낸 차르의 재가를 받은 훈령에는, 한러육로통상장정 체결을 준비하면서 흑룡강주 총독 코르프(А. Н. Корф)의 권고에 따라, "한국은 중국 및 일본의 상품이 통과하는 경유무역에 개방되지 않아야 하고, 이 상품들이 반드시 러시아 영토를 거치도록 하는 것이 바람직하다"는 입장이 정리되어 있었다. 아울러 한러 수교 이전에 러시아로 이주한 모든 한인들을 러시아 신민으로 인정하고 이들에게는 러시아 신민들에게 보장되는 모든 권리를 향유하도록 할 것을 지시하고 있었다.

한반도 남북변경위기가 러시아, 영국, 청국이 '한국의 독립과 영토보전'을 재확인하면서 해결됨에 따라 러시아에 대한 고종 정부의 신뢰는 증대되었다. 1888년 4월 3일 러시아의 태평양함대 사령관 슈미트(В. П. Шмидт) 제독과 그를 수행한 세 명의 함장, 여섯 명의 장교가 함께 고종을 알현하였으며, 국왕의 환

---

39 РГАВМФ. Ф.417.Оп.1.Д.136. Л.108-141об.

대를 받았다.[40] 이 자리에서 고종이 슈미트 제독에게 러시아 전함이 조선 해역에 1년 내내 정박해줄 것을 요청한 것도 러시아에 대한 신뢰의 표현이었다. 이에 1888년 8월 20일 양국의 친선과 국경지역 통상의 편리를 위하여 '한러육로통상장정'의 체결은 한러 간의 신뢰를 공고히 하기 위한 당연한 수순이었다.

V. 맺음말

상술한 바와 같이 1880년대 한반도 남북변경의 위기는 발칸반도 위기, 중앙아시아를 둘러싼 영러 대립, 그리고 러청 국경문제와 연동되는 구조가 성립되었다. 이는 유럽과 아시아에 걸친 러시아와 영국의 세계정책의 산물인바, 근본원인은 러시아의 남하와 관련이 깊다. 그 가운데 특히 1880년 5월 10일 블라디보스토크가 러시아의 극동함대 기지로 승격됨으로써[41] 흑룡강 하구의 니콜라옙스카 나 아무레(Николаевска-на-Амуре)에 위치했던 기존의 러시아 함대는 이제 동해안에 위치한 블라디보스토크를 근거지로 동아시아에서 영향력을 확대할 수 있게 되었다. 이는 동해로의 출해권 확보를 둘러싼 러청 간의 갈등

40 РГАВМФ. Ф.417.Оп.1.Д.382. Л.1-1об.

41 1859년 무라비요프-아무르스키(Н.Н. Муравьёв-Амурский) 총독은 표트르 만을 순항하던 중 한 항구에 착목한 바, 그는 이를 금각만(ЗолотыйРог)으로 명명하고 그곳에 군사기지 건설을 명령하였다. 이에 블라디보스토크가 탄생하여 1860년 러시아제국 깃발이 게양되었다. 그러나 블라디보스토크의 개발은 1871년 2월이 되어서야 본격화되었다. 러시아 극동함대의 기지가 군무지사의 관사를 포함하여 흑룡강 하구의 '니콜라예프스카 나 아무레(Николаевска-на-Амуре)'에서 블라디보스토크로 이전하기로 결정되었기 때문이다. 이때부터 블라디보스토크는 본격 개발되어 1880년 5월 10일 행정적으로 연해주에서 분리된 자치도시로 선포되었다. 당시 주민은 7,300명이었다.

과 러시아 해군과 대양을 연결해주는 사실상의 유일한 통로였던 대한해협의 제해권을 둘러싼 영러 대립을 촉발시킴으로써 한반도는 남북으로 변경의 위기에 봉착했다. 아울러 베를린회의와 불가리아 위기의 여파가 일리 환부를 위한 1881년 상트페테르부르크조약으로 귀결됨으로써 러청 동부국경 재감계는 조청 국경감계로 진화하는 특징을 보이게 되었다. 따라서 1880년대 한반도 남북변경위기는 러시아의 남하정책과 연동하는 구조가 수립되었다.

그러나 위기의 해결과정에서도 결자해지(結者解之)의 원리에 따라 러시아는 중심적인 역할을 하였다. 영국은 거문도 철수조건으로 러시아가 한국 항구를 점령하지 않겠다는 약속을 해줄 것을 요구한바, 1886년 천진에서 이루어진 이홍장과 러시아 전권공사 라디젠스키 간의 구두협약은 그 산물이라 할 수 있다. 한국의 독립과 영토보전을 골간으로 한반도 현상유지를 약속한 이 협약은 한반도 남북변경위기 해결의 물꼬를 트는 사건이었다. 따라서 러청 양국 간의 한반도 현상유지와 영토보전에 대한 합의는 1887년 조청감계(朝淸勘界)의 한계를 명확히 한바, 한국의 변경은 현상유지를 이룰 수 있었다. 그 결과, 러시아와 청국은 대영(對英) 공조를 이루는 경험을 공유하게 됨으로써, 향후 동아시아 국경의 현상변경을 시도하는 세력에 맞서 협력하고 동맹관계로 발전할 수 있는 토대를 마련하게 되었다.

이에 한반도 남북변경위기에서 보여준 러시아의 위기해결 능력은 고종 정부의 대러 접근의 지평을 넓히는 데 기여하였다. 반면 조선에서 러시아의 영향력 강화에 대해 우려했던 일본은 그 대응책 마련에 부심했다. 1890년 제1회 제국의회에서 야마가타 아리토모[山縣有朋] 수상이 밝힌 시정방침 연설에서 그는 '이익선'을 지키지 않으면 안 된다고 호소했다. 국경이라는 '주권선'뿐만 아니라, 그것을 위태롭게 할지도 모르는 '이익선'으로 수비범위를 넓히자고 말한 셈인데, 이 이익선이란 바로 조선이었다.

참고문헌

АВПРИ. Главныйархив. У-Аз, 1885 год, Д.45.

РГАВМФ. Ф.26. Оп. 1. Д.4.

РГАВМФ. Ф.410. Оп. 2. Д.4122.

РГАВМФ. Ф.417.Оп.1. Д.136.; Д.382.; Д.312.

ВоскресенскийА.Д.(1995), Дпломатическая история русско-китайского Санкт-Петербургского договора 1881 года. М.

Дубровская Д. В. Судьба Синьцзяна. Обретение Китаем 《Новой границы》 в конце XIX в. С. 18.

Игнатьев Н.П. Сан-Стефано // Исторический вестник. Т. 142. 1915. № 10.

Золотухин М. Ю.(1984), Болгарский кризис 1885 - 1886 гг. и крах австро-русско- германского союза // Вопросы истории. № 4.

Канцлер А.М.(1998), Горчаков: 200 лет со дня рождения. М.

Овсяный Н.Р.(2002), Болгария. - В сб.: История Болгарии. М.

Россия и Англия в Средней Азии / [соч.] Ф. Ф. Мартенса, С.-Петербург, 1880.

Сазонов С.Д.(1991), Воспоминания. М.

Official Report of debates in Parliament of UK.(Hansard), 1885~1887.

The National Archives. F.O. 405/36/23, Foreign Office, 1886.

Edwin G. Bilof(1982), China in Imperial Russian Military Planning, 1881~1887, *Military Affairs*, Vol. 46, No. 2 (April).

Hsu I. C.(1965), The Ili Crisis. A Study of Sino-Russian Diplomacy, 1871~1881. Oxford.

鄢洪峰(2010. 2),「曾紀澤與中俄伊犁交涉」,『華北水利水電學院學報(社科版)』, 第26卷 第1期.

郭曄旻(2010. 10),『左宗棠收復新疆始末』, 文史天地.

荊玲玲(2006. 12),「論中俄伊犁交涉與中法越南交涉之成敗」,『伊犁教育學院學報』, 第19卷 第4期.

『譯註 勘界使謄錄』(2008), 동북아역사재단.

야마가타 아리토모의 제국주의론과 조선

최덕수(崔德壽)

한국근대사 / 고려대학교 한국사학과 교수
『개항과 朝日관계』(2004, 고려대학교출판부), 『대한제국과 국제환경』(2005, 선인), 『조약으로 본 한국 근대사』(공저, 2010, 열린책들), 『조선의 개화사상과 내셔널리즘』(역서, 2014, 열린책들) 등.

최덕수 | 고려대학교

야마가타 아리토모의 제국주의론과 조선

I. 머리말: 야마가타는 팽창주의자가 아니었다?

야마가타 아리토모[山縣有朋, 1838~1922]는 조슈 번(현재 山口縣) 하기[萩]의 하급 무사 출신으로 요시다 쇼인[吉田松陰]의 영향으로 막부 말기 존왕양이운동에 참가하여 막부 타도와 유신정부 수립 후 발생했던 보신전쟁(戊辰戰爭) 등에서 크게 활약하였다. 그 결과 명치정부 수립 이후 1870년 병부소보(뒷날 육군차관 급)로 출발하여, 1873년 육군성 설치 후 36세의 젊은 나이로 초대 육군경(육군대신 급), 1874년에는 참의 겸 육군경이 되었다. 이후에도 야마가타는 각료에 해당하는 참의를 겸직하면서 1883년에 내무경(현재 일본의 총무상, 국토교통상, 후생노동상, 경찰청장 등을 겸임하는 요직)을 겸임하였고, 1885년에 근대적 내각제도가 설치되면서 내무대신이 되었다. 그 사이 1878년 참모본부를 창설함과 동시에 참모본부장에 취임하였으며, 1883년 내무경 재임시에는 지방자치제도 실시와 자유민권운동 진압을 주도하였다. 1889년 12월 야마가타는 조슈 출신의 이토 히로부미[伊藤博文], 사쓰마의 구로다 기요다카[黑田淸隆]에 이어 제3대 수상으로 내각을 조직하였는데, 야마가타는 육군 창설 이래의 공적으로 현역을 유지하면서 수상에 취임하였고 다음해 육군대장이 되었다. 이와 같이 야마가타는 이토에 이어 메이지 정부 내에서 2인자로서의 위치를 확립하였다. 1894년 청일전쟁 시기에는 추밀원 원장에 재임하면서 제1군 사령관이 되어 조선과 만주에서 직접 군을 지휘하였다. 청일전쟁 이후 육군을 중심으로 내무성, 귀족원 등에 이르기까지 야마가타 계 관료 파벌을 형성하였고, 1898년 군 최고의 명예직인 원수부가 설치되면서 원수로 승진하여 종신 군인으로서 지위와 명예를 누릴 수 있게 되었다. 이해 11월 야마가타 계 관료 파벌을 배경으로 하여 두 번째로 수상에 취임하였고, 육해군 현역 중장이나 대장이 아니면 육해군 대신에 취임할 수 없도록 규정을 마련하였다. 야마가타는 1898년부터 7차례에 걸쳐 자신의 심복이던 가쓰라 다로[桂太郎], 고다마 겐타로[兒玉源太郎], 데라우치 마사타케[寺內正毅] 등을 13년 이상 연속하여 육군대신에 유임시키면서 육군의 인사권을 장악하였다. 그렇게 함으로써 참모총장, 원수, 대장 승진자 등 주요 인사를 자신의 수하로서 부릴 수 있었다.[1] 1904년 러일전쟁 당시 참모총장으로 전장을 지휘하였고, 1909년 10월 하얼빈에서 안중근에게 이토가 살해된 이후 원로의 선임자로서 역대 내각의 후견인으로 절대적인 권력을 행사하였다. 1910년 일본의 한국 병합 과정과 그 이후의 다이쇼[大正], 쇼와[昭和] 시기 일본 정치사에서 야마가타 계열의 군벌 출신들이 지속적으로 권력의 중추를 장악함으로써 그의 인선을 거치지 않은 채 수상 또는 조선 총독의 자리에 오르기란 불가능에 가까웠다는 사실은 이를 잘 보여준다.

명치 정부 내의 역할과 아울러 야마가타는 조선 문제에 대해서도 깊이 개입하였다. 야마가타가 1890년 12월 메이지 헌법 제정에 따른 초대의회의 개원식전에서 수상의 자격으로 행한 시정연설의 핵심은 조선 문제에 있었다. 야

1 伊藤之雄(2009a), 『山縣有朋: 愚直な權力者の生涯』, 文藝春秋, 11~14쪽.

마가타는 국가의 대외정책 수립의 전제조건으로 주권선(영토)과 이익선(주권선을 확보하기 위한 최소한의 전제, 주권선과 절대적인 이익을 가지는 지역)을 설정하고 조선의 역할을 명확히 제시하였던 것이다. 그는 조선이 일본에게 있어서 러시아의 남하에 대항할 때 '이익선'으로서 전략적인 중요성을 가지고 있는 만큼 언제든지 적극적으로 개입할 수 있어야 함을 역설하였다. 일본 정부를 대표하는 수상으로서 야마가타는 의회가 처음 열리는 자리를 빌려 일본의 대외정책이 이익선 확보를 위한 팽창정책임을 공언하였던 것이다. 청일전쟁과 러일전쟁은 야마가타의 이러한 제국주의 논리를 대외적 환경 속에서 정교하게 만들고, 실현해나가는 자리였다. 대만과 조선을 일본의 식민지로 만든 것이 바로 그 성과에 해당하는 것이었다. 따라서 야마가타에 대한 연구와 이해는 근대 일본의 정치적 팽창을 이해하는 데 중요한 창구가 된다.

그런데 의외로 야마가타 아리토모를 한국사의 전개 과정 속에서 통시적으로 조망한 연구는 많지 않다. 개화기 일본의 대한 정책과 관련하여 한국 역사학계에서 그간 관심을 가졌던 인물은 이토 히로부미와 이노우에 가오루[井上馨] 등 정계와 외교 관련 인물들이었다. 특히 이토 히로부미에 대한 연구는 '한국 병합' 100년을 기점으로 많은 성과가 나왔다.[2] 그 외에 경제계의 시부자와 에이치[澁澤榮一],[3] 재야사상가로 후쿠자와 유키치[福澤諭吉],[4] 혹은 우치다 료헤

2 鄭在貞(1989), 「井上馨: 明治政府에서의 役割과 朝鮮侵略의 實踐」, 『國史館論叢』1, 국사편찬위원회; 최문형(2001), 『명성황후 시해의 진실을 밝힌다: 선전포고 없는 일본의 대러 개전』, 지식산업사; 이성환·이토 유키오 편(2009), 『한국과 이토 히로부미』, 선인; 伊藤之雄(2009b), 『伊藤博文: 近代日本を創った男』, 講談社; 瀧井一博(2010), 『伊藤博文: 知の政治家』, 中央公論新社; 오가와라 히로유키 지음, 최덕수·박한민 옮김(2012), 『이토 히로부미의 한국 병합 구상과 조선 사회』, 열린책들.

3 李培鎔(1989), 「澁澤榮一과 對韓經濟侵略」, 『國史館論叢』 6, 국사편찬위원회; 河智妍(2006), 「澁澤榮一 자본의 朝鮮興業株式會社 설립과 경영실태」, 『한국근현대사연구』 39, 한국근현대사학회.

이[内田良平]와 같은 대륙낭인을 다룬 연구가 이루어졌다.[5] 최근 가와카미 소로쿠[川上操六]와 같은 참모본부에서 핵심적으로 활동한 인물을 중심으로 을미사변이 발생하게 된 원인을 규명하는 연구도 나오기는 하였다.[6] 이러한 연구를 통해 일본 군부 측 인물들의 행동에도 주목할 필요성을 환기시켰다. 하지만 위의 연구에서도 군부의 핵심적인 인물 야마가타와 관련된 문제는 거의 다루지 않았다. 다만 그가 작성한 것으로 잘 알려진 「외교정략론(外交政略論)」이나 제국의회 시정방침연설 정도를 일본 제국주의의 팽창을 잘 보여주는 논리로서 주목한 연구가 국내에서 약간 있었을 뿐이다.[7]

최근에는 청일전쟁의 개전 과정을 일본사의 입장에서 보수적으로 해석하는 가운데, 개전은 어디까지나 우발적으로 발생하였다고 보아 일본의 제국주의적 대외팽창을 부정 혹은 희석하려드는 연구경향이 두드러지게 나타나고

4 후쿠자와 유키치와 조선 문제를 다룬 연구성과는 다수가 있다. 주요 성과를 중심으로 제시하면 다음과 같다. 崔德壽(1986), 「淸日戰爭前後 日本의 韓國觀: 福澤諭吉을 중심으로」, 『史叢』 30, 고려대학교 사학회; 야스카와 주노스케 지음, 이향철 옮김(2011), 『후쿠자와 유키치의 아시아침략사상을 묻는다』, 역사비평사; 靑木功一(2011), 『福澤諭吉のアジア』, 慶應義塾大學出版會; 高城幸一(2013), 『후쿠자와 유키치(福澤諭吉)의 조선정략론 연구: 『時事新報』 조선관련 평론(1882~1900)을 중심으로』, 선인.

5 강창일(2002), 『근대 일본의 조선침략과 대아시아주의: 우익 낭인의 행동과 사상을 중심으로』, 역사비평사; 한상일(2002), 『아시아 연대와 일본제국주의: 대륙낭인과 대륙팽창』, 오름.

6 金文子(2009), 『朝鮮王妃殺害と日本人: 誰が仕組んで､誰が實行したのか』, 高文硏.

7 최덕수(1993), 「개항 이후 일본의 조선정책」, 한국역사연구회 편, 『1894년 농민전쟁연구』 3, 역사비평사; 崔碩莞(1999), 「日本政府의 동아시아질서 재편정책과 淸日戰爭」, 『東洋史學硏究』 65, 동양사학회; 신동준(2004), 『근대일본론: 군국 일본의 국가제도와 그 운용자들』, 지식산업사; 최석완(2005), 「청일전쟁과 일본의 조선 침략」, 한일관계사연구논집 편찬위원회 편, 『일본의 한국침략과 주권 침탈』, 景仁文化社; 박영준(2008), 「청일전쟁 이후 일본의 대외정책론, 1895~1904: 야마가타 아리토모의 전략론과 대항 담론들」, 『일본연구논총』 27, 현대일본학회; 강범석(2010), 「일본군벌 대부 야마가타」, 『왕후모살』, 솔출판사; 조명철(2010), 「청일·러일전쟁의 전후처리와 한국문제」, 『韓日關係史硏究』 36, 한일관계사학회.

있다. 이러한 연구에서는 야마가타의 「외교정략론」이 어디까지나 '대청협조론(對淸協調論)' 우선이었으며, 육군 7개 사단의 증설이 대규모는 아니었기 때문에 군비확장 노선으로는 볼 수 없다고 해석했다.[8]

2008년에 간행된 『야마가타 아리토모 관계문서[山縣有朋關係文書]』(전3권)의 해제를 담당했던 조지 아키타도 이러한 일본사 연구 경향을 충실하게 따르고 있다. 그는 야마가타가 일생 동안 시종 일관 군비확장을 주장하고 그의 실현에 노력하였지만, 야마가타는 군국주의자도, 대외팽창론자도 아니었다고 주장하였다. 아키타는 군국주의의 경우 19세기 말 이래 제1차 세계대전까지 근대화를 지향하던 모든 국가가 추구하였던 것으로 야마가타는 세계사의 전체 흐름 가운데 그것을 주장한 사람 가운데 하나였을 뿐이라고 하였다. 또한 야마가타의 주권선과 이익선론을 근거로 일본의 조선 침략과 '한국 병합', 중국 침략의 청사진으로 묘사하고 있지만 어떤 국가일지라도 주권선을 설정하고 동시에 이익선을 설정하는 것이 드문 일은 아니었다고 주장하였다.[9]

하지만 야마가타는 임오군란, 갑신정변, 청일전쟁, 러일전쟁을 거쳐 '한국 병합'에 이르기까지 한일 간의 주요 정치 외교적 사건이 발생했을 때마다 끊임없이 군비증강과 대외팽창의 논리를 의견서로 제시한 인물이었다. 그리고

---

8 高橋秀直(1995), 『日淸戰爭への道』, 東京創元社; 福地惇(2008), 「山縣有朋の國防思想の變遷」, 伊藤隆 編, 『山縣有朋と近代日本』, 吉川弘文館; 大澤博明(2013), 「均衡論と軍備: 明治陸軍に見る安全保障觀」, 北岡伸一 編, 『國際環境の變容と政軍關係』, 中央公論新社. 후쿠치 준[福地惇]은 청일전쟁이 발발하기 4년 전부터 야마가타가 "일청제휴론자였고, 조선을 '항구중립의 위치'에 두려고 생각한 자"였으며, "조선의 독립을 바란다는 점에서도 특색이 있었다"라고 하여 다카하시보다도 한 발 더 나아가 야마가타의 구상을 우호적으로 해석하고 있다. 청일전쟁의 발발 책임을 오히려 청국 탓으로 돌리려는 의도를 다분히 내포하고 있다. 텍스트 해석 자체가 역사적이라기보다 텍스트의 문구 자체에 집중하면서 분절시켜 의미를 부여하려 든다는 점에서 문제가 있다.

9 尙友俱樂部山縣有朋關係文書編纂委員會 編(2008), 『山縣有朋關係文書』 3, 山川出版社, 462~463쪽.

그것은 '한국 병합'을 통해 달성되었고, 이후 일본의 관심은 본격적으로 만주 경영 문제로 옮겨갔으며, 이는 중일전쟁 및 태평양전쟁의 발발로까지 이어지게 된다. 결과적으로 야마가타의 제국주의 논리 형성과 실현은 언제나 한국 문제를 주축으로 삼아 끊임없이 확장해나가고 있었다고 볼 수 있다.

야마가타의 생애 전반에 걸쳐 대외팽창의 인식과 논리가 만들어진 과정을 추적하면서 그것이 조선 문제와 긴밀하게 연결되어 있었다는 점을 체계적으로 설명한 국내 연구는 많지 않다. 그러한 만큼 한국사의 입장에서 체계적으로 그의 행적과 그가 남긴 글의 행간을 재조명해볼 필요가 있다. 이 글에서는 1880년대 이후 야마가타의 시기별 행적과 정책을 살펴보면서, 그가 다듬어나간 일본 제국주의의 논리가 어떠한 시대상황에 기초하여 형성되어갔는지를 조선 문제를 중심으로 검토해보려 한다.

Ⅱ. 야마가타 제국주의론의 형성과 전개

1. 임오·갑신기의 군비확충론

임오군란과 갑신정변으로 이어지던 1880년대의 경우, 야마가타는 1883년 2월 내무경에 취임하여 지방자치제도의 기반을 만들어나갔고, 1888년에 시제·정촌제 관련 규정이 완성되었다. 이때 지방을 통제하는 데 초점을 맞추면서 경찰제도를 정비하였고, 보안조례를 시행(1887)하면서 자유민권세력을 크게 탄압하였다. 오늘날과 같은 지방자치가 아니라 어디까지나 강력한 중앙집권화를 추진하려 했던 의도가 여실히 드러나는 대목이라 할 수 있다. 다른 한편으로 야마가타가 창설하였던 육군 참모본부에서는 창설 초기부터 일본이 장차 대륙으로 진출할 것을 염두에 두면서 정보 수집을 위해 장교들을 청국과 조선으로 각각 파견하기 시작하였다.[10] 한반도 내지에 대한 정찰활동과 조사도 군사적 관점에서 이루어져 1888년 『조선지지략(朝鮮地誌略)』 8권이 간행되기에 이르렀다.[11] 정찰활동은 1876년 조일수호조규 체결 당시부터 육군장교들을 조선 파견 사절의 일행으로 파견하면서부터 시작되었다. 이때 육군경이었던 야마가타는 장교들에게 조선의 "지리와 병제 등 군무에 필요한 것을 정탐하고 돌아와 보고"하도록 지시한 바 있다.[12] 그리고 1880년대 초반에는 가이즈 미쓰오[海津三雄], 이소바야시 신조[磯林眞三], 가라다 간지로[柄田鑑次郎] 등의 위관급 장교들이 활동지역을 분할하여 조선의 내지 곳곳을 누비는 가운데 각종 정보를 수집하였다.[13] 그 결과를 집약한 것이 위에서 언급했던 『조선지지략』으로, 이 자료는 향후 일본이 군비를 증강시켜 나가는 데 조선을 군사적 관점에서 어떻게 활용해나갈지를 판단하는 중요한 전거가 되었다.

1882년 7월 23일 서울에서 군인들과 도시 빈민들이 합세한 폭동이 일어났다. 바로 임오군란이었다. 임오군란은 1880년 이래 조선 정부가 추진하였던 개화정책에 대한 반발이 행동으로 나타난 것이었다. 조선 정부가 추진해왔던 초기 개화정책의 큰 흐름은 대외적으로 적극적인 개방정책과 대내적인 개혁사업이었다. 대내적인 개혁사업은 무비자강이 목표였고, 이를 실천하기 위한

---

10 村上勝彦(1981), 「解題: 隣邦軍事密偵と兵要地誌」, 『朝鮮地誌略』 1, 龍溪書舍; 佐藤守男(2011), 『情報戦争と參謀本部』 제1장, 芙蓉書房出版.

11 최덕수(1993), 「개항 이후 일본의 조선정책」, 한국역사연구회 편, 『1894년 농민전쟁연구』 3, 역사비평사, 88쪽.

12 박한민(2013), 「조일수호조규 관철을 위한 일본의 정찰활동과 조선의 대응」, 『歷史學報』 217, 歷史學會, 278쪽.

13 최근 이들의 정찰활동 내역과 동선 등을 지도 등을 활용하여 상세하게 다룬 연구로는 다음 성과를 참고할 수 있다. 남영우(2011), 『일제의 한반도 측량침략사: 조선말~일제강점기』, 法文社.

정책의 하나가 신식군대 창설이었다. 임오군란은 신식군대 별기군에 대한 구식군인들의 불만이 계기가 되었으나, 폭동의 진행과정에서 개화정책의 추진과정에서 고통을 겪었던 도시빈민들이 합세함으로써 정변으로 이어지게 되었던 것이다.

개항 이후 조선 정부의 개화정책에 대한 저항으로 발생하였던 사건이 일본 국내에는 조선에서 발생한 '반일(反日)' 폭동으로 왜곡되어 전달되었다. 군란이 확대되는 과정에서 신식군대 교관이었던 일본 장교와 일본 공사관 주재 경찰 및 조선어 습득을 위한 학생 등 일본인 여섯 명이 살해되었다. 군란을 피해 인천에서 영국 측량선을 타고 시모노세키로 돌아간 조선 주재 일본 공사 하나부사 요시모토의 보고가 일본 정부에 전달된 것은 7월 30일이었다.

당시 일본 정부 내의 최고 실력자였던 참의 이토 히로부미는 헌법조사를 위해 유럽 출장 중이었고, 우대신 이와쿠라 도모미[岩倉具視]는 와병 중이었던 관계로 정부의 중심은 야마가타 참사원 의장과 이노우에 가오루 외무경이었다. 7월 30일 하나부사 요시모토[花房義質]로부터 전보를 받은 야마가타와 이노우에는 즉각적으로 조선에 군함을 파견할 것을 결정하고, 각의에서 정부의 정책을 논의하기로 하였다. 일본 정부는 다음 날 열렸던 각의에서 하나부사 공사에게 호위병 2개 중대를 붙여 조선으로 파견할 것을 결정하였다. 그러나 앞에서도 언급한 바와 같이 임오군란은 일본 국민들에게는 메이지 유신 이후 해외에서 일어난 최초의 반일폭동으로 왜곡되어 전달, 확산되어 나갔다. 당시 일본 국내 신문기사를 검토해보면 사건에 대한 정보가 일본 정부에 의해 의도적으로 왜곡, 전달되고 있었음을 알 수 있다. 임오군란에 대한 최초의 기사(8월 1일)는 조선 궁정 내의 추악한 사건 때문에 일본 군인이 희생되었고, 이에 따라 같은 날 일본 군대 파견을 위한 군함의 출정준비 상황을 보도하고 있다.[14] 야마가타는 8월 7일에 다음과 같은 의견서를 제출하였다.

「조선사변에 즈음한 대청방침의견」

조정(調停)이라고 하는 자구의 의미는 거중을 하여 쟁단을 불식시킨다는 뜻이기는 하나, 저들이 과연 공법상의 중재하는 방향[針路]으로 나올지, 또는 다른 방법으로 나올지는 예정하기 어렵다. 다만 이를 상상해보면 다음 세 가지의 경우가 있는 데 불과할 것이다.

제1 청국은 조선이 속국임을 주장하고, 이번 담판은 청국이 인수한다고 언명한다.

제2 청국은 일본과 조선 사이에 서서 중재를 신청한다.

제3 청국은 지극히 평온한 언사를 하며, 우리 사절과 억지로 직접적인 담판을 하지 않으며, 단지 조선과 종래의 관계가 있으므로 저들 나라를 위하여 충고하며, 사죄 처분을 촉구한다는 취지를 공고하는 데 그친다.

위의 제1의 경우에 우리는 아래의 대의(大意)로 거절해야 한다.

일본은 조선과의 교제에서 3백 년 이래로 직접적으로 왕복하였고, 일찍이 청국의 거중을 경유하지 않았다. 메이지 8년 가을 조선의 폭도가 우리 운요함[雲揚艦]을 포격하고, 우리나라가 그 죄를 물을 당시 일찍이 청국의 거중을 번거롭게 했던 적이 없다. 당시 우리 모리[森] 공사는 총리아문으로 청국과 조선의 관계를 문의하였다. 총리아문은 조선이 속국이기는 하나 국정에는 간섭하지 않는다는 취지로 대답하였으며, 운요함 폭거의 건은 불문에 부쳤다. 일찍이 우리나라를 위하여 처리하려는 의사가 없었다.

[…] 만약 청국이 제2의 경우로 나올 때에는 우리가 분명하게 공법상으로 말하는 갑을 두 나라가 분쟁을 벌일 때 병의 국가가 중재를 할 때에는 반드시 갑을 두 나라의 승낙을 필요로 한다. 만약 두 나라 가운데 일국이 중재를 승

14 "朝鮮事變と內閣の大評議", 《郵便報知新聞》(1882. 8. 1).

낙하지 않을 때에는 병의 국가가 중재를 강제로 할 수 없다는 이치에 의거하여 우리나라는 중재를 사양해야 한다.

만약 제3의 경우로 나올 때 우리나라는 지엽적인 갈등에 구애되지 말고 곧바로 조선과의 담판을 수행하여 청국이 조선을 향하여 충고하거나 또는 진력하는 일은 우리와 관계가 없도록 해두고, 다시 그 장애를 만들지 않는다. 또한 이것을 승낙한다는 말을 하지 않더라도 괜찮다.

[…] 만약에 만일 앞서 기술한 세 조항 가운데 하나가 실현되어 청국이 전적으로 조선을 비호하며, 우리 요구를 거부하는 등의 일이 있다면 이것은 곧 조선의 당여(黨與)로 하여금 우리나라를 적대하는 처지에 서게 되는 것임을 인정하게 만드는 것일 뿐이다. 또 조선이 지나를 가령 구실로 삼음으로써 지연의 수순을 밟더라도 우리가 시일을 기약하여 신속하게 결답을 요구한다. 만약 회신이 없을 때에는 곧바로 육해군을 통해 강제배상의 처분을 하도록 해도 좋다.[15]

위의 의견서는 청국의 조선 정책을 세 가지로 상정하고, 그 대처방안을 제시하고 있다. 세 가지 방안은 각기 메이지 유신 이후 조선 문제와 관련하여 진행되었던 쟁점에 관한 논의를 바탕으로 이루어진 것이었다. 즉, 운요호 사건 관련 '조선 속국론'을 내세우는 청국의 입장에 대한 서술 등이 그것이다. 그러나 최종적으로 제시하고 있는 것은 1안과 2안이 제시되지 않을 것으로 판단하고 3안의 마지막 부분에 제시한 바와 같이 '곧바로 육해군으로써 강제보상의 처분'에 초점을 맞추었다. 당시 일본 정부의 정책은 이러한 연장선에 있었다고 평가할 수 있다.

---

15 大山梓 編(1966), 『山縣有朋意見書』, 原書房, 116~118쪽.

임오군란을 '반일폭동'으로 보도하기 시작한 닷새 뒤 일본 정부는 국내에 계엄령을 선포하였다.[16] 메이지 유신 이후 최초의 계엄령 발동이었다. 계엄령으로 일본 국내의 집회와 언론 보도에 대한 통제가 강화되었다. 어떻게 임오군란이 일본 국내의 계엄령 선포로 이어졌던 것일까? 계엄령 선포의 목적은 바로 국내에서 발생한 자유민권운동 세력에 대한 통제의 계기를 제공하였다. 일본에서 신문이 발행되기 시작한 이래 대중에게 그 영향력을 확대해나간 최대의 계기가 임오군란 관련 기사였다. 당시 신문의 사건 관련 정보는 모두 정부로부터 제공된 것이었다. 청국 군대의 조선 파견 기사와 더불어 청국과 전쟁 위기설이 확산되면서 이와 같은 분위기도 더욱 고조되어 나갔다.

계엄령부터 20여 일이 지난 후 일본 정부는 대외전쟁에 대비하여 개인의 재산을 징발할 수 있는 징발령까지 제정하였다.[17] 메이지 일본 정부에 최대의 정치적 저항세력이었던 자유민권 세력을 통제하기 위한 제반 법령이 제정되었던 시기 일본 정부 내에서 각 부처의 법령제정을 총괄하였던 정부기구가 참사원이었으며, 당시 참사원 의장이 야마가타였다. 야마가타는 국민에 대해서는 징발령을 제정하였고, 이듬해 다음과 같이 대외전쟁에 대비하자는 요지의 의견서를 정부에 제출하였다.

> 「대청의견서」
> 우리나라 내치와 외교의 원대한 계획은 이미 일정한 정부의 계책이 있어서 육해군의 정비방법도 역시 폐하의 재가를 받았다. 다만 해군경의 건의에 따르면 군기(軍機)의 건은 틈을 허락하지 않으니, 급히 응하여 변화에 대처하

---

16 "戒嚴令制定發布", 《郵便報知新聞》(1882. 8. 7).
17 "徵發令制定發布さる", 《時事新報》(1882. 8. 14).

는 방도를 지금 제일 먼저 강구해야만 한다. 지금 모쪼록 아래의 네 가지 논의 안건을 결정하여 군기의 요체를 정해야 한다.

1. 전날 의정하였듯이 철갑함은 다시 신속한 준공을 요청할 것.

2. 해안가 포대의 건설을 서두르고, 내해(內海) 방어를 위하여 수뢰(水雷)를 준비할 것.

3. 외교정략은 가급적 평화롭고 온당한 방침을 취할 것.

4. 만일 불행하게도 저들이 평화를 깨트리는 데 이르게 된다면 우리는 전력을 다해 승리를 쟁취하는 데 비상한 정략을 취해야만 한다. 토목을 폐지하고, 연향(宴饗)을 중지하며, 화려하고 무용한 모든 일을 일체 중단하고, 상하일치·전국일체의 용감함으로써 천하의 의(義)를 고무시켜야 한다.[18]

1883년 「대청의견서」의 요지는 청국에 대비하기 위해서 외교정략을 평화롭고 온건하게 하되, 언제든 청국과 충돌이 벌어질 것을 상정하면서 철갑함의 완성이나 해안 포대의 건설 등 무비를 확충할 것을 강조하고 있다. 야마가타는 만약 무력충돌이 발생하게 된다면 전 국가적 차원에서 '상하일치·전국일체의 용감함'으로 단결하여 대처해야 한다고 하였다. 이러한 내용은 야마가타가 참사원 의장의 자격으로 1882년 8월 15일에 상주한 「육해군 확장에 관한 재정 상신」에서 이미 거론되고 있는 내용으로서 일관성을 가지고 있다는 점에서 주목할 만하다.[19] 그는 "지금에 이르러 우리나라가 상무의 유풍을 회복하고, 육해군을 확장하여 우리 제국이 일대 철갑함[鐵艦]을 만들고 힘을 사방으로 전개하여 굳세고 용감한 정신으로서 이를 운전하려들지 않는다면 곧 우

18 大山梓 編(1966), 앞의 책, 137~138쪽.
19 大山梓 編(1966), 위의 책, 118~120쪽.

리가 일찍이 업신여김을 받은 직접 부근의 외환이 반드시 장래에 우리의 폐단에 편승하려 할 것"이라고 하면서 철갑함 제조의 중요성을 제창하였다. 이러한 군비의 확장에 들어가는 비용을 충당하기 위해서 향후 거둘 것으로 예상하는 연초세를 수입원으로 상정하는 가운데, "지금부터 점차 군비를 증가하는 것은 실로 서둘러야 할 업무"라고 강조하였다. 「대청의견서」는 철갑함 준비에 기초하여 향후 적국으로 상정한 청국에 대처할 자국 연안 방어의 구체적 방향으로 포대 건설과 수뢰 준비를 거론한 것으로 볼 수 있다. 야마가타는 대외관계에서 늘 전쟁을 염두에 두면서 군비확장을 일관성 있게 제시하고 있었던 것이다. 뒤에서도 상세하게 소개할 내용이기는 하나, 청일전쟁 이전까지 야마가타가 시기별로 군비 확장을 주장한 내용을 추출, 정리하여 제시하면 〈표 1〉과 같다.

〈표 1〉 임오군란~청일전쟁 시기 야마가타 작성 의견서 목록

시기	문서명	지위
1882년 8월 15일	「陸海軍擴張に關する財政上申」	參事院 議長
1883년 6월 5일	「對淸意見書」	參議
1888년 1월	「軍事意見書」	監軍/陸軍中將
1890년 3월	「外交政略論」	總理大臣
1890년 12월	제1회 제국의회 통상회, 「施政方針演說」	總理大臣
1891년 2월 16일	제1회 제국의회 통상회, 「帝國の國是に就て」	總理大臣
1893년 10월	「軍備意見書」	陸軍大將
1894년 11월 7일	「朝鮮政策上奏」	陸軍大將
1895년 4월 15일	「軍備擴充意見書」	陸軍大將

2. 명치제국의회 개설과 「외교정략론」[20]

〈표 1〉에서 보는 바와 같이 야마가타는 1888년 1월 「군사의견서(軍事意見書)」를 제출하였다. 이 의견서는 1880년대 임오군란 전후에 제시하였던 군비 관련 구상을 확장하여 제시한 것이다.

> 「군사의견서」
>
> 동양 사정이 가장 절박한 것은 러시아와 조선의 관계에서 이를 볼 수 있다. 대개 러시아 시베리아 철도의 공사가 준공하는 날이 되면 블라디보스토크 항에서 해로의 교통을 연결함으로써 교통운수와 군사상으로 해당 철도의 효용을 온전하게 만들어야 한다. 그런데 대저 블라디보스토크 항은 겨울철에 두꺼운 얼음이 그 입구를 봉쇄하기 때문에 러시아는 반드시 해마다 선함의 출입에 지장이 없는 다른 좋은 항구를 얻어서 시베리아 철도의 이익을 충분히 얻고, 그 운용을 활발하게 하지 않을 수 없다. 이와 같은 좋은 항구는 과연 어느 곳에 있겠는가? 조선을 넘어다보는 것은 대개 하루 이틀의 일이 아니다. 그러므로 해당 철도가 준공되는 날은 곧 러시아가 조선으로 침략을 시작하는 날이다. 조선으로 침략을 시작하는 날은 곧 동양에서 일대 파란이 생기는 날이 될 것이다.[21]

야마가타는 이 의견서에서 조선을 둘러싼 동아시아 정세의 급무를 4~5년

20 가토 요코 지음, 박영준 옮김(2003), 『근대 일본의 전쟁 논리』 제4장, 태학사; 최석완(2005), 앞의 글 참조.

21 大山梓 編(1966), 앞의 책, 180쪽.

후 러시아의 시베리아 철도 준공과 관련하여 거론하고 있다. 시베리아 철도가 완성되면 러시아는 블라디보스토크를 경유하여 조선에서 부동항을 얻기 위해서 남진을 할 것이며, 이에 대비하여 영국은 청국과 연합하여 청-러 국경지대 및 태평양 연안에서 거점을 구축하여 러시아의 남하에 대비할 것이다. 그럼으로 일본도 병비를 강화하는 것이 긴급한 과제라고 하였다. 이 군사의견서는 임오군란 전후에 제시하였던 군비확장의 규모를 상향 조정하여 설정한 것으로, 영국과 청국 연합군에 대항하고 구미 열강과의 조약개정을 위한 정책적 의도를 내포하고 있었던 것이다. 이와 같은 군사의견서의 연장에서 1890년에 「외교정략론(外交政略論)」이 구상되었던 것이다.[22]

1888년 12월 지방제도 조사 차 유럽 시찰에 나선 야마가타는 독일에서 로렌츠 폰 슈타인(Lorenz von Stein)을 만나게 된다. 슈타인을 만난 자리에서 야마가타는 자신이 1월에 집필하였던 「군사의견서」를 보여주고 자문을 구했다. 이때 나온 개념이 '권세강역'과 '이익강역'인데, 야마가타는 이 내용을 자신의 구상에 반영하여 1890년 3월 「외교정략론」으로 완성하였고 이 내용에 기초하여 제1회 제국의회에서 시정연설을 하였다. 이 「외교정략론」의 기초에는 법제국장 이노우에 고와시[井上毅]가 중요한 역할을 담당하였다고 한다. 이때 군사예산의 삭감을 둘러싸고 정부와 야당이 대립하였는데, 이 와중에 수상 야마가타는 금전으로 의원들을 매수하는 공작을 벌이기까지 하였다. 당시 매수 비용은 궁내성에서 지출하였는데, 총액이 98만 엔에 이르렀다고 한다. 이러한 야마가타의 이익선 구상에 기초하여 《동경일일신문(東京日日新聞)》과 《시사신보(時事新報)》에서 지면상으로 논쟁이 벌어지기도 하였는데, 이토 역시 조선을 이익선으로 간주한 정부 기관지적 성격이 농후한 《동경일일신문》의 주장

22 최석완(1999), 앞의 글, 226~227쪽.

에 찬동하고 있었음을 확인할 수 있다. 이토와 야마가타 모두 조선을 자국의 중대한 이익으로 간주하고 이를 반드시 확보해야 한다는 점에서는 인식을 공유하고 있었던 것이다.

「외교정략론」

국가독립과 자위의 길에는 두 가지가 있다. 첫째로 말하건대 주권선을 지켜서[守禦] 타인의 침해를 용납하지 않는 것이다. 둘째로 말하건대 이익선을 방어하여 자기의 형승(形勝)을 잃지 않는 것이다. 주권선이 무엇이냐 하면 바로 강토(疆土)이다. 이익선이 무엇인가 하면 바로 이웃나라와 접촉한 형세로 우리 주권선의 안위와 긴밀하게 관계된 구역이다. 무릇 국가로서 주권선을 가지고 있지 않은 것은 없다. 또한 모두 그 이익선을 갖지 않은 나라가 없다. 그리고 외교와 병비(兵備)의 요체[要訣]는 오로지 이 두 가지 선에 기초하여 존립한다. 바야흐로 열국(列國)의 사이에 서서 국가의 독립을 유지하려 한다면 오로지 주권선을 수호하는 것만으로 충분하지 않으며, 반드시 더 나아가 이익선을 방어하고 항상 유리한[形勝] 위치를 차지해야만 한다. 이익선을 방어하는 길은 어떠한가? 각국이 하고 있는 바인데 적어도 우리에게 불리한 것이 있을 때에는 우리가 책임을 지고 이를 배제한다. 어쩔 수 없을 때에는 강력한 힘을 사용하여 우리의 의지를 달성하는 데 있다. 대개 이익선을 방어할 수 없는 국가는 그 주권선을 물러나 지키려고 하더라도 역시 타국의 원조에 의지하여 겨우 침해를 면할 뿐이다. 따라서 완전하게 독립한 방국(邦國)이 되기를 바랄 수 없게 된다. […] 우리나라 이익선의 초점은 실로 조선에 있다. 시베리아 철도는 이미 중앙아시아로 진출하였고, 몇 년이 지나 준공되면 러시아 수도를 출발하여 수십 일이 지나 흑룡강에서 말에게 물을 먹일 수 있을 것이다. 우리에게 시베리아 철도 완성의 날은 곧 조선에

다사(多事)한 시기가 됨을 잊어서는 안 된다. 또한 조선에 일이 많아지게 될 때에는 곧 동양에 일대 변동이 생기는 계기가 된다는 것을 잊으면 안 된다.
[…]
앞에서 진술한 이익선을 보호할 외정(外政)에 대하여 필수적인 것은 바로 첫째로 병비, 둘째는 교육이다. 현재 7개 사단을 설치하여 주권선의 수비를 기약한다. 그리고 점차 완비하고 충당하여 예비, 후비의 병력수를 합쳐 대개 20만 명을 갖추게 될 때에는 이익선을 방어하는 데 충분할 것이다. 또 해군의 충실을 태만히 하지 않아, 한 해를 시기로 하여 목적을 일정하게 하고, 사업을 계속하여 중간쯤 퇴보하지 않는 것이 가장 필요하다. […]
그리고 이러한 이십여 년간은 곧 내가 와신상담한 날이다. 지금으로서 묘당의 논의가 정해진다면 후세의 사람들은 반드시 나의 뜻을 계승하는 자가 있지 않겠는가?[23] (밑줄은 인용자)

"우리나라 이익선의 초점은 실로 조선에 있다"는 표현이 「외교정략론」의 핵심적인 내용이다. 러시아의 시베리아 철도 준공과 조선을 연결시키면서 이에 대비하여 '이익선' 조선 문제에 신경을 써야 하고, 병비와 교육이 뒷받침되어야 한다는 논리로 구성되어 있다. 야마가타는 7개 사단 설치를 통한 주권선의 방위, 더 나아가 예비병력까지 20만 명을 갖추어야 비로소 자국의 독립을 완전하게 달성할 수 있다고 보았다. 러시아라는 적국을 상정하고, 조선을 자신들의 이익선 범위 안에 두어야 한다는 논리에서 군사적인 팽창을 정당화하고 있는 것이 이 문서의 특징이다. 이 구상은 다음에 나오는 제국의회의 「시정방침연설」을 통해 공식적으로 정책에 반영되었다. 야마가타는 이익선이 되는

23 大山梓 編(1966), 앞의 책, 196~200쪽.

조선을 보호하기 위해서 예산의 대부분을 점하는 육해군 확장예산을 의회에서 승인해달라고 역설하였다.[24] 주권선과 이익선 구상에 그치지 않고, 수상이라는 지위에서 실제적으로 군비의 증강을 실현해나가려 했다는 점에서 야마가타의 추진력을 확인할 수 있다. 하지만 의회에서는 이러한 야마가타의 요구를 받아들이지 않고, 오히려 예산안을 삭감하면서 정부와 대립각을 세웠다.[25]

3. 청일전쟁과 조선 식민론[26]

1893년 10월 육군대장이자 추밀원 의장인 야마가타는 「군비의견서(軍備意見書)」를 제출하였는데, 여기서는 특히 해군의 군비확충을 주장하였다.[27] 이듬해 8월 청일전쟁이 발발하자 야마가타는 추밀원 의장이면서도 제1군사령관에 취임하여 전장인 조선으로 건너왔다. 9월 13일 한성에 도착한 야마가타는 그 후 평양을 거쳐 10월 말에는 의주 지역으로 향하였으며, 압록강을 건너가 청국군을 공격하고 구련성(九連城)을 점령하였다. 천진을 거쳐 북경 일대를 공격하려 계획한 야마가타는 11월 하순 요동반도 부근을 공격하도록 명령하였는데, 이것은 대본영의 지휘와는 관계없이 현지에서 독자적으로 추진한 것이었다. 이때 한편으로 야마가타는 「조선정책상주(朝鮮政策上奏)」를 작성하여 올렸는데, 부산에서 서울을 거쳐 의주까지의 철도 부설과 일본인의 조선 이민이 필요하다는 점을 강조하였다. 야마가타가 일찍이 청일전쟁 시기부터 자국인의 상업 및 농업 이주를 통해 일본의 조선 내 입지를 확장하려 했다는 사실은

24 최덕수(1993), 앞의 글, 86쪽.
25 최덕수(1993), 위의 글, 87쪽.
26 藤村道生(1961), 앞의 책, 제9장; 伊藤之雄(2009a), 앞의 책, 제9장 참조.
27 大山梓 編(1966), 앞의 책, 215~222쪽.

주목할 만한 대목이다.

「조선정책상주」

조선을 위하여 독립을 온전하게 하는 한 건은 실로 우리가 열국에 대하여 스스로 부담하려 하는 의무다. 혹시라도 신뢰를 세계에서 잃지 않으려 한다면 결코 이를 풀어두어서는 안 된다. […] 신이 보건대 가장 급무가 되는 것은 곧 아래의 두 가지 책략에 있다. 하나는 부산에서 경성을 거쳐 의주로 철도를 부설하는 것이다. 다른 하나는 평양 이북으로 의주에 이르기까지 추요(樞要)의 지역에 방인(邦人)을 이식하는 것이다. 애초에 약소한 조선을 도와 그 독립을 온전하게 만들려 한다면 청국 병사를 몰아내어 일단 흔적을 팔도에서 절멸시키는 한 가지로는 충분하지 않다. 적어도 이후 수년간 약간의 병력을 주둔시켜 경계와 급무에 대비해야 함은 물론이며, 정부에 권고하여 정치의 개선을 도모하고, 군대의 훈련교육 추진과 장려, 식산의 발달에 노력하도록 만듦과 동시에, 우리가 그 운수교통의 권리를 장악한다. 일단 동양에서 사단이 생기면 이를 이용하여 기회를 그르치지 않을 계획을 세워야 한다. 그리고 이를 하는 데 가장 필요한 것은 부산과 의주 사이의 철도로, 부산과 경성 간의 철도에 대해서는 오늘날 이미 밀약이 존재한다고 하더라도 만약 이를 연장하여 의주까지 이르게 하지 않는다면 그 공을 한 바구니 안에서 빠트리는 감이 있을 것 같아 두렵다. 또한 부산과 의주의 도로는 곧 동아시아 대륙과 통하는 큰 길로써 이후 지나를 횡단하여 곧바로 인도에 도달하는 도로가 될 수 있다는 사실은 추호도 의심할 여지가 없다. 우리나라가 패권을 동양에서 떨치고, 영구히 열국 사이에서 웅시하려 한다면 역시 모름지기 이 길을 곧바로 인도로 통하는 큰 길로 삼아야 한다는 점은 신이 확신하여 의심하지 않는 바다. […]

평양 이북의 요추(要樞)가 되는 지역에 우리나라 인민을 이식하는 이유는 약간 이와 다르다. 대개 평양 이북은 청국과 근접한 지역이다. 신이 실제로 경험해본 바에 따르면 청국의 문물과 풍속을 모방하는 것이 결코 많지 않으며, 압록강을 하나의 획으로 하여 천지가 완전히 구별되는 상황이다. 평양 이남과 다른 바는 유독 인민이 어느 정도 질박한 부류라는 데 있기는 하다. 그러나 청국의 경계와 멀리 떨어져 있지 않고, 이 때문에 좌우되기 쉬운 경향이 있다는 것은 어쩔 수 없는 이치이다. 모쪼록 추요의 지역으로 방인들을 이주시키고, 이들로 하여금 점차 상업과 농업의 권리를 장악하도록 함과 동시에 토인을 유도하여 진정한 문화의 영역을 향하도록 만들어서 단연코 청국의 영향을 근절[杜絶]해야 한다.[28] (밑줄은 인용자)

「조선정책상주」는 야마가타의 조선 구상을 잘 보여준다. 하나는 부산에서 의주까지 철도를 부설하자는 것이고, 다른 하나는 평양 이북의 주요 지역에 일본인들을 이식하자는 것이다. 철도 부설의 경우 청일전쟁 이후 일본의 경부선, 경의선의 부설을 통해 한반도를 X자로 종단하면서 만주 지역과 연결되었다.[29] 다른 한편으로 야마가타가 청국의 영향력을 조선 내에서 '두절'시키기 위해서 평양 이북 지역에 일본인들을 이식시켜야 한다는 논리를 내세웠다는 점은 이후 제국일본의 식민정책을 어느 누구보다 앞장서서 주장한 것이었다. 이때부터 등장한 식민론은 일본 군부의 해외전략에 지대한 영향을 미치게 된다. 이것은 비단 군부 내에서만 그치지 않았다. 고노에 아쓰마로[近衛篤馬]의 경우 삼국간섭 이후 러일전쟁이 발발하기 전까지 '황인종동맹론'을 내세우면

28 大山梓 編(1966), 앞의 책, 223~225쪽.

29 정재정(1999), 『일제침략과 한국철도: 1892~1945』, 서울대학교출판부 참조.

서도 유사시에 조선을 점령하자고 주장하고, 의화단사건 시기에는 조선과의 '공수동맹' 체결까지도 추진하려 하였다.[30] 더 멀리는 1919년 조선의 3·1운동 시기에 일본 수상을 역임한 하라 다카시[原敬]의 동화정책론으로까지 이어진다.[31] 야마가타가 청일전쟁 시기에 주창한 식민론은 역사적으로 연속성을 가지고 각 시기별로 여러 논자들을 통해서 지속적으로 확대 재생산되었다고 볼 수 있다.

이해 12월 본국으로 소환된 야마가타는 제1군사령관과 추밀원 의장에서 해직되었으나, 이후 군부의 반발을 억누르기 위해 '원훈우대'의 조칙이 내려졌다. 1895년 3월 다시 육군대신에 취임한 야마가타는 군비 확장을 상주하였고(「軍備擴充意見書」, 1895. 4. 15), 청일강화조약이 체결된 후 공적을 인정받아 후작으로 승격하였다.

한편 야마가타는 1896년 러시아 황제 니콜라이 2세의 대관식에 축하사절로 파견되었고, 이때 러시아 외무대신 로마노프와 협상하는 과정에서 한반도를 39도선에서 분할할 것을 제안하기도 하였다. 조선 분할 점령안은 러시아 측에서 받아들이지 않았지만 의정서 체결을 통해 한반도에 대한 러일 양국의 상호견제 의도는 충족할 수 있었다. 이때 비밀조관으로 합의한 두 개 조항의 경우 조선의 군대가 조직될 때까지 러일 양국이 각각 군대를 주둔시킬 수 있으며, 고종의 호위를 러시아군이 맡는다고 했던 「베베르-고무라 각서」의 내용을 재확인한 것이었다.[32]

---

30 최덕수(2005), 「대한제국기 일본 대외강경파의 조선론」, 『대한제국과 국제환경』, 선인 참조.

31 최덕수(2007), 「하라 다카시의 '동화정책론' 연구」, 김용덕·미야지마 히로시 공편, 『근대교류사와 상호인식』Ⅱ, 아연출판부.

32 최덕수 외 지음(2010), 『조약으로 본 한국 근대사』, 열린책들, 377~386쪽.

4. 러일전쟁과 전후경영론[33]

1902년 1월 제1차 영일동맹 체결로부터 1년 후 야마가타의 교토 별장에서 열렸던 무린암 회의(1903년 4월)에는 이토, 야마가타, 가쓰라 다로, 고무라 주타로[小村壽太郎] 등이 참석하였다. 이 자리에서는 러시아의 만주에서의 조약상 권리를 인정하되 그 대가로 일본이 한국에서 갖는 우월적 지위를 인정하도록 해야 한다는 정책노선이 결정되었다. 1904년 2월 러일전쟁이 발발하자 야마가타는 청일전쟁 당시처럼 만주군 총사령관이 되어 전장 일선에서 활동하기를 희망하였으나 받아들여지지 않았다. 전쟁이 한창 진행되고 있는 와중에는 「군국의견서(軍國意見書)」를 작성하여 관료들과 전 국민이 거국일치하여 러시아에 대항해야 함을 역설하였다. 그 내용은 다음과 같다.

> 「군국의견서」
>
> 이번 전쟁으로 러시아의 만주 점령은 우리나라의 이익과 상충할 뿐만 아니라, 한국에 대한 행동은 한국의 존립에 해를 끼쳐 우리 제국의 안전을 위협한다. 그러므로 우리가 자위상, 필요상 어쩔 수 없이 나서게 된 것을 이제와서 말할 필요는 없다. 대저 러시아는 우내(宇內)의 대국으로서 인구와 병력이 우리의 수배에 달한다. 그리고 우리가 지금 이 나라와 교전하게 된 일은 진정 미증유의 일대 재앙이자 위기다. 다행히도 개전 이래로 우리는 바다와 육지에서 모두 연전연승하였고, 해상의 권리는 이미 거의 우리가 차지하게 되었다. 랴오양[遼陽]은 이미 함락되었고, 뤼순[旅順]의 운명은 또한 바야흐로 조석으로 내몰리고 있다. 그렇다고는 하나 이것은 다만 전쟁의 제1

33 藤村道生(1961), 앞의 책, 제11장 참조.

기일 뿐 제2기, 제3기에 이르렀을 때 승패의 가짓수를 아직 예측할 수 없다. 그러므로 거국일치하고 점점 더 나아가 크게 노력하지 않을 수 없다. 그런데 국민의 추세를 보아하니 근래에 혹시 승리에 취하여 거대한 적을 가볍게 보거나, 전투에 지루해져 평화를 바라는 자가 왕왕 있다. 이러한 추세가 점차 늘어나게 되면 화를 초래하게 되기 때문에 장래를 예측할 수 없다. 그러므로 이를 계칙하고 각성하는 일이 실로 정부의 현재 일대 급무다.[34] (밑줄은 인용자)

위의 「군국의견서」는 러일 개전의 원인을 러시아가 만주를 점령한 것이 '제국의 안전을 위협'하기 때문에 어쩔 수 없이 전쟁을 시작하게 되었다는 식으로 합리화하였다. 그러면서 전쟁을 수행하는 동안 자국 내에서 러시아와의 화평론을 주창하는 자들과 같이 긴장을 이완시키는 존재들이 대두하지 않도록 정부 차원에서 경계하는 정책을 시행해야 한다고 주장하였다.

그는 참모총장에 임명되었는데, 「정전양략개론(政戰兩略槪論)」을 제출하면서 이번 전쟁을 몇 년에 걸쳐서라도 계속 해야만 한다고 주장하였다.[35] 전쟁이 장기화됨에 따라 8월 어전회의에서 강화회담의 방침이 결정되었을 때에도 야마가타는 '군사상'의 이유를 강화조건으로 내세워서는 안된다고 반대하였다. 12월 참모총장 및 병참총감에서 해직된 후 야마가타는 추밀원 의장이 되었고, 이듬해 7월에 다시 군비확장의 내용을 담은 의견서를 내놓았다.

---

34 大山梓 編(1966), 앞의 책, 270~271쪽.

35 大山梓 編(1966), 앞의 책, 274쪽. "만주에 파견한 군대는 이미 상당한 손해를 입었으나, 본국에서는 아직 충분히 강대한 군대를 보유하고 있기 때문에 어디까지나 전쟁을 계속하려 하는 것은 당연하다. 우리 군은 이후 수세에 몰리게 되더라도 아무것도 하지 않는 진영의 유지가 오래된다면 사기가 흐트러질 것은 분명하며, 공세를 가하여 하얼빈, 블라디보스토크를 점령하더라도 적에게 치명상을 가할 수 없다."

러일전쟁이 끝난 후 야마가타는 「전후경영의견서(戰後經營意見書)」를 제출하여 한국이 부패하고 무능하기 때문에 일본이 대한제국의 내정을 개혁하도록 하는 것이 문명의 은혜를 입도록 하는 것이며, 이것이 바로 '인도에 합치하는 행위'라고 하였다. 아울러 그는 한국에 군사를 영구히 주둔시키는 이유를 '러시아의 남하운동'에 대비하고, 안전을 담보하기 위해서라고 주장하였다.

「전후경영의견서」

한국 경영개론

[…] 무릇 조선이 국가를 이루는 토양은 협소하며, 인구는 과소하여 스스로 그 독립을 유지할 수 없다. 그런데도 단순히 그 지리학상의 위치에 의지하여 겨우 그 생명을 보전하면서 오늘날에 이른 것은 그 정치의 부패와 문란함. 그 인민에게 진취적인 기상과 능력까지도 결여된 것은 애초부터 논할 바도 아니다. 그러므로 저들이 내정을 개선하고, 이로써 문명의 은택(恩澤)으로 윤택해지는 일은 곧 인도에 합치하는 행위다. 그러므로 이를 등한시할 수 있는 바가 아니다. […]

오늘과 같이 의사도, 소양도 없는데, 갑자기 문명국의 정돈된 재정제도를 강제하려 하는 것과 같은 일을 과연 득책이라고 말할 수 있겠는가? 내가 보는 바로는 이른바 행정감독을 글자 그대로 시행되도록 만들어 한국 왕이 신임하는 한국인으로 하여금 협동하여 국정을 요리하도록 해야 한다. 우리는 이를 감독하여 시종 적당한 충고를 하고, 도저히 성공할 기미가 없음이 명백해지고 나서 비로소 우리 스스로가 그 개선에 착수하더라도 아직 늦지는 않을 것이다. 만약 한국의 국민으로서 도저히 우리 권력과 도의에 복속하려는 의지 없이 제멋대로 배제운동만을 꾀하려 한다면 이를 징벌하는 데 비상수단을 취하더라도 역시 어쩔 수 없는 일이다. […]

평화 극복 이후라고 해도 영구히 한국의 요지(要地)에 유력한 군대를 주둔시켜서 이후 러시아의 남하운동에 대비함과 동시에 한국의 안녕질서를 유지하여 우리의 조약상 책임을 완전하게 하도록 한다. 아울러 철도, 전신과 같이 군사 상업상으로 필요하고, 우리가 영구히 건설물의 안전을 꾀하는 일은 최대의 중요한 업무이므로 애초부터 논할 필요도 없다. [⋯]

국가 백 년의 웅지를 계획하는 자는 결코 이러한 연약한 이야기에 귀를 기울여서는 안 된다. 왜냐하면 러시아는 머지않아 거듭 남하운동을 개시하고, 우리를 향하여 복수를 시도할 것임은 불을 보듯 명확하다.[36] (밑줄은 인용자)

러일전쟁이 끝난 지 1년이 지난 시점에서도 야마가타는 여전히 러시아를 주요 적국으로 간주하면서 선제적으로 대응하여 이익을 쟁취해야 한다고 주장한 것이었다. 조선을 자신들의 활동반경으로 확정한 다음, 구체적인 대응방향을 수립하여 향후 대륙으로 진출을 획책하는 모습이 위의 문서 속에서 잘 드러나고 있다. 한편, 러시아와의 개전을 다시 염두에 두면서도 두 차례에 걸쳐 동맹조약을 체결한 영국과는 중앙아시아에서 군사적으로 연합하여 활동하는 일이 있어서는 안 된다고 하는 모습도 보이고 있었다.

「제국국방방침사안(帝國國防方針私案)」(上奏)

일본제국군의 국방방침

1. 우리 국방의 본령은 육해 양군의 성실한 협동에 의거하여 처음부터 공세작전을 펼치는 데 있다. 수세작전을 하는 것은 정황상 어쩔 수 없는 경우

36 大山梓 編(1966), 앞의 책, 283~285쪽.

로 한정한다. 그러나 타이완, 사할린 및 방비를 시행하는 도서와 본토, 아울러 한국, 관동주의 제반 요새는 작전 초기에 수세적 전비(戰備)를 채택하도록 한다.

2. 장래의 일이라고는 해도 우리 국방상 주요한 적국은 러시아로 상정한다.
3. 러시아에 대한 육군의 작전은 항상 선제 이익을 차지하는 것을 주안으로 삼는다. 한국을 근거로 하여 주요한 작전을 북부 만주 방면으로, 지선의 작전을 한국 함경도 방면에서 길림성의 동북부와 남부 연해주에 이르는 지방으로 유도한다. 요컨대 관동주를 아군의 근거지로 삼아야 한다. 그러나 작전의 진척에 따라 우리 지선 작전은 도리어 본 작전이 될지도 장담할 수 없다. 러시아에 대한 해군의 작전은 우선 쓰시마해협의 영유를 확실하게 하며, 가급적 신속하게 적을 불러들여 이들을 격파한다. 아니면 블라디보스토크를 봉쇄한다. 요컨대 대만해협 '바스'(대만과 '필리핀' 군도의 사이)를 경계하여 잠시 대기하는 자세를 유지하도록 해야 한다.
4. 영국이 만약 중앙아시아 방면에서 러시아와 전쟁을 개시하게 되면 일영 공수동맹에 대한 우리나라의 책무를 온전히 하기 위해서 러시아와 개전하도록 한다. 이 경우 우리 육해군의 작전은 대개 세 가지 항목의 요지에 따르도록 한다. 그리고 우리 육군을 중앙아시아 방면으로 파견하여 직접 영국군과 연합하는 일은 절대적으로 피해야만 한다.
5. 장래 우리나라에서 이권 신장은 청국을 대상으로 삼아 기도하는 것이 유리하다.
6. 청국에 대하여 병력을 사용하게 되면 육군의 주요한 목적은 남청(南淸) 지방을 공략하는 데 있다. 이때가 되면 우리 해군은 먼저 타이완해협의 점령을 확실히 하여 저들 함대를 격멸하도록 한다. 아니면 이를 봉쇄하여 연안의 도시를 위협할 수 있도록 거동해야 한다.[37] (밑줄은 인용자)

〈표 2〉 청일전쟁 이후 러일전쟁 전후 시기까지 작성한 야마가타 의견서

시기	문서명
1898년 12월 8일	제13회 제국의회 특별 통상회, 「施政方針演說」
1899년 10월 11일	「對韓政策意見書」
1901년 4월	「東洋同盟論」
1904년 9월	「軍國意見書」
1905년 3월 23일	「政戰兩略概論」
1905년 8월	「戰後經營意見書」
1906년 10월	「帝國國防方針私案」(上奏)

5. '한국 병합' 전후의 식민정책론[38]

러일전쟁 이후 일본 국내에서는 외교권을 박탈당한 조선의 보호문제를 둘러싼 '보호국' 논쟁이 아리가 나가오[有賀長雄] 등을 통해서 활발하게 진행되었다. 그리고 이러한 논쟁은 『대한매일신보(大韓每日申報)』나 『황성신문(皇城新聞)』 등의 언론을 통해서 조선 지식인들에게도 그 내용이 전해졌다. 일본의 보호를 받는 조선이 과연 독립할 수 있는지의 여부를 둘러싸고 조선 내에서도 논의가 활발히 전개되었다.[39] 1909년 7월 6일 일본 정부는 「한국 병합에 관한 건」을 각의에서 논의하고 '한국 병합'을 공식적인 정부의 방침으로 확정하였다. 세부적 실행 방법은 「대한시설대강」으로 구체화되었다. 한국에서 일본의 군사력 증강, 헌병과 경찰관의 증강, 한국 외교업무의 접수, 한국 철도의 남만주

37 大山梓 編(1966), 앞의 책, 297~300쪽.

38 최덕수(2007), 앞의 글; 오가와라 히로유키 지음, 최덕수·박한민 옮김(2012), 『이토 히로부미의 한국 병합 구상과 조선 사회』, 열린책들, 제4장 및 제5장 참조.

39 최덕수(2009), 「근대 계몽기 한국과 일본 지식인의 '보호국론' 비교 연구」, 『東北亞歷史論叢』 24, 동북아역사재단.

철도와의 제휴를 통한 통일적 대륙 철도의 구축, 한국 이민의 활성화, 한국 정부 내에서 일본인의 권한 확장이 그 내용이었다. 이러한 내용은 야마가타가 그동안 일본에서 지속적으로 추진해왔던 사항들을 한국에 적용하여 실제적으로 '병합'을 준비하는 단계에 이르렀음을 잘 보여준다. 군사와 내부 치안 단속을 위한 물리력의 강화, 철도의 접수, 이민에 대한 내용이 바로 여기에 해당하는 사항이다. 수상 가쓰라 다로는 각의 결정에서 1주일이 지난 13일, 야마가타에게 서한을 보내어 예정대로 진행된다면 목표를 달성할 수 있을 것이라고 보고하였고, 야마가타도 여기에 동의하는 회신을 하였다. 그는 이보다 앞선 1909년 봄, 이토와 만나는 자리에서 일본 천황이 한국 황제를 겸직하면 어떻겠냐고 문의하기도 한 적이 있었다. 이를 통해서 '한국 병합'에 대하여 야마가타가 생각을 굳혀나가고 있는 모습을 확인해볼 수 있다.

'한국 병합'을 두 달 앞둔 시점인 1910년 6월 3일 일본 정부는 「병합 후 한국에 대한 시정방침 결정의 건」을 통하여 한국을 즉시 병합하기로 정책을 확정하였다. 이 결정에 기초하여 병합준비위원회를 구성하였고, 병합 단행을 위한 구체적인 준비에 들어갔다. 이토 히로부미, 소네 아라스케에 이어 3대 통감이 된 데라우치 마사다케는 7월 23일 서울에 도착하였고, 부임한 지 한 달 만에 목적이었던 병합조약을 체결하였다. 「한국 병합에 관한 선언」은 8월 29일에 대내외적으로 공포되었다. 이 과정에서 야마가타가 '한국 병합'에 대하여 어떠한 생각을 갖고 있었는지를 확인할 수 있는 자료는 남아 있지 않다. 하지만 '한국 병합'을 단행하는 결정을 내리고 추진한 일본 정부의 주역이 야마가타의 파벌로 성장한 수상 가쓰라와 통감 데라우치였다는 점을 상기해본다면 이들은 그의 '한국 병합'에 대한 의지를 실현한 대리자였다고 보아도 좋을 것이다. 이와 더불어 1911년 4월 '조선 병합'에 공헌한 관료들의 승급이 야마가타 아리토모의 추천을 통해 이루어졌다는 점도 시사하는 바가 많다.[40] 요컨대 야마가타는 일본의 이익선으로 삼아 중시해온 조선을 자국의 식민지로 확보하고, 그 과정에서 러시아나 영국 등의 열강에게서 양해를 얻어 냄으로써 일본이 '제국주의' 국가로 발돋움하는 데 주역이었던 인물이었다.

Ⅲ. 맺음말

이상과 같이 각 시기별로 나누어 야마가타의 군비확장의 논리를 검토하였다. 명치 일본은 전쟁을 통해 성장한 국가였다. 전쟁의 승리를 위해서는 군비가 뒷받침되어야 했고, 명치 일본의 대외팽창 정책의 초점은 조선이었다. 조선을 둘러싸고 대외위기가 현실로 드러날 때 야마가타는 군비확장을 일관되게 주장하였다. 조선을 둘러싸고 청국과 처음으로 무력충돌을 벌이게 된 것이 임오군란이었다. 야마가타는 1882년 임오군란을 전후하여 네 차례에 걸쳐 의견서를 제출하였다.

임오군란 직후 야마가타는 향후 대청국 전쟁에 대비하여 「인방병비략(隣邦兵備略)」을 제출하였다. 이 「인방병비략」은 야마가타가 책임을 맡고 있던 참모본부에서 청국으로 파견하였던 정보장교들의 보고에 기초한 것이었다. 1883년 단계부터 청국 대비 전쟁을 상정하면서 이를 준비하기 시작하였던 것이다. 조선 내륙 지역에 대하여 정찰활동을 벌이면서 장교들이 수집한 상세한 정보는 1888년 『조선지지략』으로 간행되어 대한정책 입안의 기초 자료로서 활용되었다. 이러한 의견서의 내용은 군비확장을 주 내용으로 하고 있었다. 「군비확충의견서」는 명치 일본의 대외정책 핵심과제가 불평등조약 개정과 조선 확보

40 최덕수(2007), 앞의 글, 357쪽.

에 있었던 것과 깊이 관련되어 있다.

특히 1890년 제국의회 개회식장에서 수상자격으로 실시한 시정연설에서 야마가타는 일본의 대외정책을 명확하게 제시하였다. 주권선인 일본영토를 보호하기 위해 이익선으로서 조선을 확보해야 한다는 것이었다. 야마가타의 주권선은 고정된 것이었으나 이익선으로서의 조선을 확보하기 위한 정책은 청일전쟁과 러일전쟁, 10년 간격을 두고 발발한 두 차례의 전쟁을 거치면서 단계적으로 실현되어나갔다.

야마가타가 조선을 보호국으로 설정하였던 것은 청일전쟁 당시 군사령관으로서 조선과 만주 땅을 직접 밟으면서 이미 제시한 것이었다. 청일전쟁으로 청국의 영향력에서 벗어났던 조선을 두고 러시아와의 대립에 직면하였을 시기에는 조선을 지키기 위한 이익선으로 만주가 설정되었고, 만주를 확보한 다음에는 대륙으로 이익선이 확대되었다.

야마가타가 열강과의 관계에 신중하였음을 들어 그가 팽창주의자가 아니었다고 하는 주장이 있다. 야마가타는 비교적 일관되게 영국과 미국 등 열강과의 충돌에 신중하였지만 동아시아, 특히 조선 문제에 대해서는 언제나 무력을 통한 점령과 점령 이후에는 일본인의 이민을 통한 식민지 건설을 주장하였다. 열강과의 관계를 중시하였던 측면을 부각시키면서 야마가타를 팽창주의자가 아니었다는 평가는 그의 동아시아 정책과는 정면으로 배치된다. 열강과의 충돌에 신중하게 대응하려 했던 것은 후발 제국주의 국가 일본의 현실을 반영하였던 것이었다.

그의 군비확장 논리는 기본적으로 조선을 일본의 영향력 아래에 긴밀하게 묶어두는 '주권선-이익선' 논리에서 출발하였는데, 일관되게 러시아의 위협을 의식하면서 일본의 조선 및 만주 진출을 실현하기 위한 군비확장을 촉구하는 것이었다. 청일전쟁과 러일전쟁이라고 하는 두 차례의 전쟁은 그의 이러한 구상 속에서, 자신이 중심이 되어 구축하였던 파벌을 중심으로 하여 추진되었다. 일본은 1910년 한국을 병합하고 자국의 식민지로 만드는데 성공하였다. 그것은 야마가타의 구상이 실제로 실현된 것이었다. 야마가타의 활동은 일본의 제국주의적 팽창과 속성을 현실 정치의 차원에서 가장 잘 보여준 사례로 평가할 수 있을 것이다.

그의 논리는 기본적으로 러시아의 남하, 삼국간섭과 같은 서양 세력의 동향을 의식하면서 일관되게 군비의 확장을 기본 전제로 하고 있었다. 철도 부설, 식민 이주 등의 구체적인 방안까지도 정세의 변화에 따라 거론하고 있다. 야마가타의 구상은 이익선의 확보를 달성한 '한국 병합' 이후에도 하라 다카시의 동화정책이나 군부의 해외진출론에도 많은 영향을 미침으로써 일본 제국주의 팽창 논리의 근간을 이루었다고 평가할 수 있을 것이다.

참고문헌

자료

『일본제국의회 시정방침 연설집』(이규수 편역, 선인, 2012).

『公爵山縣有朋傳』(德富蘇峰 編述, 原書房, 1969).

『山縣有朋意見書』(大山梓 編, 原書房, 1966).

『山縣有朋關係文書』 1~3(尙友俱樂部山縣有朋關係文書編纂委員會 編, 山川出版社, 2006).

저서 및 논문

강창일(2002), 『근대 일본의 조선침략과 대아시아주의: 우익 낭인의 행동과 사상을 중심으로』, 역사비평사.

남영우(2011), 『일제의 한반도 측량침략사: 조선말~일제강점기』, 法文社.

신동준(2004), 『근대일본론: 군국 일본의 국가제도와 그 운용자들』, 지식산업사.

이성환·이토 유키오 편(2009), 『한국과 이토 히로부미』, 선인.

정재정(1999), 『일제침략과 한국철도: 1892~1945』, 서울대학교출판부.

최덕수 외 지음(2010), 『조약으로 본 한국 근대사』, 열린책들.

최문형(2001), 『명성황후 시해의 진실을 밝힌다: 선전포고 없는 일본의 대러 개전』, 지식산업사.

한상일(2002), 『아시아 연대와 일본제국주의: 대륙낭인과 대륙팽창』, 오름.

가토 요코 지음, 박영준 옮김(2003), 『근대 일본의 전쟁 논리』, 태학사.

모리야마 시게노리 지음, 김세민 옮김(1994), 『近代韓日關係史研究』, 玄音社.

오가와라 히로유키 지음, 최덕수·박한민 옮김(2012), 『이토 히로부미의 한국 병합 구상과 조선 사회』, 열린책들.

강범석(2010), 「일본군벌 대부 야마가타」, 『왕후모살』, 솔출판사.

박영준(2008), 「청일전쟁 이후 일본의 대외정책론, 1895~1904: 야마가타 아리토모의 전략론과 대항 담론들」, 『일본연구논총』 27, 현대일본학회.

박한민(2013), 「조일수호조규 관철을 위한 일본의 정찰활동과 조선의 대응」, 『歷史學報』 217, 歷史學會.

鄭在貞(1989), 「井上馨: 明治政府에서의 役割과 朝鮮侵略의 實踐」, 『國史館論叢』 1, 국사편찬위원회.
조명철(2010), 「청일 · 러일전쟁의 전후처리와 한국문제」, 『韓日關係史硏究』 36, 한일관계사학회.
崔德壽(1986), 「淸日戰爭前後 日本의 韓國觀: 福澤諭吉을 중심으로」, 『史叢』 30, 고려대학교 사학회.
최덕수(1993), 「개항 이후 일본의 조선정책」, 한국역사연구회 편, 『1894년 농민전쟁 연구』 3, 역사비평사.
최덕수(2005), 「대한제국기 일본 대외강경파의 조선론」, 『대한제국과 국제환경』, 선인.
최덕수(2007), 「하라 다카시의 '동화정책론' 연구」, 김용덕 · 미야지마 히로시 공편, 『근대교류사와 상호인식』 Ⅱ, 아연출판부.
최덕수(2009), 「근대 계몽기 한국과 일본 지식인의 '보호국론' 비교 연구」, 『東北亞歷史論叢』 24, 동북아역사재단.
崔碩莞(1999), 「日本政府의 동아시아질서 재편정책과 淸日戰爭」, 『東洋史學硏究』 65, 동양사학회.
최석완(2005), 「청일전쟁과 일본의 조선 침략」, 한일관계사연구논집 편찬위원회 편, 『일본의 한국침략과 주권 침탈』, 景仁文化社.

岡義武(1958), 『山縣有朋: 明治日本の象徵』, 岩波書店.
高橋秀直(1995), 『日淸戰爭への道』, 東京創元社.
金文子(2009), 『朝鮮王妃殺害と日本人: 誰が仕組んで,誰が實行したのか』, 高文硏.
藤村道生(1961), 『山縣有朋』, 吉川弘文館.
瀧井一博(2010), 『伊藤博文: 知の政治家』, 中央公論新社.
原田敬一(2008), 『戰爭の日本史19 日淸戰爭』, 吉川弘文館.
伊藤隆 編(2008), 『山縣有朋と近代日本』, 吉川弘文館.
伊藤之雄(2009a), 『山縣有朋: 愚直な權力者の生涯』, 文藝春秋.
伊藤之雄(2009b), 『伊藤博文: 近代日本を創った男』, 講談社.
佐藤守男(2011), 『情報戰爭と參謀本部』, 芙蓉書房出版.

千葉功(2008),『舊外交の形成』, 勁草書房.

大澤博明(2013),「均衡論と軍備: 明治陸軍に見る安全保障觀」, 北岡伸一 編,『國際環境の變容と政軍關係』, 中央公論新社.

村上勝彦(1981),「解題: 隣邦軍事密偵と兵要地誌」,『朝鮮地誌略』1, 龍溪書舍.

Hackett, Roger F.(1971), *Yamagata Aritomo in the Rise of Modern Japan 1838–1922*, Harvard University Press.

제국주의와 과학

식민지 과학 읽기

IV. 제국에서 식민지로 확산되는 과학

V. 통치와 종속의 도구로서의 과학

VI. 문화적 권위로서의 과학

VII. 교배되고 번역되며 협상을 통해 전유되는 과학

VIII. 세계화 속에서 네트워크로 그려지는 과학

IX. 수많은 요소들이 뒤엉켜 순환하며 만들어지는 과학

김기윤(金基潤)

서양과학사 / 한림대학교 사학과 강사
「다윈과 월리스의 성선택: 진화론적 상상력의 힘과 한계」(2009, 『한국과학사학회지』), 「쿤의 위기들: 합리성에서 사상사까지」(2012, 『한국과학사학회지』), 「기후과학의 생산과 수용을 통해 살펴본 현대과학」(2014, 『철학논총』) 등.

김기윤 | 한림대학교

제국주의와 과학

식민지 과학 읽기

I. 제국에서 식민지로 확산되는 과학

1967년 『사이언스』지에 기술사학자 조지 바살라(George Basalla)의 「서양과학의 전파」라는 제목의 글이 실렸다. 바살라는 서양과학이 유럽에서 다른 지역으로 전파되어가는 과정을 세 단계로 나누어, 각 단계에서 그 지역 과학 활동과 조직의 모습을 그려 보여주었다. 우선 과학이란 유럽 지역에서 시작된 활동이며 유럽 지역에서 만들어진 내용이어서, 유럽인들과의 교류 이전의 비유럽 지역에 과학이란 존재하지 않았을 것이었다. 당연히 비유럽 지역에서의 과학은 유럽 지역에서 형성된 과학 활동이 그 지역으로 전파되는 형식을 거치게 될 것이며, 그 첫 단계는 일종의 탐색기의 면모를 보일 것이다. 즉 유럽인들 자신이 그 새로운 지역을 탐색하면서 식물상과 동물상 그리고 지형이나 기후를 살피면서 정착하여 살아갈 수 있을지 또는 어떤 자원을 기대할 수 있는지를 살피는 활동으로 시작될 것이다. 이어서 '식민지 과학'이 시작될 것이다. 이 시기에 그 지역의 과학자들은 점차 서구지역에서 실행되고 있는 갖가지 과학 활동을 도입하기 시작한다. 하지만 이 시기의 식민지 과학자들은 여러 면에서 그 과학의 내용과 조직을 전파해준 본국에 기대어 활동할 수밖에 없을 것이다. 과학자의 양성은 유럽 지역의 교육기관에 의존하게 되며, 과학적 연구 성과를 인정받기 위해서는 유럽 지역의 제도적 틀 안에서 그 내용을 발표해야 한다. 이 식민지 과학은 그 안에 민족주의 운동의 부상과 함께 독립된 토착과학으로 발전해나갈 씨앗을 품고 있는 단계다. 세 번째인 성장 단계에서 이들 식민지의 과학은 스스로의 제도를 갖추게 되고 스스로의 교육기관을 만들며 이곳에서의 과학 활동의 성과를 스스로 평가하기 시작한다.[1]

아마도 전 세계 각 분야의 과학자들을 포함하여 비견할 바가 없는 광범위한 독자층을 지니고 있을, 과학계 전체를 독자층으로 둔 저널에 실린 글이었기에, 그리고 일견 너무도 당연해 보이는 과학기술의 전파 단계를 그려내고 있는 듯 보이는 글이었기에 바살라의 글은 과학기술의 역사나 정책을 이야기하는 자리에서 줄곧 이용되어 왔다. 그리고 아마 앞으로도 과학기술의 역사나 기술 이전 등을 이야기하는 논의에서 언급하지 않을 수 없는 내용으로 남을 것이다. 바살라의 과학전파 모델이 과학의 변화상이나 확산 양상의 큰 그림을 그려보이는 유용한 도구이기 때문이다. 하지만 조금 더 구체적인 역사적 사례들을 생각해보면 이 모델이 지닌 약점들이 드러난다. 우선 과학의 존재 자체를 그 전파와 확산의 당연한 이유 또는 근거로 상정할 수 있는 것인지 의문을 던질 수 있다. 그리고 과학의 확산 과정이 그렇게 단선적이고 게다가 일방적인 방향성을 지닐 수 있을지도 의문스럽다. 이런 단순한 모델 속에서는 초기 단계에서 전파를 주도하는 중심부의 제국주의적 기획이나 전략을 살필 수 있는 여지가 없다. 그 기획이나 전략이 시기에 따라 또는 경우에 따라 달라질 수

1 George Basalla(1967), "The Spread of Western Science," *Science* 156 (May), pp. 616~622.

있음을 생각해볼 틈도 없다. 과학기술이 정착되기 이전 비서구 지역들의 문화적·경제적·정치적 특성이나 차이는 고려되지 않는다. 아니, 그 비서구 지역의 문화적 특성이나 철학적 기초들은 과학의 전파를 가로막는 장애물로 간주될 뿐이다. 지역의 문화적 특성이나 사회제도 등을 과학의 원활한 전파를 가로막는 장애물로 여기는 것은, 서구과학이 유일한 보편적 지식체계이며 그 영향이 긍정적인 것임을 명백한 공리로 여기고 있음을 말하는데, 이 역시 허점으로 보인다. 서구과학이 문화적 압제나 사회적 통제의 도구일 수도 있기 때문이다.

그리고 무엇보다도, 바살라의 서구과학 확산 모델은 식민지 과학 자체가 어떤 모습이고 어떤 의미를 지니는지 별 이야기를 해주지 않는다. 1982년, 바살라의 과학 확산 모델이 지니는 이런 약점들을 보완하는 새로운 식민지 과학의 형성 모델을 모색하면서, 매클라우드(Roy MacLeod)는 우선 제국(의) 과학과 제국주의 과학을 구분해보는 시각이 필요함을 지적했다. 제국의 정치적·경제적 기획을 위한 도구로서의 제국주의 과학은 그 제국(의) 과학의 일부일 뿐일 것이기 때문이다. 마찬가지로 식민지(의) 과학이 모두 식민이라는 기획을 위한 과학이었을 수는 없을 것이다. 더구나 제국의 구성원 모두가 제국과학이 지니는 중심부로서의 무게를 향유하고 있었을까? 좀 더 범위를 좁히더라도, 제국의 과학자 모두가 자신이 과학의 중심부에서 과학을 이끌어간다고 생각하고 있었을까? 식민지 과학자들은 또 어떨까? 식민지 과학자들 역시 그 안에서 중심부를 이루는 활동을 하기도 하지 않았던가? 과학의 중심부란 결국 역동적으로 이동하면서 새로운 거점을 만들곤 하는 모양새로 그려지는 게 더 그럴듯해 보인다.[2] 매클라우드의 제안은 결국 유럽과학을 단지 '국지적' 사건들 중의

---

2 Roy MacLeod(1987), "On Visiting the Moving Metropolis: Reflections on the

하나로 그려보려는 국제적 규모의 1990년 파리 콘퍼런스로 이어졌다.[3] 이렇게 서구과학을 중심부 과학으로 그리고 비서구과학을 주변부로 놓는 대신, 유럽과학을 주변부과학과 동일한 분석틀로 보려는 시도는 과학과 제국주의 사이의 관계를 보여주는 다양한 연구결과들을 낳는다. 이들을 살피기 전에, 바살라의 과학 확산 모델이 만들어지고 설득력 있으며 유용한 모델로 여겨지게 되었던 역사적 맥락을 짚어보자.

과학이 제국의 확장에 중요한 역할을 해왔고, 또 제국이 과학의 진보에 핵심적인 역할을 해왔다는 게 새로운 생각은 아니었다. 15세기 이래, 스페인과 포르투갈인들의 주도 아래, 무역 행위와 과학은 주변 세계를 이해하는 틀을 만드는 핵심적인 통로였다. 17세기부터는 네덜란드, 프랑스, 영국인들이 해상 활동을 통해 원거리 교역과 식민 활동을 주도해나가게 되는데, 그 과정에서 자연지식의 역할은 분명해 보였으며, 또 역으로 그 해상 활동과 식민 활동을 통해 새로운 자연지식을 만들어가는 모습도 분명해보였다. 이렇게 20세기 중반까지, 과학의 역사와 식민주의 역사 사이의 관계는 그저 당연한 것으로 여겨졌다. 제국주의 역사란 정치사였고 군사적 정복의 역사 그리고 경제사였으며, 과학기술은 그 하위단위로 다루어졌다. 그런 역사 서술에서 과학자들은 제국의 기능을 돕는 일을 하는 경우도 있었지만, 대체로 독립된 자연 탐구자로 그려졌다. 제2차 세계대전이 끝나고 1960년대가 되면 제국의 시대 역시 막을 내리는 것으로 여겨졌고 식민지는 해체되면서 신생 독립국가들이 생겨

Architecture of Imperial Science," in Nathan Reingold and Marc Rothenberg eds., *Scientific Colonialism: A Cross-Cultural Comparison*, Washington D.C.: Smithsonian Institution Press, pp. 217~249.

3 그 결과를 Patrick Petitjean, Catherine Jami, and Ann-Marie Moulin eds.(1990), *Science and Empires: Historical Studies about Scientific Development and European Expansion*, Dordrecht: Kluwer Academic Publishers에서 볼 수 있다.

났다. 대전 이후 이어진 냉전의 구도 속에서 서구 정부기관이나 학자들은 이들 신생 독립국가들을 사회주의의 유혹에서 지켜내야 한다고 생각하기 시작했고, 이를 위해서 신생국의 경제 발전을 돕는 근대화 작업이 필요하다고 느끼게 된다. 이 시대 서구 사회과학자들의 에토스를 보여주는 대표적인 사례인 로스토(W. Rostow)의 경제발전 단계론은 이 시대 서구 사회과학자들의 집착을 보여주는 작업이기도 했으며, 국제연합이나 세계은행과 같은 국제기구들의 줄기찬 관심사 즉 제3세계의 근대화를 모색하는 정치경제학의 지향점을 집약하여 보여주는 텍스트이기도 했다. 로스토는 막스 베버 이래 서양인들이 침체되어 있는 동양사회를 그리는 전형적인 동양관에 기대어 제3세계의 침체된 경제를 그려 보인다. 농경사회 구조 속에서 만들어진 전형적인 제3세계의 자연관에는 법칙에 따라 움직이며 따라서 과학기술을 이용하여 통제하고 이용할 수 있다는, 서구 문명이 만들어낸 자연관이 결여되어 있다는 관점이었다. 제3세계의 지속적인 경제적 발전을 가로막아온 가장 중요한 원인은 과학기술의 힘을 깨닫지 못하는 원시적인 자연관이었다.[4]

바살라의 과학 전파 모델이 로스토의 경제발전 단계론과 너무도 비슷해 보이는 게 우연은 아니었던 것이다. 게다가 경제발전 단계론이나 과학의 전파, 또는 확산 모델에는 유럽 문명의 확산 과정으로 세계사를 읽는 유럽 중심주의적인 시각과 함께, 원생지를 개척해가며 근대국가를 만들어가는 과정으로 미국사를 그려내는 터너(Frederick Jackson Turner) 명제의 배경이 너무도 분명해보인다. 1893년 시카고의 만국박람회(Columbian Exposition)에서 발표되었던 터너 명제의 언어는 미국의 영토 확장 과정을 야만인들과 대치하고 있는 전선을 밀

---

4 W. W. Rostow(1960), *Stages of Economic Growth*, Cambridge: Cambridge University Press.

어붙이는 문명화 과정으로 그리고 있다. 미국이라는 제국은, 그리고 그 제국의 성격은 끊임없이 전진해간 전선, 즉 야만과 문명 사이의 접점에서 형성되었다는 것이었다. 그 야만과의 접촉 속에서 미국인들은 무엇이 필요한지를 재빠르게 파악하는 실용적이고 창조적인 마음새를 만들 수 있었으며, 예술적인 기질이 결여되어 있기는 했지만 위대한 대의를 위해서 필요한 힘, 즉 지칠 줄 모르는 힘찬 에너지와 강인한 개인주의적 기질을 갖추게 되었다고 터너는 분석했다.[5] 바살라의 모델은 이와 같은 미국의 경험과 언어로 그린 과학 전파론이며, 또 다른 지역의 경험을 미국의 역사와 견주어 비교해보면서 그 지역 역시 미국의 역사적 발전 과정을 따르게 될 것으로 보는 모델이었다. 확산 모델이란 또 한편, 급속히 성장해가던 사회과학 분야의 연구자들이 인류의 역사를 문명의 발상지로부터 주변으로 확산 또는 전파되어가는 과정으로 그려내던 학문조류의 산물이기도 했다. 이렇게 바살라의 확산 모델은 탈식민지 시대 신생 독립국가들의 경제발전에 대한 집중적인 관심과 함께 식민지 과학에 대한 관심이 폭발적으로 논의되기 시작하면서 등장했다. 그리고 자주독립을 지향하는 신생국들이 정치적인 독립을 위해 자주적인 과학제도와 연구 전통을 정립하려는 노력 속에서 20세기 후반 내내 바살라의 모델은 유용한 지침이 되어주었다. 과학의 전파가 완결된 상태란 식민지 과학이 독립된 자율성을 갖추게 되는 상태를 말하며 독립된 국가는 마땅히 국가의 독자적인 과학체계를 갖추어야 할 것이었다.

바살라의 모델은 20세기가 저물어가면서 더 자주 논의 대상이 되어갔다. 앞서 논의 되었던 확산 모델의 약점이 좀 더 빈번히 지적되기 시작했을 뿐 아

5 Frederick Jackson Turner(1996/1920), *The Frontier in American History*, New York: Dover Publications, Inc.

니라, 그 대안이 제시되기 시작했다. 제국주의와 과학 사이의 관계가 던지는 함의가 여러 분야의 연구에 새로운 통찰을 제공해주기 시작했던 것이다. 그 변화의 시발점은 지구화와 '네트워크 혁명'에서 시작되었다. 점차 국제화되어 가는 세계에서 정보들은 인터넷 망을 통해 전혀 새로운 규모와 새로운 양식으로 전파되고, 이를 통해 형성되는 지식 역시 전례가 없는 속도로 변화해가기 시작했다. 학자들 사이에서는 역사적 분석단위로서의 국민국가라는 틀을 그간 너무 견고한 실체로 지켜왔다는 반성이 이어졌다. 지구상에 살아온 사람들 사이의 관계, 그리고 이들이 모여 살던 인간집단들 사이의 관계를 이해하는 데 국민국가라는 단위보다 더 유용한 개념들이 마땅히 존재할 것이라는 깨달음이었다. 국제금융이나 환경문제 등 세계화·국제화 과정에서 나타나는 많은 새로운 또는 새롭게 무게를 지니게 된 복잡한 문제들을 분석하고 이해하는 데 국가라는 분석단위가 아닌 수많은 조직체들이나 대양 연안 문화권 또는 하천 유역 거주집단 등 다양한 공동체들이 역사적 분석의 단위로 동원되기 시작했다. 제국과 식민국가 사이의 관계 또는 그 구성원들 사이의 관계를 제국과 식민지 사이의 관계 또는 지배자와 피지배자 사이의 관계로 단순히 이원화하는 역사기술에 큰 취약점들이 있다는 사실 역시 분명해지기 시작했다. 그런 상황에서 새로운 세계사를 모색하는 학자들, 의학사나 환경사학자들 그리고 경제사학자들의 관심을 한데 모으는 새로운 논의 마당으로 제국과학 또는 식민과학이 대두되었다.[6] 그리고 바살라의 과학 확산론은 역사적 사실을 설명하는 도구로서가 아니라 극복되어야 할 모델로 되풀이 언급되기 시작했다. 바살라 모델의 약점을 극복하려는 초기의 시도는 우선 식민지에서 실행된 서양과학

6 Roy MacLeod(2000), "Introduction," *Nature and Empire: Science and the Colonial Enterprise*, ed. Roy MacLeod, *Osiris*, 15, pp. 1~13, p. 2.

의 보편성과 긍정적인 측면을 부정하면서, 식민과학이 제국주의적 기획이 담긴 역사적·정치적 산물임을 지적했다.

II. 통치와 종속의 도구로서의 과학

바살라의 확산 이론은 결국 탈식민지 시대에 옛 제국들과 식민지를 벗어난 신생국들이 함께 근대화된 독립국가를 만들기 위해 진작시켜야 할 과학기술의 발전과정을 설계해보려는 노력의 산물이었다. 과학은 국민국가의 형성을 위해 필요하며 인류의 미래를 위해 큰 힘이 되어줄 수 있는 긍정적인 추동력을 지녔으며 또 정치적으로 중립적이고 보편적인 지식체계로 간주되었다. 바살라의 모델에서 두 번째 단계인 식민지 과학단계 즉 중심부 과학에 종속되어 있는 상태의 과학이란 독립된 단계를 향하는 과도적 단계로 그려졌으며, 식민지를 위하여 특별히 위험하거나 해로운 상태로 여겨지지는 않았다. 그러나 1960년대 후반에 이르면 해방이라는 초기의 열기에서 벗어나면서, 속속 생겨나는 대부분의 독립국들이 과연 옛 제국에서의 종속상태를 벗어나 제도적으로 독립된 과학체제를 확립할 수 있을지 의문스러워 보이는 상황이 두드러지게 눈에 띄기 시작했다. 미국은 제2차 세계대전에서의 경험에 힘입어서, 그리고 그 경험을 발판으로 국립과학재단을 설립하여 국가가 나서서 과학 활동을 지원하기 시작했고, 그 결과 과학 활동의 종류도 다양해졌을 뿐 아니라 과학 활동의 규모 역시 신생국가들이 따라잡기 불가능할 만큼 커져갔다. 유럽 지역의 옛 제국들 역시 미국의 경제적 도움과 전쟁 전의 인적 인프라를 이용해 빠르게 변화해갔다. 반면 신생독립국들은 대부분 정치적 혼란과 경제적 정체의 늪에서 허우적이고 있는 듯 보였다. 마르크스주의 학자들은 이런 상황을 새로운 식민주의적 구조로 보았으며, 제국과 식민지 사이의 불공정한 균형이 여전히 이어지고 있어 식민지를 벗어난 신생국가들이 옛 제국들에 종속될 수밖에 없는 제도적·정치적 구조를 파헤치기 시작했다. 그리고 역사학자들은 이전 제국의 영토 확장기에 형성된 식민지 과학의 면모와 작동 양식에서 부정적인 측면을 보기 시작했다. 경제발전의 중요한 요소로서의 과학보다는 제국의 통제와 착취를 위한 도구로서의 과학에 초점을 맞추기 시작했던 것이다. 제국의 핵심부 또는 중심부와 식민지 주변부 사이의 정치적·경제적 그리고 과학적 종속관계는 역사의 과도적 단계라기보다는 제국주의가 만들어내는 본질적 구조의 일부로 분석되었다.[7]

1960년대의 학자들은 오스트레일리아, 캐나다 그리고 미국 식민지 시절의 과학 활동이 현지의 동물, 식물, 자연자원의 수집과 분류에 집중되어 있었으며, 이론과학을 지향하는 움직임은 거의 발견되지 않았음을 지적하면서, 이를 바살라가 그리는 초기 단계 식민지 과학의 특성으로 보았다. 21세기에도 그런 시각은 사라지지 않았으며, 미국의 경우 20세기 초반까지도 주도적인 과학 활동은 지질학과 농업과 관련된 식물학이나 곤충학 분야라는 사실은 분명하다. 하지만 1970년대에 학위논문을 쓰면서 워보이스(Michael Worboys)는 영국 제국 특히 제국의 식민지 지역에서 많은 종류의 과학 활동이 1890년대 중반부터 시작되었으며, 이들이 당시 시작된 '적극적인 제국주의 정책(constructive imperialism)'에 기원함을 볼 수 있었다. 워보이스도 식민지에서의 과학 활동이 실용성에 초점을 두는 응용과학에 심하게 치우쳐 있었으며, 식민지에서 활동

7 영향력 있는 고전이 Andre Gunther Frank(1997), *Capitalism and Underdevelopment in Latin America: Historical Studies of Chile and Brazil* (New York: Keele University Press)이다.

하던 영국 학자들이 이론적인 연구에 관심을 보이지 않았음을 알 수 있었다. 이전의 학자들이 수집과 분류에 치우친 식민지 과학 활동이 과학발전 초기 단계의 본질적 모양새라고 보았다면, 워보이스는 영국 정부의 의도적인 정책의 결과이기도 하다는 점을 지적하고 나선 것이다. 워보이스의 연구가 19세기 후반에서 20세기 초반 사이 제국주의의 전성기 제국과학의 제국주의적 성격을 보여주었다면, 드레이튼(Richard Drayton)은 자연지식을 추구하는 근대과학의 탐구 활동 자체가 새로운 땅과 자원을 찾아 헤매던 근대 유럽의 초기 해외팽창과 함께 시작되었다는 사실을 적시한다. 과학혁명과 계몽주의가 제국의 건설과 함께 등장하는 게 우발적인 국면 겹침이 아니었다는 주장이었다. 예를 들어 18세기 후반 쿡 선장의 항해에 동승하면서 정력적으로 박물학 활동을 지원했던 뱅크스(Joseph Banks)의 해외팽창의 명분은 영국인들이나 식민지인들을 위해 자연을 개선(improve)한다는 것이었는데, 그가 군사적·상업적 거점들에 대한 영국의 제국주의적인 통제를 염두에 두고 박물학 연구와 지원 활동을 했음은 분명해보인다.[8]

물론 쿡 선장이나 뱅크스 같은 18세기 영국인들에게 현대인들이 생각하는 영국제국 같은 개념은 염두에 없었을 것이다. 뱅크스의 제국주의적 기획은 차라리 18세기 계몽의 기획으로 표현하는 게 올바른 묘사일지도 모른다.[9] 어쨌든 이들의 연구는 제국주의적 과학이 19세기 말의 진정한 제국주의적 에토스 속에서만 나타나는 게 아니라는 사실을 보여준다. 사실 19세기 중반까지도 과학 활동을 제국주의적 기획과 짝짓는 명시적인 논의는 없었다. 19세기 전

8 Richard Drayton(2000), *Nature's Government: Science, Imperial Britain and the 'Improvement' of the World*, New Heaven: Yale University Press.

9 John Gascoigne(1994), *Joseph Banks and the English Enlightenment: Useful Knowledge and Polite Culture*, Cambridge: Cambridge University Press.

반 동안 지구 주요지역의 표준적 지질학적 연대를 영국식 이름으로 확립했던 전형적인 제국주의적 과학자 머치슨(Roderick Murchison)에게도 이는 마찬가지로 볼 수 있다. 19세기 후반에 확립된 제국주의라는 개념 같은 것을 염두에 두지는 않았을 것이다. 그럼에도 그에게 과학 활동은 무엇보다도 국가의 힘을 강화하고 국가의 통제력을 강화하는 도구를 제공해주는 제국주의적 수단이었다.[10] 에드니(Mathew Edney)는 이미 19세기 전반에 진행된 인도 전역을 대상으로 한 삼각측량을 통한 지도제작 기획에서 너무도 분명히 드러나는 식민통치를 겨냥한 제국주의적 기획을 그려보였다. '제국'의 기획이라 이름 붙일 수 없었던 과학 활동이었지만, 그 활동에서 식민의 통치를 위한 제국주의적 성격을 분명히 읽을 수 있었던 것이다.[11]

대니얼 헤드릭은 여러 분야에서 과학지식과 이에 기반한 기술혁신이 제국의 확장을 위해 얼마나 중요한 역할을 했는지를 세세히 정리해 보여주었다. 증기기관을 이용한 수상 및 육상 교통수단, 전투를 위한 무기, 통신을 위한 해저 케이블이나 키니네와 같은 의약품은 제국의 확장을 위해 꼭 필요했던 도구들이었으며, 또 그런 필요 속에서 관련 과학분야의 활동 역시 가능했다. 헤드릭은 이런 제국주의적 기획의 맥락 때문에 그 제국의 도구였던 과학기술들이 토착민들에게 이전되는 상황이 적극적으로 기피되었음도 지적했다. 유럽의 과학기술이 식민지에 전파되는 과정에서 전파의 주역들은 그 지역의 균형 잡힌 경제를 고려하지 않았던 것이다. 그 결과, 식민지인들의 실질적인 생활수

10 Robert Stafford(1989), *Scientist of Empire: Sir Roderick Murchison, Scientific Exploration and Victorian Imperialism*, Cambridge: Cambridge University Press.

11 Mathew Edney(1997), *Mapping an Empire: The Geographical Construcion of British India, 1765~1843*, Chicago: University of Chicago Press.

준이 향상되지도 않았다. 유럽의 기술들이 식민지 지역으로 옮겨지긴 했지만(relocated) 인적 자원을 위한 교육이나 사회적 역동성과 같은 문화적 요소의 변혁은 이루어지지 않았고, 그 결과 많은 식민지 지역에서 기술의 이전은 서구에서와는 달리 산업경제의 발달로 이어지지 않았다. 이들 식민지의 '전통적' 경제체제는 이들이 독립 후에도, 착취적이고 기형적인 식민지 과학기술 이전의 결과로 '근대적 저개발' 경제체제로 변모해갔다.[12]

1980년대에 연구물들이 늘어나면서 점차 더 분명해진 사실은, 그러나 식민지 과학을 단순히 하나의 모델로 표현하려는 시도로는 제국의 여러 식민지 지역들의 과학을 그려낼 수 없다는 점이었다. 오스트레일리아와 같이 백인들이 정착하여 세운 식민지 지역에서 독립된 과학제도가 정립되어가는 과정이 열대 아프리카 지역에서와 같은 방식으로 그려질 수는 없을 것이었기 때문이었다. 예를 들어 정착형 식민지였던 오스트레일리아는 1920년대에 이르러 이미 영국에서의 종속을 벗어나 독자적인 과학기술 제도와 체계를 갖추고 국제과학계에서 독립적인 활약을 보여주고 있었다. 그렇다면 '식민지 과학'이란 중심부에 대한 막연한 종속관계를 이야기하는 이상의 어떤 상태를 의미하는지 모호한 용어가 되고 마는 게 아닌가. 이렇게 주변부 또는 식민지 과학의 다양성과 역동성이 드러나면서, 바살라 모델의 취약점을 지적하면서 제시된 매클라우드의 '움직이는 중심부'라는 개념이 제국의 과학과 식민지의 과학을 칼로 자르듯 명확히 구분하는 종래의 시선보다 이들 사이의 관계를 좀 더 설득력 있게 보여줄 수 있을 뿐 아니라 유용한 도구로 보이기 시작했다. 그리고 새

12 Daniel Headrick(1981), *The Tools of Empire: Technology and European Imperialism in the Nineteenth Century*, Oxford: Oxford University Press; Headrick(1988), *The Tentacles of Progress: Technology Transfer in the Age of Imperialism, 1850~1940*, Oxford: Oxford University Press.

로운 모델을 찾으려던 그의 시도는 다양한 방식으로 식민지 과학을 다시 보는 연구들로 이어졌다.

Ⅲ. 문화적 권위로서의 과학

서구과학을 문화적 제국주의의 한 형태로 간주하는 분석이 1980년대 후반부터 나타났다. 유럽 제국주의가 식민지를 벗어난 신생 독립국에 남긴 폐해를 지적하는 데서는 이들의 작업은 헤드릭의 작업과 궤를 같이했다. 그렇지만 이들은 나아가 유럽 제국주의가 내세운 '문명화 사명'의 핵심에 과학기술이 있었음을 적시하면서, 그렇게 만들어진 과학기술 자체에 잠재된 폭력성을 성찰한다.[13] 과학기술을 문화제국주의의 형태로 보는 시각은 사이드의 통찰로부터 시작된 포스트콜로니얼 이론과 맥을 같이하는데, 우선 사이드는 유럽인들이 동양학이라는 학문분야를 정립하고 또 인도 고전어 연구에 몰두하는 모습을 구조적으로 분석했다. 옥스브리지의 교육체계가 서양 고전어 중심이어서 그렇게 교육받은 영국인들이 산스크리트어에 호기심을 갖게 되는 것이라 말할 수만은 없다는 것이다. 그와 더불어 동양에 대한 지식이란 동양 위에 군림하고 그 동양을 다시 조직하며 상대적인 권위를 확립하는 수단이기도 했다는 것이다. 하지만 일반적으로 알려진 바와는 달리, 사이드 자신의 통찰은 제국주의에 대한 비판을 주목적으로 한 것처럼 읽히지는 않는다. 동양적이라는 개

---

13 마이클 에이더스, 김동광 옮김(2011), 『기계, 인간의 척도가 되다: 과학, 기술, 그리고 서양 우위의 이데올로기』, 산처럼; Michael Adas(1989), *Machine as the Measure of Men: Science, Technology and Ideologies of Western Dominance*, Ithaca: Cornell University Press.

념이 유럽인들이 타자를 규정하는 방식이었지만, 그렇게 만들어졌다는 이유로 그 개념이 오류로 간주되어야 한다기보다는, 동양적이라는 개념이 그런 방식으로 만들어졌음을 지적하는 중립적인 태도로 보이기도 하기 때문이다. 나아가 사이드는 유럽인들이 만든 동양이란 유럽의 '타자'이지만, 또 한편으로는 '풍요롭고 오랜 식민지'이며 또한 유럽인들 자신의 '언어와 문명의 원천'이 되었음을 지적한다. 사이드는 명시적으로 과학기술과 제국주의 사이의 관계를 분석한 일은 없다. 하지만 사이드와 함께 지식의 부정적 성격을 파헤친 푸코(Michel Foucault)의 통찰을 천착하면서 여러 학자들이 과학을 식민지의 자연과 인간을 파괴할 수 있는 본질적으로 폭력적인 문화적 지배의 한 형태로 보기 시작했다.

인정받는 독립국가로 성장해야 한다는 명분 아래, 식민지 경험 이후의 국가들에서 과학기술의 폭력성은 제국주의 시대보다 오히려 더 분명히 드러나 보였다. 신생 독립국들의 지도자들은 대개 민족주의자였으며, 국민국가의 정체를 확립하기 위해 독립된 과학 시스템을 갖추고자 애썼고, 거대한 과학기술 프로젝트를 꿈꾸었다. 독립 후 17년간 인도 정부를 이끌었던 네루(Jawaharlal Nehru)는 줄기차게 '과학적 정신'에 기반한 과학입국을 부르짖었고, 인도네시아 정부는 불리한 경제적·입지적 조건에도 불구하고 민족의 성지에 부지를 잡아서 거대한 제철소를 건설했다.[14] 과학은 근대화된 국가의 상징이 되었고, 그에 따라 국가 운영의 도구를 넘어서서 그 자체로 국가의 목적이 되었다. 국가적 규모의 핵개발 사업이나 수력 댐 건설 사업이 진행되면서 과학계에 국가

---

14 David Arnold(2013), "Nehruvian Science and Postcolonial India," *Isis*, 104, pp. 360~370; Suzanne Moon(2009), "Justice, Geography, and Steel: Technology and National Identity in Indonesian Industrialization," *Osiris*, 24, pp. 253~277.

의 운영에 참여하고 자원을 활용할 수 있는 힘이 부여되면서, 그런 상황은 더욱 강화되었다. 난디(Ashis Nandy)는 이렇게 과학기술과 과학적 합리성의 권위가 강화되면서 과학적 개발주의가 만들어내는 국가 정책의 폭력성이 용인되는 경향을 볼 수 있었고, 이는 결국 민주적 권리와 민주적 통치방식과는 거리가 먼 정책들이 가볍게 결정되고 수행되는 상황으로 이어졌다.[15]

난디가 제국주의와 과학 그리고 개발주의가 서로를 부추기는 이데올로기라는 점을 인정하면서 특히 식민지 시대 이후 신생국에서 기획되었던 폭력적 개발들에 초점을 맞추었다면, 시바(Vandaba Shiva)는 과학과 개발주의의 연합이 유럽의 식민화 정책에서 시작되는 모습을 강조한다. 제국의 역사가들은 인도의 삼림이 19세기에 들어서야 비로소 과학적으로 관리되기 시작했다고 기술한다. 하지만 과학적 관리의 결과가 무엇이었던가. 식민지 시대의 과학적 관리의 결과 인도의 삼림생태계는 시장에서의 교환가치가 높은 나무들을 식재하기 위한 농장이 되었다. 인도의 토착민들의 삶이나 요구는 고려의 대상이 아니었으며, 오랫동안 삼림을 유지하는 데 이용되었던 토착 삼림관리 지식이나 관습은 무시되었다. 과학적 삼림관리란 결국 숲을 황폐하게 만들고 숲의 생산물을 토착민들이 이용하지 못하도록 하는 관리였다. 독립 이후의 정치인들을 통해서도 계속되는 식민지 시대의 '과학적' 숲 관리 관행은 생태학적 위기를 초래했을 뿐 아니라 수자원 고갈과 토지 산성화 그리고 농작물 소출 감소 등 사회적 위기로 이어지고 있다는 게 시바의 진단이었다.[16] 시바에게 서

---

15 Ashis Nandy(1988), "Introduction: Science as a Reason of State," Ashis Nandy ed., *Science, Hegemony and Violence: A Requiem for Modernity*, Delhi: Oxford University Press, pp. 1~23.

16 Vandana Shiva(1989), *Staying Alive: Women, Ecology and Development*, London: Zed Books.

양과학은 결코 바살라 시대 학자들이 보았던 것과 같은 인류를 행복하게 만들어줄 수 있는 도구가 아니었다.

하지만 정말 과학적 삼림관리가 시작된 후에 비해서 도입되기 전 인도의 삼림이 더 훌륭히 관리되고 있었을까? 그리고 왜 독립 이후에도 식민지 시절의 과학주의적 개발관행이 되풀이되는 것일까? 이런 의문에 답을 찾는 노력도 이어졌다. 알바레스(Claude Alvares)는 영국인들의 개입이 시작되기 전에 인도의 숲이 토착 과학지식을 이용해 창조적이고 역동적으로 때로는 혁신적으로 관리되어 왔었음을 보여주려 애썼다. 그 훌륭한 관리의 궤적이 영국의 지배 아래 급작스럽게 무너졌다는 것이다. 결국 식민지 과학정책은 자연과 인간을 함께 아울러 고려하지 못하는 결점을 지닌 근대적 서양과학을 제3세계에 강제로 덮어씌운 폭력적 정책이었다. 그리고 독립 후에도 계속해서 과학에 기반한 개발을 주창하는 사람들은 대개 영국에서 교육받은 사람들로서, 식민지 시절부터 제국의 협력자였던 사람들이었다.[17]

그렇다 하더라도 과연 현대의 서양과학이라는 게 그렇게 많은 분야에서 일종의 지식과 힘의 연맹을 이루며 일사불란하게 작동하는 실체였을까? 그 서양과학을 품고 있는 '서양'이라는 실체는 분명한 것인가? 서양과학의 성격을 토착과학의 대척점으로 상정함으로써, 오히려 식민 상황에서 제국이 실제로 힘을 행사하고 있었던 복합적이고 구체적인 맥락이 감추어지는 것은 아닌가? 사실 새로운 제국주의 연구사는 서구 제국이 식민지에서 자신의 의지를 관철하는 과정에서 일관된 태도를 견지하지 못했으며, 끊임없이 진로를 수정해야 했고, 심지어 모순적인 정책을 펴기도 했음을 보여주고 있지 않은가.[18] 난디

17 Claude Alvares(1991), *Science, Development and Violence*, Delhi: Oxford University Press.

나 시바의 글에서도 볼 수 있지만, 많은 학자들이 간디의 지역중심주의와 네루의 중앙집권주의를 이분법적으로 대비시키면서, 서양의 파괴적인 현대과학에 대항하는 간디의 시각을, 스스로 조절하며 자족적인데다가 조화로운 공통체를 유지할 수 있는 인도의 토착 과학기술관으로 그린다. 그러나 토착과학과 서양과학을 그렇게 분명히 나누는 이분법적 구도는 무엇보다도 서양과학기술을 열광적으로 수용하는 독립 후 식민지의 운영자들의 모습을 제대로 그려내지 못한다. 이에 프라카슈(Gyan Prakash)는 그 이분법적 구도 내에서, 좀 더 설득력 있어 보이는 분석을 시도한다. 프라카슈는 우선 과학의 문화적 권위가 훨씬 공고하고 보편적임을 지적한다. 과학을 통한 진보와 합리성이라는 이데올로기는, 사실 어느 지역에서나 서구의 지배를 정당화해주는 힘으로 작동했다. 많은 인도의 지식인들이 자연법칙은 보편적인 것이라는 명제를 수용하면서, 힌두교의 교리가 자연의 법칙과 본질에서 상치되지 않는다든지, 현대과학의 이론들을 이미 고대 인도의 경전에서 발견할 수 있다는 이야기를 전개한다. 이렇게 서양과학의 권위와 토착전통을 교배시켜 힌두나 산스크리트 용어로 표현함으로써, 인도의 지배층은 영국인들이 만들었던 식민지 권력의 기호로서의 과학을 인도의 근대화를 지향하는 자신들의 것으로 치환했다. 하지만 사실 이들이 대체한 토착이성이란 결국 서양과학적 이성을 본떠 만든 이식된 형태의 이성인 셈이다.[19]

학자들은 나아가 난디나 프라카슈의 노력에서조차 중심부로서의 서양과학과 주변부로서의 토착지식체계가 상정되어 있음을 불만스러워했다. 그리고

---

18 Dane Kennedy(1996), "Imperial History and Post-Colonial Theory," *Journal of Imperial and Commonwealth History*, 24-3 (September), p. 353.

19 Gyan Prakash(1999), *Another Reason: Science and the Imagination of Modern India*, Princeton: Princeton University Press, p. 7, pp. 49~85.

서양제국의 과학이 제국에서 식민지로 이식 또는 확산된다기보다는 번역과 교배 그리고 협상을 통해 전유된다는 서술을 개발하려 애썼다.

Ⅳ. 교배되고 번역되며 협상을 통해 전유되는 과학

문화적 권위로서의 과학이 제국주의와 함께 펼치는 역사의 마당은 무궁무진해 보인다. 인류학자들이나 의료인들은 과학 담론을 통해 인종적 전형의 이미지를 만드는 데 주역을 담당해왔으며, 식민지의 확장은 과학적 인종주의의 형성에 결정적인 영향을 미쳤다.[20] 제국의 지리학 담론에는 식민지인들을 자연과 가까운 존재로, 제국인들을 자연을 극복한 문명인으로 그리는 인종적 관점이 스며들어 있다. 신체적 특징이나 기후를 통해 인종의 성적 특질이나 경향을 엿볼 수 있으리라 기대되기도 했다. 서구인들은 남성적이고 전투적인 특징을 지니며 식민지 지역인들 특히 열대지역 사람들은 수동적이고 여성적인 특징을 지니게 되는 과학적 논거들이 있다고 주장되었는데, 물론 제국의 질서를 뒷받침해주는 생각들이었다.[21]

푸코의 영향을 받은 많은 학자들이 제국의 식민지 통치에 지식 특히 과학지식과 스스로의 신체를 통제하고 관리하는 지식과 규범이 이용되는 양상을 연구했다. 1990년대에 역사학자들 사이에서 도시계획이나 공중보건에 관한

---

20 Henrika Kuklick(1991), *The Savage within: The Social History of British Anthropology, 1885~1945*, Cambridge: Cambridge University Press.

21 Mrinalini Sinha(1995), *Colonial Masculinity: The "Manly Englishman" and the "Effeminate Bengali" in the Late Nineteenth Century*, Manchester: Manchester University Press.

관심이 크게 고양되었는데, 도시계획이나 공중보건이 제국의 사회적 통제의 중요한 요소로 여겨졌기 때문이었다.[22] 열대의학을 비롯한 많은 임상의학사 연구들이 식민지 의학 담론들의 훈육적 성격을 보여주었다. 하지만 어떤 지역도 사실 생체권력(biopower)을 제대로 구사시키기에 충분한 제도를 갖추지는 못했기에, 제국의 통제기구를 통한 관리보다는 서양의학과 의술이 식민지인 개인의 정체성 또는 식민지의 지역적 정체성을 변화시키는 양상 즉 제국의 경영을 위해 순치시키는 과정이 중요한 연구주제가 되었다. 예를 들어 서구의 질병관이나 위생관이 토착문화 속으로 스며드는 양상에 관한 연구나, 비누나 살충제 같은 상품이 던지는 문화적 충격에 관한 연구를 들 수 있다. 그런데 이렇게 문화로서의 과학이 식민지에 스며드는 양상에 관한 연구가 쌓여가면서, 그 지식이 어떻게 변화하고 그 지식의 영향이 어떤 모습으로 발현될지를 예측할 수 없다는 점이 분명해져갔다. 지역에서 발간되는 신문이나 상품 광고지 같은 자료들로부터 역사학자들은 서양의 건강론이나 청결관이 토착지역으로 확산되어가는 모습을 볼 수 있었지만, 그 과정에서 표현되는 건강론이나 청결관은 서양의 청결관이나 건강론이라기보다는, 서양의 그것들이 토착지역의 문화와 교배된 형태로 변형된 모습을 띠는 것이 일반적이었다. 토착지역 사람들 사이에서 남성성의 정체가 현대적 건강관이나 질병관의 영향을 받으며 변화하는 모습도 볼 수 있었지만 그 경우에도 여전히 서양 의학관이 전해주는 모습이 그대로 전달된 것은 아니었다.[23]

---

22 Timothy Mitchell(1991), *Colonizing Egypt*, Berkeley: University of California Press; Mark Harrison(1994), *Public Health in British India: Anglo-Indian Preventive Medicine 1859~1914*, Cambridge: Cambridge University Press.

23 Megan Vaughan(1991), *Curing Their Ills: Colonial Power and African Illness*, Cambridge: Polity Press; Timothy Burke(1996), *Lifebuoy Men, Lux Women: Commodification, Consumption, and Cleanliness in Modern Zimbabwe*,

서양과학이 비서구 지역에 전래되는 과정이 일방적인 전파일 수는 없으리라는 직관이 새로운 것은 아니었다. 청나라 초기의 중국인들이 서양과학의 내용들을 자신들의 용어와 개념을 사용하면서 그 내용들을 자신들의 오래된 전통 속에서 그려내려들었던 모습은 잘 알려져 있다.[24] 자신만만했던 청 초의 중국인들이 아니라, 절망 속에서 개혁과 변화의 길을 찾았던 19세기 말의 중국인들 역시 마찬가지였다.[25] 많은 인도인들 역시, 식민지 시대나 그 이전에나, 서양과학을 선별적으로 또 실용적으로 수용하고 있었다고 보아야 할 것이다.[26] 프라카슈는 인도 화학자 레이(P. C. Ray)가 고대 경전에서 현대화학의 기원을 찾는 모습을 단순한 복고운동(revivalist movement)으로 보기보다는, 문화적 권위를 서구인들로부터 탈환하려는 노력의 일환으로 일종의 '교배된 형태의 지식'을 창조해내는 행위로 해석할 수도 있음을 지적했다. 차크라바르티(Pratic Chakrabarti)는 독립 후의 과학을 바탕으로 한 넘쳐나는 산업개발주의적 담론 속에서 난디나 시바 또는 알바레즈가 꿈꾸는 복고운동이 거의 흔적도 없이 사라지는 모습을 그려냈다.[27] 그런데 차크라바르티가 보여주는 그 산업개발주의의 담론의 뿌리 역시 단순한 서구과학은 아니었다. 개발주의 담론에서 볼 수 있는 서구과학은 일관된 모습으로 그려질 수 없는 복합적인 존재였으니, 어떤

Durham: Duke University Press.

24 Benjamin A. Elman(2005), *On Their Own Terms: Science in China, 1550~1900*, Cambridge, MA.: Harvard University Press.

25 엄복 지음, 양일모·이종민·강중기 역주(2008), 『천연론』, 소명출판.

26 Ahsan J. Qaisar(1982), *The Indian Response to European Technology and Culture, A.D. 1498~1707*, New Delhi: Oxford University Press; Saptal Sangwan (1988), "Indian Response to European Science and Technology 1757~1857," *British Journal for the History of Science*, 21, pp. 211~232.

27 Pratik Chakrabarti(2004), *Western Science in Modern India: Metropolitan Methods, Colonial Practices*, New Delhi: Permanent Black.

개발주의자들은 자신의 시각이 물질주의에 물든 서구사상과는 달리 정신을 중심에 두는 인도의 전통사상에 기반한 것이라 주장하고 있었던 것이다.[28]

결국 제국의 과학적 아이디어나 실천이 식민지에 그대로 이식되는 일은 드물었다고 볼 수 있으며, 대체로 상당한 정도의 변용과 적응을 거치며 식민지의 문화와 사회 속으로 동화되어간다는 표현이 적절해보이는 것이다. 프라카슈는 교배된 과학이라는 표현을 쓰고 있지만, 그가 말하는 교배과학이란, 토착과학을 서양과학과 비슷한 것으로 표현해보려는 절박한 정치적 기획의 결과물처럼 보여서, 토착과학의 위상은 사실 매우 취약해보인다. 그럼에도 식민지 과학이 적극적으로 서양과학에 대응하고 도전하기도 하면서 혼종성을 지닌 과학을 구성해나가는 모습으로 그려질 수 있음은 분명하고, 따라서 우리가 서양과학이라고 부르는 과학의 많은 내용들이 사실은 서양에서 그대로 수입되었다고 볼 수는 없음도 분명하다. 식민지에서 표본을 수집하고 이를 서양의 표본과 비교해야 하는 식물학이나 지질학의 경우 이런 점은 당연해보인다.[29] 현대의학의 형성과정이나 환경사상의 형성과정에서도 식민 경험은 결정적이었던 것으로 그려진다. 열대의학의 경우, 일찍이 워보이스는 현대의 열대의학이 식민지에서의 경험을 통해 형성되는 모습을 보여주면서, 식민지에서의 연구 활동을 통해 주도되는 열대의학의 면모를 보여주었다. 하지만 그는 식민지에서 연구 활동을 추동했던 동인을 1895년부터 식민지 장관이었던 체임벌린의 정책적 결정, 또는 당시의 정치문화에서 찾아낼 수 있었다. 따라서

---

28 차크라바르티를 꼼꼼히 읽은 해리슨의 분석이다. Mark Harrison(2005), "Science and the British Empire," *Isis*, 96, pp. 56~63 중 p. 60.

29 Richard Drayton(2000), 앞의 책 참고. 이 점을 의식하지 않고 드레이튼과 같은 주제를 다루었던 Brockway(1979), *Science and Colonial Expansion: The role of the British Royal Botanical Gardens*(New York: Academic Press)에서도 이미 식민지에서 형성되는 서양식물학의 모습을 볼 수 있다.

열대과학이라는 개념은 서양인들이 열대지방을 통제하고 지배하기 위해 만들어낸 개념이요 학문분야인 셈이었다. 그런데 해리슨 (Mark Harrison)은 이런 해석 역시 바살라 유의 확산론이 전제하고 있는 중심부와 주변부 사이의 경계가 지나치게 날카롭게 설정된 역사서술임을 지적한다. 무엇보다도, 19세기 말 서양인들의 본격적인 의학적 개입이 있기 전에도 열대질병을 정의하고 다스리려는 토착인들의 노력이 있었으며, 그들의 시각과 경험이 열대지역에서 서양인들이 만든 열대의학 속에 녹아들어 있다는 지적이었다.[30]

과학기술의 형성에서 주변부의 능동적인 역할은 여러 지역에서 그리고 여러 분야에서 제국과학과 식민지 과학에서 서양의 역할과 식민지의 역할 사이의 경계를 무너뜨리는 모습을 보여준다. 앞서의 에드니는 19세기 초 인도의 지도를 만들기 위한 기획이 식민주의적 기획이었음을 잘 보여준 바 있었지만, 라지는 삼각측량이라는 서양식 측량법이 이용되는 과정에서도 행보를 이용한다든지 거리를 재는 기구를 개량하는 과정에서 갖가지 토착지식과 도구 그리고 방법 등이 이용되는 모습을 보여줄 수 있었다. 동인도회사의 인도 지형조사 사업을 서양과학기술이 '폭력적으로' 식민지에 적용되는 모습으로 그릴 수는 없다는 관찰이었다. 그 사업은 토착 지역인들인 중개자(intermediaries)나 그들의 지식과 기술에 크게 힘입은 사업이었기 때문이다. 인도 고전어를 정치한 동양학의 한 학문분야로 만든 사람들이 영국인들이라고 말하지만, 이들 영국인들이 인도의 토착 언어교사(munshi)들의 도움 없이 그런 일을 할 수 있었을까?[31] 나아가 라지는 동인도회사가 이들 토착 중개자들이 만든 지도를 유통시

---

30 Mark Harrison(1992), "Tropical Medicine in Nineteenth-cetury India," *British Journal for the History of Science*, 25, pp. 299~313.

31 Kapil Raj(2001), "Colonial Encounters and the Forging of New Knowledge and National Identities: Great Britain and India, 1760~1850," *Osiris*, 15, pp.

키고 변조시키는 과정을 엄격히 통제하지 못했던 상황을 보여줄 수 있었다. 산스크리트어 연구 역시 영국인들의 독점 영역일 수는 없었을 것이다. 결국 식민지의 지도학이나 언어학은 일종의 교배문화 (hybrid culture)인 셈인데, 사실 그러고 보면 영국이든 어디든, 어떤 문화든 그 문화가 교배문화가 아닌 게 있을까.[32]

하지만 과학이란 보편성을 지니는 진리체계라는 믿음은 매우 강력한 것이어서, 과학지식의 내용이나 방향이 사회 문화적인 맥락 속에서 형성되는 모습을 그리는 과학사학자들의 논의는 과학계나 인문학계 그리고 사회 전반 어디에서도 발견하기 힘든 형편이다. 과학사학의 아버지라 불리는 사튼(George Sarton) 역시 과학이란 인류 문명을 구할 수 있는 유일한 보편적이고 객관적인 지식체계라고 생각했고, 니덤(Joseph Needham) 역시 현대과학은 동·서양 여러 지역에서 흘러들어온 지식들로 이루어졌지만, 결국 현대과학이란 그 여러 기원의 지식들이 모두 합쳐진 한 줄기 거대한 강물 같은, 유일하고 보편적인 지식체계로 보았다.[33] 식민지 과학의 연구에 아마도 가장 광범위한 지역에 걸쳐 연구물을 내놓았던 과학사학자 파인슨 (Lewis Pyenson)은 독일, 프랑스, 네덜란드 식민지 지역의 과학이 일종의 문화적 제국주의의 도구로 이용되는 모습을 살폈다. 지구물리학, 기상학, 그리고 천문학과 같은 정밀과학이 특히 강력한

119~134.

32 Kapil Raj(2007), *Relocating Modern Science: Circulation and Construction of Modern Knowledge in South Asia and Europe, 1650~1900*, New York: Palgrave Macmillan.

33 바살라의 과학관이 니덤과 다른 점이라면, 바살라는 현대과학이 서양이라는 토양에서 자생하여 세계로 확산되었다고 본다는 점이다. 서양 이외의 지역의 문화나 그 토착 지식체계는 현대과학의 발생에 어떤 영향도 미치지 못했으며 다만 극복되어야 할 장애물로 간주된다.

문화적 제국주의의 도구였음을 그는 볼 수 있었는데, 이들 정밀과학의 내용이나 실천 양식은 제국에서나 식민지에서나 전혀 다를 것이 없었으니, 식민의 경험이 이들 정밀과학의 내용 형성에 전혀 영향을 미친 흔적을 볼 수 없었다는 것이다.[34] 이들 정밀과학이 제국주의의 강력한 문화적 도구일 수 있었던 이유가 바로 이들 과학이 제국이든 식민지든 그 사회적·문화적 맥락의 영향을 받지 않는 보편적인 지식체계이기 때문이라고 파인슨은 보았다. 과학사학계 밖에서 파인슨의 기술은 별 저항 없이 인용될 것이 분명하지만, 대부분의 과학사학자들은 파인슨이 다른 과학사학자들의 연구를 이해하지 못했거나, 읽고 있지 않았다고 보았다. 과학사학자들은 파인슨이 지적한 바로 그 지구물리학, 기상학, 그리고 천문학 연구가 식민지 확장의 경험을 통해 추동되어왔고, 그 경험이 유럽 정밀과학의 전반적인 진보에 결정적인 역할을 했다고 생각하고 있는 것이다. 게다가 그 정밀과학이 융성하도록 힘을 실어준 주체가 유럽의 제국주의였다면, 식민지의 경험이나 제국주의가 정밀과학에 영향을 주지 않았다는 파인슨의 판단은 이상해보인다.[35]

무엇보다도 지리학, 지질학, 식물학, 생태학, 농업이나 산림관리학 등의 연구나 지식의 형태가 제국주의의 기획이나 경험의 맥락 속에서 형성되는 모습을 과학사학자들은 또렷이 볼 수 있었다.[36] 중국에서 활동하던 영국 자연학자

---

34 Lewis Pyenson(1985), *Cultural Imperialism and Exact Sciences: German Expansion Overseas, 1900~1930*, New York: P. Lang; Lewis Pyenson(1993), *Empire of Reason: Exact Sciences in Indonesia, 1840~1940*; Lewis Pyenson (1993), *Civilizing Mission: Exact Sciences and French Overseas Expansion, 1830~1940*, Baltimore: Johns Hopkins University Press.

35 Paolo Palladino and Michael Worboys(1993), "Science and Imperialism," *Isis*, 84, pp. 103~108.

36 Robert Stafford(1989), *op. cit.*; Drayton(2000), *op. cit.*; Peder Anker(2002), *Imperial Ecology; Environmental Order in the British Empire, 1895~1945*,

들은 중국의 의술과 본초학은 물론 민간 전승지식이나 화훼전통 등 다양한 분야에서 자료를 얻을 수 있었다.[37] 이집트에서 관개이론을 연구하던 영국인 윌콕스 (William Willcocks)는 나일계곡에서 토착민들이 오래전부터 실천해온 관개 방식을 관찰하며 자신의 관개이론을 만들어나가는 과정을 기록했다.[38] 무엇보다도 파인슨의 주장과는 달리, 대표적인 엄밀과학일 듯싶은 19세기의 물리과학은 온통 증기기관의 과학이요 공장의 과학처럼 보였으며, 제국주의의 실천과 정교하게 어울리며 형성된 듯싶었다.[39] 어떤 분야를 정밀과학으로 규정할 수 있는지도 의심스럽기는 했지만, 어쨌든 파인슨이 정밀과학으로 보지 않았던 다른 분야들은, 실로 제국주의 사업의 일상사가 아니었던가. 사회과학이나 박물학 그리고 생명과학 분야나 이들과 연관되는 응용과학 분야들의 경우, 제국의 학자들과 식민지인들 사이의 상호작용은 일상적인 것이었고, 중요했다. 아니 그 분야들의 실천에 결정적인 요소였다. 그 과정에서 서양과학은 제국의 과제를 수행하는 도구이기도 했지만, 동시에 토착인들에 동화되고 변형되어 자신들의 필요에 봉사하는 수단이 되기도 했다. 그리고 그 상호작용의 양상은 어떤 제국의 어떤 식민지인가에 따라 달라질 것이었다. 예를 들어 인도에서 식민과학이 궁극적으로 식민지인들에게 힘을 실어주는 방향으로 조정되는 기반을 제공해주는 모습이 유난히 눈에 띄었다면, 라틴아메리카 지역에

Cambridge, Mass.: Harvard University Press; Gregory A. Barton(2002), *Empire Forestry and the Origins of Environmentalism*, Cambridge: Cambridge University Press.

37 Fa-Ti Fan(2004), *British Naturalists in Qing China: Science, Empire, and Cultural Encounter*, Cambridge, Mass.: Harvard University Press.

38 William Willcocks(1899), *Egyptian Irrigation*, London: E. and F. N. Spon.

39 Crosbie Smith and M. Norton Wise(1989), *Energy and Empire: A Biographical Study of Lord Kelvin*, Cambridge: Cambridge University Press.

서는 정주 유럽인들의 독특한 크레올 과학이 형성되는 모습이 분명해보인다. 오스트레일리아의 경우 스스로 식민과학의 위상 속에서 나름대로 독립된 과학전통을 쉽게 수립해가는 모습을 볼 수 있었다.[40]

19세기 후반에 진행된 제국주의의 시대가 아니더라도 유럽과학과 비유럽과학 중 어느 쪽이 중심부이고 어느 쪽이 주변부의 역할을 했는지는 분명해보인다. 주변부와 중심부는 지리적 실체라는 사실에는 이의가 있을 수 없다. 하지만 또 한편, 주변부와 중심부 사이의 관계란 상이한 문화와 사람들 사이의 사회적·정치적·경제적 관계들의 영향이 결합되어 나타나는 것이기도 하다. 이 관계 속에서 서양과학이 그 지역의 개발과 진보를 위한 도구가 되기도 하고, 그 관계 속에서 식민지 과학이 왜곡되거나 변형된 모습으로 나타나기도 하며 또 종속된 형태로 유지되기도 했다. 과학과 제국주의 사이의 관계를 놓고 이렇게 정치한 논의가 발전해오게 된 사회적·문화적·학문적 배경은 다양한 방식으로 그려보일 수 있다. 특히 영국 제국주의의 역사에 대한 역사학계의 새로운 관심을 통해, 이미 17세기부터 제국주의적인 무역과 기타 상업 활동이 자연지식 생산 활동의 규모를 크게 진작시키고 그 성격을 혁명적으로 변화시켰다는 점이 부각되었다. 식민지 개척과 과학 활동은 종교적 열망 그리고 일종의 애국주의의 열기 속에 하나가 되었으며, 그들 스스로 자각하고 있었던 과학 또는 배움의 진보와 함께 문명화를 위한 사명감 역시 진작되어갔다.[41] 거대한 사건들 사이에서 지나치게 단순해보이는 인과관계를 그려내는 이전의 역사서술 양식에서 탈피해서 다양한 역사적 주체들 사이의 소통과 교환이 일

---

40 Roy MacLeod(2000), pp. 1~13, p. 5.

41 Richard Drayton(1999), "Knowledge and Empire," in *The Oxford History of the British Empire*, Vol. 2, *The Eighteenth Century*, ed. P. J. Marshall, Oxford: Oxford University Press, p. 251.

어나는 우발적인 상황을 비선형적으로 그려내려는 포스트모던 역사학의 영향도 분명하다. 탈식민지 시대는 물론 현재와 미래의 경제적·문화적 종속상황의 기원을 서양의 식민 활동에서 찾으려 했던 종속 이론가들의 눈에도 식민지 과학은 매우 중요한 역사적 분석의 대상이었다.[42]

V. 세계화 속에서 네트워크로 그려지는 과학

새로운 제국주의사 연구가 눈에 띄기 전부터 바살라의 과학전파 모델을 분석하며 대안적 모델을 제안했던 매클라우드는 학문적 경력의 초기 시절부터 식민지 과학이나 제국과학의 다층적 함의를 염두에 두고 있었다. 그 후 영국 사학자들 사이에서 활발히 전개된 새로운 제국주의사 계열의 연구가 식민지 과학을 보는 눈에 미친 충격은 매우 컸다. 1990년대 중반부터 폭발적으로 나타난 새로운 제국주의사 계열의 연구자들은 무엇보다도 영국의 제국사업이 매우 복합적이고 이질적인 요소들로 구성되어 있었다는 사실을 적시한다. 제국을 구성하고 있던 이들 다양한 집단들 그리고 행위자들은 매우 다양한 갖가지 식민사업들을 수행해가면서 서로 다른 그리고 때로는 정반대되는 내용의 기획을 세우고 활동을 해가면서 갈등을 겪었다.[43] 제국의 관리들은 물론이겠고, 탐험가들이나 무역인들 그리고 과학자들이나 선교사들도 나름대로의 제국적 기획에 참여한 셈이었으며, 각자는 그 영역의 활동 중 외부로부터의 저항은

---

42 Michel Paty(1999), "Comparative History of Modern Science and the Context of Dependency," *Science, Technology and Society*, 4, pp. 171~203.

43 Frederick Cooper and Ann Laura Stoler eds.(1997), *Tensions of Empire: Colonial Cultures in a Bourgeois World*, Berkeley: University of California Press.

물론 내부로부터도 갈등과 저항을 겪으며 끊임없이 협상하고 자신의 정체성을 바꾸어야 했다. 예를 들어 많은 19세기의 선교사들이 식민지인들이며 해방노예들을 기독교 공동체의 문명화된 일원으로 만들 수 있는 공간으로서의 제국을 꿈꾸었다. 서인도 지역에서 그런 제국기획을 실현해보려는 이들의 노력은 우선 현지인들의 무관심이라는 어려움에 부딪히게 되지만, 플랜테이션을 운영하던 유럽인들의 저항에 그리고 본국에서는 이들 농장주들의 후원자들의 반대와 방해에도 직면하게 된다. 게다가 이들 선교사들의 숭고한 기획은 19세기 후반에 이르러 생물학적 인종주의의 물결이 선교사들 사이에까지 스며들면서 내부로부터 허물어져갔다.[44]

이들 연구가 던지는 시사점은 결국 제국과 주변부를 동일한 분석틀로 보아야 한다는 깨달음이었다. 제국과 식민지는 서로를 함께 만들어가며 함께 변화되었다. 즉 제국도 식민지를 변화시키면서 스스로 변했다. 그리고 그 과정을 살피면서 역사학자들은 제국주의사나 국민국가를 역사적 분석의 핵심적 단위로 보는 과거의 역사서술이 너무나 거칠고 허점이 많았다는 느낌을 받았다. 제국과 특정 식민지 구성원들 사이의 상호작용, 또는 제국 내부나 특정 식민지 내부의 구성원들 사이의 상호작용뿐 아니라, 한 식민지와 다른 식민지 또는 나아가 제국과 그 경계 너머 세계 사이에서 일어나는 사건들이 제국이나 식민지의 형성에 던지는 그림자 역시 전통적인 제국주의사에서 지나치게 가볍게 다루어졌다는 깨달음도 있었다. 람베르트(David Lambert)와 레스터(Alan Lester)는 이들 제국의 공간적 복합성(spatial complexity of Empire)을 지적하면서, 영국제국의 이질적일 뿐 아니라 때로는 모순적인 구성요소들 사이에서, 그리고

44 Catherine Hall(2002), *Civilizing Subjects: Metropole and Colony in the English Imagination, 1830~1867*, Chicago: University of Chicago Press.

이들 제국의 공간적·사회적·문화적으로 다른 요소들을 연결시켜주는 사상, 실천 또는 사람들 사이의 관계는 '네트워크화'라는 개념을 통해 이해하는 것이 가장 설득력 있다고 주장한다. 람베르트와 레스터가 그려내는 제국이란 제국의 행정조직에서 선교조직에 이르는, 그리고 과학단체에서 반 제국 저항조직들 사이에서 삼차원적으로 얽힌 그물망 같은 중층적 소통이 일어나고 있는 공간이다. 바로 그런 공간에서 식민적 관계들의 다양한 의미들, 기획들, 물질적 실천들, 행사들이 구성되고 또 순환한다.[45] 이런 표현의 배경에는 아마도 1990년 이래 좀 더 구체적으로 드러나던 세계화의 물결이 자리잡고 있었을 것이다. 이렇게 순환이라는 개념을 이용함으로써, 제국과 식민지는 물론 그 경계 밖 사이에서 오가는 자본과 상품 그리고 사상과 사람들 사이의 관계를 표현할 수 있게 되었다는 것이다.[46]

세계화 물결의 영향은 새로운 제국주의사뿐 아니라 새로운 세계사 또는 글로벌 히스토리의 등장에서도 분명히 감지된다. 1960년대에 맥닐(William McNeil)은 자신이 쓴 세계사 과목의 교과서로 『서구의 부상』이라는 제목을 택했다. 세계의 역사를 서양문명 전파의 역사로 그리는 그의 시각은 로스토가 신생국들의 경제발전 단계론을 묘사하는 모습이나 바살라가 서양과학이 그 이외의 지역으로 전파되어나가는 모습을 그리는 자세와 너무도 닮았다. 그 후 맥닐은 세계 각지의 인간 공동체들 사이에서 의외로 활발한 인적·물질적·문화적 교류가 놀랄 만큼 오래전부터 계속되어왔다는 사실을 깨닫기 시작하면

45 David Lambert and Alan Lester eds.(2006), *Colonial Lives Across the British Empire: Imperial Careering in the Long Nineteenth Century*, Cambridge: Cambridge University Press, p. 3·8.

46 Gary B. Magee and Andrew S. Thompson(2010), *Empire and Globalization Networks of People, Goods, and Capital in the British World*, Cambridge: Cambridge University Press.

서, 상당히 다른 시각의 새로운 세계사를 지향하는 교과서를 펴내며 『더 휴먼 웹』이라는 제목을 붙였다. 이런 변화의 또 한 배경으로는 인터넷의 보급을 통해 교육, 금융, 행정, 인류의 생활양식이 크게 변해가는, '네트워크 혁명'이라는 문명의 전환을 반영하는 징후이기도 할 것이다.[47] 따라서 식민지 과학을 보는 복합적인 시선이라는 게 단지 새로운 제국주의사 연구경향이 확장된 결과만은 아니다. 식민지 과학에 대한 새로운 관심사나 새로운 제국주의사 모두가 좀 더 큰 세계사를 보려는 시도와 맥을 같이하며, 그 뒤에는 20세기 후반에 가속되며 사회 전반을 뒤흔들고 있는 네트워크 혁명이라는 시대인들의 경험이 자리 잡고 있다.

새로운 제국주의사 연구경향이 알려지기 전에도, 앞에서 보았듯이 매클라우드는 바살라의 과학전파론을 비판적으로 분석하고 그 대안 모델을 제시하면서, 많은 제국의 제도나 과학적 성취가 식민지에서 시작되었거나 만들어졌음을 지적했다. 한 곳 과학의 중심부가 마치 점광원에서 빛을 발산하고 있는 듯 그리는, 과학의 중심부라는 표현이 적절치 않으니, 그 자체로서 주변부이지만 제국의 기능을 수행하는 시드니나 캘커타와 같은 지역을 '움직이는 중심부'로 설정하는 게 적절한 표현으로 보인다는 게 매클라우드의 제안이었다. 매클라우드의 통찰 뒤에는 이미 1960년대 후반부터 과학이 사회적으로 구성되는 측면에 주목하기 시작했던 과학기술학자들이 있었다. 라투르(Bruno Latour)는 1970년대에 *Laboratory Life: Social Construction of Scientific Knowledge* 에서 갑상선 전구물질의 존재를 알리는 연구를 학회지에 발표하면서 과학자들이 거치는 절충과 협상과정을 흥미롭게 보여주었다. 과학이론이 만들어져 과학자 사회 및 일반 사회에서 인정되어가는 과정을 과학자, 언

---

47 홍성욱(2002), 『네트워크 혁명, 그 열림과 닫힘: 지식기반 사회의 비판과 대안』, 들녘.

론인, 비전문인 등 인간은 물론 현미경 같은 실험도구나 세균과 같은 연구대상 등 인간이 아닌 일종의 작인으로 또는 행위자 (actor)로 보아, 이들 행위자들을 동원하여 사회를 설득하거나 점령해가는 것으로 그리는 그의 행위자 연결망 이론(ANT: Actor Network Theory)은 많은 사회현상을 그럴듯하게 그려 보여줄 수 있는 모델로 여러 학자들의 마음을 설레게 만들었다. 2000년대에 들어 과학기술과 제국주의 사이의 관계를 논하는 역사학자들은 놀라울 만큼 비슷한 언어를 구사한다. 식민지에서 과학지식과 권위가 생산되고 순환하며 인정받게 되는 과정은 '여러 중심들 사이의 소통 네트워크'로 보아야 한다.[48] 대서양 연안지역과 같은 광대한 지역 각 곳에서 지식이 생산되고 이동하는 과정을 그리는 데는 '순환의 네트워크들'이라는 개념이 필요하다.[49] 식민지 과학을 다중 네트워크들 사이의 상호작용들로 그려내는 방식은 과학지식의 흐름을 표현해줄 수 있을 뿐 아니라, 그 흐름이 국가들 사이에서, 지역들 사이에서 그리고 제국들 사이에서도 일어난다는 점을 표현해줄 수 있기 때문에 유용하다는 등의 표현을 들 수 있다.[50]

하지만 제국을 구성하는 요소들, 식민지를 구성하는 요소들, 그 경계 밖의 요소들을 모두 같은 '네트워크'나 '그물망'으로 표현하는 게 정말 현상을 잘 표현해내는 방법일까? 식민지 과학과 제국 사이의 관계를 형성하는 갖가지 요

48 David Wade Chambers and Richard Cillespie(2001), "Locality in the History of Science: Colonial Science, Technoscience, and Indigenous Knowledge," in Roy MacLeod ed., *Nature and Empire: Science and the Colonial Enterprise*, *Osiris*, 15, p. 232.

49 James Delbourgo and Nicholas Dew(2008), *Science and Empire in the Atlantic World*, New York: Routledge, p. 15.

50 Sujit Sivasundaram(2010), "Sciences and the Global: On Methods, Questions, and Theory," *Isis*, 101, pp. 157~158.

소들 사이의 상호작용을 상호의존적이고, 복합적이고 유동적이라고 표현함으로써, 이들 사이의 불균등한 힘의 배분이나 경제적·제도적 무게의 차이를 견양하지 못하게 되는 것은 아닐까. 제국이 만들어내는 요소들 사이의 관계는 네트워크나 연결망보다는 소수의 강력한 조직의 이해관계에 따라 좌지우지되는 형식적이고 견고해서 변화시키기 힘든 몇 안 되는 상호관계의 패턴을 보이는 시스템 같은 성격을 띠지 않았던가. 물론 19세기 초반까지만 해도, 영국이나 그 식민지 지역의 소식이나 정보가 신문 등을 통해 오가는 모습이나 학술적인 연구가 사신을 통해 오가는 모습이 보여주는 느슨하고 유동적인 연결망은 네트워크라는 표현이 그럴듯해 보인다. 하지만 고속으로 인쇄물을 찍어내는 증기식 드럼 인쇄기로 인해 값싼 대중매체가 급속히 늘어나며, 효율적으로 통제되는 우편 시스템이 증기선으로 우편과 화물을 실어나르기 시작하는 19세기 중반부터 영국 국내는 물론 영국과 그 식민지 지역들 사이의 인적·물질적 교류는 점차 다양성과 유동성을 잃으며 견고한 시스템들이 구축되어 간다. 해저케이블을 통한 유선전신망은 새로운 소식의 유통방식을 크게 바꾸었고, 산업이나 통상 그리고 제국의 식민 활동들을 훨씬 조직적이고 형식적인 활동으로 만들어갔다. 해저케이블 부설은 큰 비용이 드는 사업이었고, 이를 이용하기 위해서도 비싼 값을 치러야 했다. 그리고 비싼 비용을 감당할 수 있는 로이터와 같은 국제 통신조직이 생겨서 제국의 통신시장을 독점하게 된다. 이렇게 해서 생겨난 제국주의적 통신 시스템을 통한 정보와 뉴스의 수집과 유통 양식은 런던을 제국의 유통의 허브로 만들면서 여타 지역들을 오히려 공중의 시선 밖으로 밀어냈다.[51]

---

51 Simon Potter(2007), "Webs, Networks, and Systems: Globalization and the Mass Media in the Nineteenth-Century British Empire," *Journal of British Studies*, 46

이런 분석이 네트워크라는 틀을 쓸데없는 것으로 만들지는 못한다고 항변할 수도 있다. 거대 통신기술 시스템이 만들어졌다고 해서 제국의 통신 시스템이 특정 형태로 변화하는 게 필연적인 운명은 아니기 때문이다. 사실 많은 영국의 관리들과 과학자들은 이미 18세기 말부터 영국 특유의 과학제도를 만들고자 의식적으로 노력했다. 강력한 정치적 영향력을 지니고 여러 해 왕립학회를 이끌었던 뱅크스로부터 시작된, 개인적인 교유를 중심으로 한 비공식적인 연결망에 크게 의존하는 이 영국적 시스템은 19세기 중반부터 점차 형식적이고 제도화되어가며 정부기관과 연계되기 시작한다.[52] 20세기 초반이면 이 독특한 '과학문화' 시스템은 국내에 연구기관들을 만들고 식민지 전역에 과학기술 분야를 전담하는 부서를 조직하는 방식으로 확산된다.[53] 영국적 시스템이 만들어지는 데 뱅크스 자신은 물론 19세기 관리들과 특정 과학자들이 강력한 '행위자'들이었다. 부상하는 제국의 정치적·경제적·문화적 상황도 행위자였으며, 증기선이나 동력인쇄기 또는 해저케이블 같은 것들 역시 연합하여 제국의 과학기술 시스템을 만드는 행위자들의 일부였을 뿐이다.

(July), p. 622·636.

52 19세기 중반 비공식적인 모임이면서 점차 정부의 정책이나 학계 조직의 임면은 물론 학회지에 발표되는 논문들의 선별에까지도 결정적인 영향력을 행사하던 엑스 클럽 (X Club)이 대표적인 예다.

53 Joseph M. Hodge의 글. Brett M. M. Bennett and Joseph M. Hodge eds.(2011), *Science and Empire: Knowledge and Networks of Science across the British Empire, 1800~1970*, New York: Palgrave Macmillan.

VI. 수많은 요소들이 뒤엉켜 순환하며 만들어지는 과학

과학은 서양의 독특한 문화와 역사 속에서 만들어졌으며, 식민지 과학이란 그 과학이 존재하지 않던 지역으로 이전 또는 확산되어나가는 과정의 과도적 단계로 보는 과학의 확산 모델에서 역사학자들은 여러 가지 약점을 읽어낼 수 있었다. 해석적 유용성에도 불구하고, 그 모델을 통해서 우리는 식민지에서 실제로 무슨 일이 일어나고 있었는지를 살필 틈을 볼 수가 없다. 이렇게 보는 식민지 과학이란 과학을 보편적인 진보와 개선의 도구가 될 수 있는 서양의 발명품으로 보는 제국의 눈으로 본 식민지 과학인 것이다. 이 모델에서 현대의 역사학자들은 제2차 세계대전 직후, 신생 독립국들의 경제개발을 도와 사회주의의 유혹에서 이들을 보호해야 한다는 당위 속에서 살아가던 서구 사회과학자들의 의식적·무의식적 열망을 쉽게 간파할 수 있었다. 서양문명이라는 중심부에서 다른 지역으로 문명이 전파되며 근대세계가 형성되어가는 세계사관이 그 기초에 있음도 쉽게 짐작할 수 있었다. 이제 식민지의 시대는 끝났고 시대의 사명은 옛 제국과 식민지가 함께 번영하는 미래를 지향하며 과학입국의 토대를 다져나가는 것이라는 낙관적 전망이었다. 다른 한편에서는 식민지에서의 과학이란 제국의 도구로서의 성격이 너무도 강했고, 결국 식민지 과학은 제대로 된 균형 잡힌 과학의 형태가 아닌 기형적인 방식으로 이식되었기에, 독립 이후에도 식민지의 과학은 제국의 과학에 종속되어 지배와 착취의 굴레를 벗어나기 힘들 것이라는 비관적인 종속이론이 사람들의 상상을 사로잡았다. 그러나 모든 식민지 국가들이 경제적·문화적 종속의 굴레를 벗어나지 못할 이유는 없을 것이었다. 식민지의 조건이 달랐고, 제국의 기획에 대응하는 문화적·사회적 토양도 다양했다.

서양과학은 또한 문자 그대로의 기술적 도구였을 뿐 아니라, 일종의 문화적 권위로 작동하며 제국의 문명화 사업의 정당성을 뒷받침해왔다. 많은 식민지의 제국 협조자들이나 탈식민지 이후 신생국의 개발을 추진하던 지도자들도 비슷한 방식으로 서양과학을 문화적 권위로 이용하며 자신의 입지를 구축하거나 국가의 미래를 설계하려들었다. 일부 민족주의자들은 서양과학의 폭력적이고 환원론적인 단순성을 지적하면서, 그를 대체할 수 있는 식민지인들과 식민지의 자연을 함께 지켜주던 전일론적이고 조화로운 과학 전통이 있었음을 보여주려 애썼다. 또 다른 흐름으로는 서양과학의 정신 또는 기원의 흔적을 식민지의 과거, 대개는 먼 과거의 기록에서 발굴하여 자국의 문화적 수월성을 보여주려는 노력이 있었다. 그런데 이런 역사적 기술들은 단일하고 유일한 서양과학의 존재를 순진할 정도로 단순히 받아들이고 있다는 약점을 드러내보이고 있다. 일부 민족주의자들은 서양과학의 대척점에 또 다른 토착과학을 상정함으로써 서양과학을 부정하려들었는데, 폭력적이고 잘못된 서양과학과는 다른 본질적으로 훌륭한 과학이 존재한다는 자의적인 상상처럼 보인다. 이렇게 자국의 역사로부터 서양과학과 비슷한 활동, 심지어 서양과학의 뿌리를 찾으려는 노력은 심지어 서구 오리엔탈리즘의 복사판처럼 보이기도 한다.

하지만 식민지인들이 서양과학을 대하는 이런 반응을 전혀 다른 방식으로 해석할 수도 있다. 예를 들어, 서양과학과 비슷한 활동이나 기록의 증거를 자국의 고대 역사 속에서 찾아내서 자신의 과학 활동에 이용하여 일종의 교배과학을 만들어내는 행위를 생각해보자. 이를 서양을 흉내 내는 모조과학을 만드는 행위로 보는 것이야말로 전형적인 오리엔탈리즘적 시각이 아닐까. 서양과학이 폭력적으로 좁은 이성관과 환원적 성격을 지녔음을 비판하며 서양과학과는 다른 종류의 이성, 다른 종류의 과학을 꿈꾸는 행위란 패배할 수밖에 없는, 그리고 자의적인 상상이기만 한 것일까. 이런 비판적 판단조차 현대과학이 서구에서 서구인들에 의해 서구에서만 형성된 근대적 이성의 산물이라고 주장할 수도 있다. 하지만 세기를 넘기면서 점점 더 분명해지는 사실은 그간 서양과학이라고 생각해왔던 많은 내용들이 서양 내 각 지역에서의 갖가지 사회적·문화적·인식론적 요소들, 그리고 동양이라고 이름 붙여졌던 비서양의 매우 다양한 사회적·문화적·인식론적 요소들 사이의 연결망이나 그물망 또는 그게 아니라면 소용돌이 같은 흐름 속에서 혼효되어 형성되어왔다는 사실이었다. 자국 내에서 서양과학과 비슷한 과학 활동의 흔적을 찾으려는 노력이나 서양과학과는 다른 형태의 과학을 식민지의 전통 속에서 찾으려는 시도를 국수적이고 폐쇄적인 식민지의 대응으로 보기보다는, 과학 또는 지식이 만들어지는 전형적인 과정으로 볼 수는 없을까. 식민지에서 실제로 어떤 과학 활동이 있었는지를 식민지의 눈으로 읽기 시작하면서, 역사학자들은 식민지 또는 주변부 지역이 현대과학을 만들어오는 데 실제로 주도적인 역할을 했던 경우가 매우 많았음을 깨닫기 시작했다. 좀 다르게 표현하자면, 서양과학의 내용과 형식이 서양의 것이라기보다는 동·서양의 많은 요소들이 역동적으로 부딪치는 상황에서 형성되어왔음을 깨닫기 시작했다. 활발해지고 다양해지는 학문 활동의 영향이기도 하고, 과거의 여행가, 관리들, 그리고 역사학자들이 남긴 기록들을 식민지의 눈으로 재해석하면서 생긴 깨달음이기도 하다.[54]

이는 또한 과학이란 무엇이며 또 실제로 어떻게 만들어지는가를 물으면서 생겨난 깨달음이기도 하다. 어떤 과학적 사실을 만들어내는가보다는, 어떤 과학적 질문을 제시하는가, 어떻게 그 지식을 설득력 있는 것으로 만드는가, 그

54 Sujit Sivasundram(2010), pp. 147에서 시바순드람은 자신의 저작 *Nature and the Godly Empire: Science and Evangelical Mission in Pacific, 1795~1850* (Cambridge: Cambridge University Press, 2005)을 쓰면서 자신이 당시의 유럽인들이 남긴 자료와 시각에 지나치게 의존하고 있었음을 깨달았다고 토로한다.

리고 그 과학지식을 어떤 방식으로 왜 소비하는가 하는 문제들을 역사학자들이 궁금해하기 시작한 것이다. 그리고 그런 궁금증을 식민지라는 맥락 속에서 풀어보면서 찾아낸 사실들은 고식적인 제국주의관에 익숙한 독자들의 마음을 불편하게 만들 수도 있는 다음과 같은 내용들이었다. 식민지 과학은 제국과학 이데올로기의 산물인 것만은 아니다. 식민지 과학의 기술적·지적인 실천의 결과가 언제나 예측 가능하거나 제국이나 탈식민 정치의 정치적 기획을 따르게 되는 것도 아니다. 식민지 과학은 제국의 잡다한 사회 문화적 요소들과 토착문화 전통들 그리고 제국의 과학자들과 식민지의 학자를 비롯한 여러 사람들의 개인적 열망과 우발적 상황들이 얽혀서 만들어지는 존재로 그려져야 한다. 그런 점에서는 제국과학도 마찬가지다. 물론 폭넓게 일반적인 과학도 그런 방식으로 만들어진다고 이야기해야 할 것이다. 그렇다면 역사학적인 관심은 과학이 제국주의적인 본성을 지니고 있는지, 또는 어떤 과학이 제국주의적인 성격을 지니고 있는지를 묻기보다는, 그런 논의들이 어떤 맥락에서 어떤 이유로 이용되고 사용되었는지를 묻는 내용이 되어야 할 것이다.

참고문헌

박지향(2000), 『제국주의: 신화와 현실』, 서울대학교출판부.

김상수(2013), 「19세기 말 20세기 초 영국에서의 과학기술 담론과 제국주의의 상호관계」, 2013년 2월 16일 문화사학회 겨울학술대회 발표문.

대니얼 R. 헤드릭(2013), 『과학기술과 제국주의: 증기선·키니네·기관총』, 모티브 북.

마이클 에이더스, 김동광 옮김(2011), 『기계, 인간의 척도가 되다: 과학, 기술, 그리고 서양 우위의 이데올로기』, 산처럼.

Anker, Peder(2002), *Imperial Ecology: Environmental Order in the British Empire, 1895~1945*, Cambridge, Mass.: Harvard University Press.

Bennett, Brett M. M. and Joseph M. Hodge eds.(2011), *Science and Empire: Knowledge and Networks of Science Across the British Empire, 1800~1970*. New York: Palgrave Macmillan.

Chakrabarti, Patrik(2004), *Western Science in Modern India: Metropolitan Methods, Colonial Practices*. New Delhi: Permanent Black.

Cooper, Frederick and Ann Laura Stoler eds.(1997), *Tensions of Empire: Colonial Cultures in a Bourgeois World*. Berkeley: University of California Press.

Delbourgo, James and Nicholas Dew(2008), *Science and Empire in the Atlantic World*, New York: Routledge.

Drayton, Richard(2000), *Nature's Government: Science, Imperial Britain and the 'Improvement' of the World*, New Heaven: Yale University Press.

Fan, Fa-Ti(2004), *British Naturalists in Qing China: Science, Empire, and Cultural Encounter*, Cambridge: Harvard University Press.

Hall, Catherine(2002), *Civilizing Subjects: Metropole and Colony in the English Imagination, 1830~1867*, Chicago: University of Chicago Press.

Headrick, Daniel(1998), *The Tentacles of Progress: Technology Transfer in the Age of Imperialism, 1850~1940*, Oxford: Oxford University Press.

Lambert, David and Alan Lester eds.(2006), *Colonial Lives Across the British Empire: Imperial Careering in the Long Nineteenth Century*, Cambridge: Cambridge University Press.

Macleod, Roy ed.(2000), *Nature and Empire: Science and the Colonial Enterprise, Osiris*, 15.

Nandy, Ashis ed.(1988), *Science, Hegemony and Violence: A Requiem for Modernity*, Delhi: Oxford University Press.

Petitjean, Patrick, Catherine Jami, and Ann-Marie Moulin eds.(1990), *Science and Empires: Historical Studies about Scientific Development and European Expansion*, Dordrecht: Kluwer Academic Publishers.

Prakash, Gyan(1999), *Another Reason: Science and the Imagination of Modern India*, Princeton: Princeton University Press.

Pyenson, Lewis(1985), *Cultural Imperialism and Exact Sciences: German Expansion Overseas, 1900~1930*, New York: P. Lang.

Raj, Capil(2007), *Relocating Modern Science: Circulation and Construction of Modern Knowledge in South Asia and Europe, 1650~1900*, New York: Palgrave Macmillan.

Smith, Crosbie and M. Norton Wise(1989), *Energy and Empire: A Biographical Study of Lord Kelvin*. Cambridge: Cambridge University Press.

Stafford, Robert(1989), *Scientist of Empire: Sir Roderick Murchison, Scientific Exploration and Victorian Imperialism*, Cambridge: Cambridge University Press.

Basalla, George(1967), "The Spread of Western Science," *Science*, 156.

Macleod, Roy(1987), "On Moving Metropolis: Reflections on the Architecture of Imperial Science," *Scientific Colonialism: A Cross-Cultural Comparison*, eds. Nathan Reingold and Marc Rothenberg, Washington D.C.: Smithsonian Institution Press.

Sivasundram, Sujit(2010), "Science and the Global: On Methods, Questions, and Theory," *Isis*, 101.

찾아보기

〈ㄷ〉

〈ㄹ〉

〈ㅁ〉

〈ㅂ〉

〈ㅅ〉

〈ㅇ〉

〈ㅊ〉

동북아역사재단 기획연구 63

제국주의 유산과 동아시아

초판 1쇄 발행 2014년 12월 31일
초판 2쇄 발행 2018년 12월 31일

지은이 이근욱 · 최정수 · 김원수 · 이영관 · 최덕규 · 최덕수 · 김기윤
펴낸이 김도형
펴낸곳 동북아역사재단

등록 제312-2004-050호(2004년 10월 18일)
주소 서울시 서대문구 통일로 81 NH농협생명빌딩
전화 02-2012-6065
팩스 02-2012-6189
e-mail book@nahf.or.kr

ISBN 978-89-6187-355-0 93910

* 이 도서의 국립중앙도서관 출판예정도서목록(CIP)은 서지정보유통지원시스템 홈페이지
(http://seoji.nl.go.kr)와 국가자료공동목록시스템(http://www.nl.go.kr/kolisnet)에서
이용하실 수 있습니다.(CIP제어번호: CIP2014036855)

* 책값은 뒤표지에 있습니다. 잘못된 책은 바꾸어 드립니다.